贵州省教育科学规划课题

《在初中物理教学中从学生的前概念出发建构科学概念的实践研究》

（2015B101）

《在科学探究中培养物理核心素养的研究与实验》

（2017B114）

从研究现在到关注未来

寻找我的物理南山 　　　　黄 剑 著

光明日报出版社

图书在版编目（CIP）数据

从研究现在到关注未来：寻找我的物理南山 / 黄剑
著 . -- 北京：光明日报出版社，2020.6
ISBN 978－7－5194－5808－9

Ⅰ.①从… Ⅱ.①黄… Ⅲ.①中学物理课—教学研究
Ⅳ.①G633.72

中国版本图书馆 CIP 数据核字（2020）第 102292 号

从研究现在到关注未来：寻找我的物理南山
CONG YANJIU XIANZAI DAO GUANZHU WEILAI：XUNZHAO WO DE
WULI NANSHAN

著　者：黄　剑

责任编辑：李月娥　　　　　　责任校对：周春梅
封面设计：中联学林　　　　　　责任印制：曹　净

出版发行：光明日报出版社
地　　址：北京市西城区永安路 106 号，100050
电　　话：010－63139890（咨询），010－63131930（邮购）
传　　真：010－63131930
网　　址：http：//book.gmw.cn
E - mail：liyuee@gmw.cn
法律顾问：北京德恒律师事务所龚柳方律师

印　　刷：三河市华东印刷有限公司
装　　订：三河市华东印刷有限公司
本书如有破损、缺页、装订错误，请与本社联系调换，电话：010－63131930

开　　本：170mm×240mm
字　　数：226 千字　　　　　　印　　张：17
版　　次：2020 年 6 月第 1 版　　印　　次：2020 年 6 月第 1 次印刷
书　　号：ISBN 978－7－5194－5808－9
定　　价：68.00 元

知行合一的乐趣（代序）

　　与黄剑老师相识，是在著名杂志《中学物理教学参考》在江苏宜兴举办的"指向物理核心素养落地的课堂教学研讨"活动上。应主办方邀请，我对几位青年才俊同课异构的《压强》进行点评。针对这节课和老师们的现场教学，我的主要观点是，不要花过多的时间去区分压力和重力，应该将丰富的时间指向压力与压力的作用效果的区别，指向概念的转变。"为概念的转变而教"的观点赢得了黄老师的赞同。原来，黄老师一直在研究前概念并且已取得丰硕的成果，"为概念的转变而教"是我们共同的教育追求，于是，我们便成了志同道合的学习伙伴。

　　阅读了黄剑老师的著作，发现她扎根课堂，早些年在一线当老师就关注前概念的教学，后来做教研员与老师一道继续探索，积累了许许多多的案例，总结出实用的方法，发表了《以"牛顿第一定律"为例探讨利用前概念教学的策略》《例谈在物理教学中促进前概念正迁移的策略》《中考复习破除前概念干扰的非常规策略》《在初中物理教学中通过画图思考突破"想当然"误区的策略》《例谈怎样在初中物理教学中从前概念出发建构科学概念》等。研究学生是爱学生的具体表现，而关注前概念又是物理老师爱学生的专业表达。奥苏贝尔说过："假如让我把全部教育心理学仅仅归结为一条原理的话，那么，我将一言以蔽之曰：影响学习的唯一重要因素就是学习者已经知道了什么。要探明这一点，并据此进行教学。"学生已经知道的，包括学过的知识，就是前概念。黄老师通过多种策略探明前概念并归纳出多种改变的方法，就是在践行教育心理学，读来大有裨益。

　　我们都知道物理是一门实验科学，仅仅知道是不够的，还要行动。为了体现学科学习特点，黄老师创造条件让学生去做实验，自制教具为学生学习提供条件。深度学习观要求我们将问题包含在真实情景之中，触及心灵，让学生在解决实际问题中迎接挑战，完成思维进阶。小实验大智慧，物理教育需要黄老师这样的智慧创造，用其心灵手巧来促进学生的思维开发，这是知行合一的垂范。学习物理就是要做实验，学习物理就是要联系实际，在黄老师看来，这就是物理老师的操守，这也是她的教育哲学，在黄老师看来，"知行合一"就是天大的事情。

　　贵州是盛产教育思想的地方。500多年前，王阳明在贵阳以北约八十里的修文县一个叫龙场的地方进行修炼，讲知行合一、讲致良知、讲事上磨炼，解释《大学》的格物就是格心，这就是著名的"龙场悟道"。黄老师在贵阳工作过，读过不少王阳明的书，无论工作还是生活，都践行"知行合一"。课堂上，她用"知行合一"的教育哲学去培育学生，当教研员，她用"知行合一"的方式去引领教师；在家里，她用"知行合一"的方式去润泽女儿。"妈妈好好学习，女儿天天向上"，黄老师对教学的理解越来越深刻，境界越来越高，女儿的发展之路也越走越宽阔。这是知行合一的福报。

　　"无善无恶心之体，有善有恶意之动，知善知恶是良知，为善去恶是格物。"格物致知，通过格物，不只是得到知识和方法，更为重要的是格出素养、格出境界，让内心更加明亮。500多年前在贵州龙场悟道的王阳明提出的思想正被500年后同样生活在贵州的黄剑老师执着地践行着。在贵州，在铜仁，"一箪食、一瓢饮、在陋巷，人不堪其忧，回不改其乐"。这是黄剑的乐趣，是物理教育的乐趣，更是知行合一的乐趣。

张世成于无锡

（江苏省特级教师，正高级教师，江苏省教学名师）

2020.02.06

自　序

我看到一篇文章，讲的是一个作家有三条河：自然生命之河、职业事业之河和作品生命力之河。由此我想到作为一名教师，我的第一条河是不可预知的，我在教育战线已工作 35 年，我的职业之河即将结束。我的教学经验、我的研究成果有哪些？能够留下什么？因此，我就萌生了要出一本书的想法。回顾一下自己的工作历程，总结一下自己的教学心得、体会，算是对自己的第二条河与第三条河的一个自我审视吧！如能对同侪有一点帮助，或就教于大方之家，那更是荣幸之至。

一、书名由来

书名由来于与一伙朋友登梵净山的故事。

去岁深秋周末，阳光明媚，天空澄碧，几位好友相约，再登梵净山。来到新金顶，我们扶着陡峭石壁，爬过金刀峡，气喘吁吁登临绝顶。我靠在金刀峡的桥栏上四处欣赏，一导游正在介绍这座山。

新金顶，在早上太阳升起时总能看见红色的云彩，因此被称为"红云金顶"，梵净山的雾，如倒泻银河，巨浪翻腾，波诡云谲，加上那变幻莫测、神奇超群的神风一吹，有时浓雾呈水平状铺在脚下，这时空中霞光洒下，眼前云雾铺满金光，人就成了"我欲乘风归去"的神仙。

传说这座金顶原来就是一根凌空石柱，刚好弥勒佛和释迦牟尼都想将这里作为修行之地，燃灯古佛只得用一把金刀将石柱劈成两半。明朝的李太后来这里修行，在两个顶上各修了寺庙，左边为护国寺，供奉现在佛释迦牟尼，右边的叫天庆寺，供奉未来佛弥勒。现在有网友称它们为"空中之城"。据说过去两边只有一块巨石连接，巨石摇摇晃晃，良心不好的人过桥就要掉下去。后来香客众多，巨石变成了石拱桥，有人把它称为"时光之桥"。大家一脚跨过去，就从多灾多难的现在，穿越几万年，来到了东方净土琉璃光未来世界。

我恍然大悟，我的研究不也是从研究现在到面向未来吗？

物理难教，学生难学。"研究现在"无疑是我们每一个老师，特别是教研员应有的责任和担当，所以我从"前概念"入手，以期为学生找到一把打开物理之门的钥匙。物理"学科核心素养"的提出，也让我心中一亮，光打开门还不够，"授人以鱼，只够一饭之需；授人以渔，终身受用无穷。"物理观念、科学思维、科学探究和科学态度与责任，才是我们物理学科的关键，所以我又转向了关注未来，这是我的两个省级课题的研究内容，也是我的书名的由来。

二、我的研究历程

1."衣带渐宽终不悔"，破解物理难学之谜

从两所初级中学物理教师到两所高中的物理教师，二十余年时间，职业特点决定我工作的重点是研究教材。这一时期，有时一整天泡在课本里，常常有批改不完的作业，用热情代替方法，用勤劳战胜缺点，在物理的世界里，我自得其乐。刚当教研员时，我整天泡在教室里，与老师一道探讨教学教法。有时心有所悟，亲执教鞭，再登讲台，印证自己的观点。物理教学"投入多产出少"，被学生认为是难学的学科。怎样才能让教师尽快成长？怎样才能让学生喜欢上物理？我希望能找到这样一把钥匙。教研员应该是教练，应该眼观八方；教研员更应该是一名主治医生，能拿脉看病，开出药方。但中考高考的压力，让我们盯住的只是分数。如何提高分数？大多数人是强化训练。其实物理与生活关系密切，调动学生的体验，就会其乐无穷。我们的人文始祖孔子，他的因材施教，他的到处游历的体验教学其实就是最好的方法。任教研员的前期，我把精力投入"在初

中物理教学中从学生的前概念出发建构科学概念的实践研究"这一课题研究中,常常废寝忘食,乐此不疲,为此进行了深入的研究,也写出了多篇论文。

2. "而今迈步从头越",学生主体重育人

当我在研究物理教学教法中逐步找到乐趣的时候,我开始认识到,教法是"术",不能解决根本问题。什么是物理教学之"道"?"道"应该是提高学生的物理素养,实现人的全面发展。随着修订版课程标准的颁布,原来的三维目标凝练成了学科核心素养。以前总是把教法当作我们的研究目标,其实这只是我们通向远方灯塔的一个路径而已。认识到这点,我感到"蓦然回首,那人正在灯火阑珊处"的惊喜,于是我又申请了省教育科学规划课题"在科学探究中培养物理核心素养的研究与实验"(2017B114),探讨物理教学的根本之道,但愿我的课题能够成为破解物理学习难题的"葵花宝典"。现在课题已经结题,也写出了多篇论文,成果正在推广完善中。

目 录
CONTENTS

第一部分 **01**

|研究现在|

　　"前概念"是学习新知识之前的概念，调查研究发现我国有一半物理教师没有"前概念"意识，更不知道前概念对物理学习的影响，极个别老师甚至从未听说过"前概念"这个词语。职前和在职的教师培训也尚未纳入有关前概念的理论。教师在教学中对前概念基本没有自觉的干预，学生长期身披两张皮，一张皮是老师在课堂中传授的知识，另一张皮是学生在日常生活中长期积累的观念、思维方式。当教师讲授某种知识时，如果不与前概念联系起来比较的话，那么在学生的头脑中经常会出现两种观念"和平共处"的情况，面对简单的问题，科学知识常常占据主导地位，前概念则隐蔽着。遇到稍复杂的问题，科学知识往往抵挡不住前概念，前概念会自然而然地涌现出来。这个现象，严重影响了初中物理教学的质量和效益。这也是我国中学物理课程一直是"投入与产出"不成比例的原因。我的研究课题"在初中物理教学中从学生的前概念出发建构科学概念的实践研究"，论证了通过教学实践获得的充分利用前概念的正迁移强化科学概念的学习的方法与策略，可以使学生的学习获得事半功倍的效益。论证了通过教学实践获得的合理转化前概念的负迁移促进科学概念的学习的方法与策略，可以有效地解决学生"一听就懂，一做就错"的现象，提高学生的学习自信心。此研究成果，突破了长期以来初中物理教学固有的思路，展现了植根教学一线、务实求真、积极进取、大胆探究、科学创新的研究风格，为初中物理植根校本的教学教研提供了新的研究思路，为促进教师专业化发展提供了经验和借鉴。该研究成果的论文刊登在《人民教育》《中学物理教学参考（上半月）》《物理教学探讨》《中学物理》等权威期刊，多篇论文获各种教育行政部门组织的论文竞赛奖，多篇论文被多家网站转载。

一、困境：一听就懂，一做就错

在上"力的平衡"时，我在每张课桌上放一套器材，让学生通过实验探究二力平衡需要满足哪些条件，让学生自己建构相关知识。当学生通过实验探究和讨论交流积极建构知识得出二力平衡的四个条件时，教学目标达成度非常高，我对学生的表现非常满意。最后我用手推桌子而未推动，问推力和摩擦力的大小关系时，全班同学异口同声回答："摩擦力大于推力。"然后我又用线拉着钩码匀速上升，问拉力和重力的大小关系时，全班同学再次异口同声回答："拉力大于重力。"学生的认识又回到了课前。这种现象在我的教书生涯中时有发生，对我的震撼非常大且一直让我无法释怀。我从一线教师转到教研员后，由于工作性质的转变，听课较多。在与老师们一起评课议课时，教师经常抱怨学生"一听就懂，一做就错""讲过的要做错""纠过的还要出错""多次纠过的反复出错""讲后及时做能做对但过一段时间后再做又要错""屡教不改"等。这时我感觉自己久久不能释怀的问题也是物理老师们的共性问题，并由此想起这样一则童话故事："有一条鱼，它很想了解陆地上发生的事，青蛙描述了陆地上的各种东西：鸟、牛、人……鱼根据青蛙说的做出想象——人被想象为用鱼尾巴走路的鱼、鸟是长着翅膀的鱼、奶牛是长着乳房的鱼。""鱼就是鱼"这个故事让我深受启发：学习总是建立在学习者原有的基础之上且深深地感受到"前概念"的巨大影响。经过长时间的观课及思考我发现，有一半的物理老师没有"前概念"这个意识，也不知道前概念对物理学习的影响，甚至极个别老师从未听说过"前概念"这个词语，职前和在职的教师培训尚未纳入有关前概念的理论。老师们在物理教学中对前概念的影响关注是不够的，学生长期身披两张皮，一张皮是老师在课堂中传授的知识，另一张皮是学生在日常生活中长期积累的观念、思维方式。因教师在教学中对前概念基本没有自觉的干预，当教师讲授某种知识时，如果不特别与前概念联系起来比较的话，则在学生的头脑中经常会出现两种观念"和平共处"的情况，面对简单的问题，科学知识常常占据主导地位，前概念则隐蔽着。遇到稍复杂的问题，科学知识往往抵挡不住前概念，前概念会自然而然地涌现出来。我们老师上课时习惯于把学生当成一张白纸，给学生灌输一些科学知识，这样进行教学后，学生往往认识不到老师灌输的科学知识与他们自己观念的差异，不会在科学知识与自己观念的区别与联系中重建知识结构，而是习惯于在头脑中划分区域，一部分用于保护自己的观念，另一部分用于死记硬背科学知识，以应付考试。这样教出的学生的大脑中，往往会形成"既有一知半解的科学概念，又有挥之不去的旧观念"这样一种认知图式。由于学生没有机会充分思考和认识自己的"前概念"究竟存在哪些不合理之处，由于这些观点在现实世界中确实很好用，并且看起来可以"正确"地解释生活中的一些现象，所以前概念就不会"自动"消失，科学概念也就难以真正建立起来，这就是老师们经常抱怨的学生"屡教不改"现象，这种情况严重影响了初中物理教学的质量和效益，可以在一定程度中解释物理教学的不理想状况。这也是我国中学物理课程在国内的教育中一直"投入与产出"不成比例的原因。

二、思寻：物理教学瓶颈怎么突破

　　我国中学物理课程在国内的教育中一直是"投入多产出少"的，此现象是有目共睹的，影响物理学习的因素是多方面的，但我通过思考发现前概念是一个重要影响因素。科学概念的形成、建立和发展会受到学生头脑中已有观念和知识的影响，我们称为"前概念"，具体来说，它是指学生在接受科学教育之前，在日常的生活和实践中，通过对生活现象的感知以及长期的经验积累和辨识学习，对客观世界各种事物和现象的看法和观点；它是对自然界的先为入主的印象，又是切身体验到的东西，属于自己的精神财富，是认识和理解生活中某些自然现象的宝贵工具。因而学生往往对此深信不疑，并试图将这些错误观念迁移到对新环境、新现象的解释中去。这些前概念有些与科学概念基本相符，有些则相悖甚远，明显阻碍学生对科学概念的建立，严重影响物理教学质量。

　　由于前概念根深蒂固，学生往往不会因为教师告诉他们科学概念而"除掉"脑袋中已有的错误概念。我们不能期望通过粉笔和说教的简单方式，就可使学生把前概念转换成科学概念，也不要抱有经过一两次纠正就可以使前概念销声匿迹的幻想。前概念向物理概念的转变是思维结构的转变，是在学生头脑中引发的一场革命，需要改变原有的认知结构，建立新的认知结构，需要克服旧模式的惯性，因而是一个充满艰辛的过程。因此，了解学生在物理学科上的前概念认识，并为增进学生对科学概念的理解兴起的"概念转变"教学成为国内外近十几年研究的热点问题。在当今教育改革的大环境下，纠正学生的前概念，在前概念基础上建构科学概念

5

也是我国当前教育面临的一个巨大挑战。

通过查阅文献发现：在国外，对前概念的研究始于20世纪70年代中期，其中最有代表性的是新西兰怀卡托（waikato）大学科学教育中心的《科学学习研究计划》和英国的《儿童科学学习计划研究》，它们分析了儿童在各个学科上的前概念。早期最为著名的是哈娄恩（Halloun）和赫斯腾斯（Hestenes）于1985年设计的一份力学概念理解的测试卷。其主要作用是全面、系统地考查学生对牛顿力学概念的定性理解。研究小组三年内针对一千多名学习基础力学的大学生进行了测试，然后研究者对错误答案的原因进行归纳、总结、分类，而这些错误答案就是学生前概念最真实的反应。杜伊特（1994）对前概念的来源进行了研究和分类。霍华德（1987）从图式角度分析了出现错误概念的原因。泰森等人（1997）提出了转变前概念的两种模式：充实和重建。在国内，我们对前概念的研究始于20世纪90年代。1990年乔际平教授在《物理教学心理学》一书中简述了前概念、前概念的特点，以及前概念与物理学的关系等问题。2001年赵强、刘炳生教授对老师如何有效地转变学生前概念，建构科学概念提供了策略。2008年许丽军在《苏州大学》发表的《初中物理几个典型概念（力学）的前科学概念研究》针对初中物理教学的实际，提出了问题呈现讨论—暴露前概念—修正原有概念—解决新问题巩固概念的概念转变策略。2011年上海师范大学肖静出版的《初中科学课堂转变学生前概念的策略及初探》针对初中学生的前概念对"科学"学科学习产生的影响，在实践基础上归纳出前概念转变的教学策略。2013年广东省裴秀梅老师发表的《初中物理教学中学生的前概念分析》提出了在新课程教学中，参照前概念的理论进行再创造，从而促进新课程理念的理解。2014年广东省梁映华老师在《初中物理教学中纠正错误前概念的实践研究》中以初中物理教育为例，探讨了如何纠正学生的错误前概念。

我发现国内外教育同行思考过、研究过这个问题但一直没有形成比较系统的研究成果，研究零碎且停留在理论层面上：①重复研究；②理论研究多，而对于一线教师的教学具体指导却很少；③理论和实践脱节，理论研究得蛮好，但一旦大面积推广就不是那么回事了。

中国现在的初中教育还是一种以应试教育为导向的教育模式，教育改革的目的就是要改变这种应试教育模式，前概念的研究和应用，虽然不能在根本上改变应试教育模式，但在局部的课堂教育上，可以改变填鸭式的教育方法，有利于提高学生的学习积极性，有利于培养创造性人才。所以研究前概念，运用前概念是教学实践的需要，对初中物理教学有着重要的意义。

基于以上现象，我申报了贵州省教育科学规划课题"在初中物理教学中从学生的前概念出发建构科学概念的实践研究"。

三、创意：从学生的前概念出发建构科学概念

（一）现状研究

调查研究初中生物理前概念的情况，生成初中学生物理前概念一览表。

（二）对策研究

充分利用前概念的正迁移强化科学概念的学习的方法与策略。

合理转化前概念的负迁移促进科学概念的学习的方法与策略。

（三）核心概念

前概念是指个体在没有接受正式的科学概念教育之前，对日常生活中所感知的现象，通过长期的经验积累而形成的对事物和非本质的认识。

物理前概念是指学习者在正式学习某一物理内容之前所形成的想法、观念或信念等，这些往往与将要学习的内容不一致甚至相反，并对将要学习的内容产生影响。

建构科学概念是指充分利用前科学概念的正迁移强化初中物理概念的学习、合理转化前科学概念的负迁移促进初中物理概念的学习。

（四）理论指导

1. 建构主义理论

建构主义认为学习是新旧知识或经验之间的相互作用过程，主要涉及

同化和顺应两种机制。学生不仅需要从头脑中提取与新知识一致的旧经验作为同化新知识的固着点，而且也要关注到与当前知识不一致的已有经验。看到新旧知识之间的冲突并设法通过调整来解决这种冲突，有时还需要改变原有的错误观念。建构主义理论指出，学习过程是学习者原有的认知结构与从环境中接受的感觉信息相互作用、主动建构信息意义的过程，学习者先前的知识、经验以及思维方式在个体学习过程中起着极其重要的作用。概念的学习是学生自主的知识认知结构的搭建，而个体具有不同的认知结构，在接受同一外界信息时可能会形成不同的结构修改、重组、发展。教学情景的创设、知识信息的提供量以及呈现的方式，将依赖于学生对事物的理解和学生的认知结构。前物理概念的研究正是需要研究学生在搭建新的知识前，影响知识正确搭建的学生原有认知结构，因此建构主义理论将为本课题研究提供有力支撑。

2. 皮亚杰的认知理论

按照皮亚杰的理论，可以这样解释人的认知过程：当人感受到一个新的刺激物时，他就试图把这一刺激物同化到原有的图式中去，如果他成功了，与特殊刺激事件有关的平衡就暂时达到了；如果人不能同化这一刺激，那么他就会试图通过修改某一图式或创造一个新图式以顺应这一刺激，当完成这一顺应时，对刺激物的同化就继续进行下去，并达到平衡。因此，可以把顺应过程看作是认知或心理结构的质变，而同化仅仅是把刺激增添到原有的结构中去，这是一种量的变化。这种质量互变，即同化与顺应的协调与整合是认知结构的生长与发展的原因。皮亚杰指出，知识是起源于主客体之间的相互作用，所有的知识都包含有新的东西加工制作的一面，人对客体的认识就是通过把简单的认识结构建构成复杂的认识结构而不断扩大和丰富的。认识就是通过这种不断的建构向前发展的。这个认识的过程是通过图式、同化、顺应、平衡使智力的发展由低级发展为高级，认识由简单到复杂、由贫乏到丰富。前物理概念的构建处于认识构建过程的哪一阶段，从认识规律来看，就可以通过同化、顺应、平衡哪一构建过程达到有效利用和纠正前物理概念的目的，这一理论将对本课题研究有指导作用。

3. 奥苏伯尔有意义学习理论

奥苏伯尔认为意义学习的心理机制是同化，并且认为同化理论的核心是：学生能否习得新信息，主要取决于他们认知结构中已有的有关概念；意义学习是通过新信息与学生认知结构中已有的有关概念的相互作用才得以发生的；由于这种相互作用的结果，导致了新旧知识的意义的同化。

在学习一种新知识时，学生在教师提供的先行组织者引领下，尝试运用其既有的先备知识，从不同的角度去吸收新知识，最后纳入他的认知结构中，成为他自己的知识。学生经由接受学习的历程，也并非全是主动的，要靠教师的教学技巧予以促成。学习是否有意义，取决于新知识与学生已有知识之间是否建立了联系；学生认识结构中新旧知识的相互作用导致新旧知识的同化，从而不仅使新知识获得了意义，而且旧知识也因而得到了修饰而获得新的知识。如果教师能将有潜在意义的学习材料同学生已有认知结构联系起来，融会贯通，学生也能采取相应的有利于学习的方法，即学生在学习新知识的过程中，积极主动地从原有的知识结构中提取出最易于与新知识联系的旧知识。这样，新旧知识在学生的头脑中会发生积极的相互联系和作用，即"同化"，导致原有认知结构的不断分化和重新组织，使学生获得关于新知识方面明确而稳定的意义，同时原有的知识在这一同化过程中发生了意义上的变化，具有潜在意义的学习材料转化为学生的认知结构，学生获得了知识的心理意义。学生在有意义的接受学习中，并不是将现成知识简单地"登记"到原有认知结构中去，而是要经过判断、适应、调整、重新理解等一系列积极的思维活动，因此，有意义接受学习是一个主动的过程。奥苏伯尔有意义学习理论让我们知道学生学习物理则是物理新旧概念辨别、同化的过程，因此这一理论为本研究课题提供理论支撑。

(五) 研究思路

查阅相关文献，掌握相关的理论知识→通过前侧、问卷调查和访谈，梳理我区学生在初中物理所有知识点中存在的前概念以及形成原因、是促进作用还是阻碍作用等，并填写一览表→探索用前概念同化和重构新知识的策略→用初步成果去指导实际教学和检验其可行性并进一步升华，使其具有更好的实践指导作用→归纳总结课题各阶段的情况，形成研究成果。

（六）研究步骤

首先设计初中生物理前概念的调查问卷和访谈问题。基于问卷和访谈的调查结果以及反思以前的教学等途径，总结归纳出初中物理前概念一览表，探讨其形成的原因，分别对有促进作用和阻碍作用的前概念分类。每个学校课题小组通过课堂实践总结出转变前概念、建构科学概念的方法策略。

然后以不同学校部分班级为对象，实施转变前概念教学，经过教学实践的检验，通过与没有进行该教学的班级进行对比（或者与同班级未进行该课题前的情况进行对比），验证教学效果，并从教学案例中总结出适合学生、适合一线教师的科学的、好操作的概念教学方法、教学策略，探索并形成切实可行的"操作样式"。以研究报告、论文和教学设计、教学实录光盘为成果形式，在教学实践中进行推广。

因此这个课题有如下作用：一是有助于我区物理教师更好地把握学生已有的前概念，更好地利用前科学概念的正迁移功能强化概念的学习，转化前科学概念的负迁移促进概念的学习；二是引起我区物理教师对学生的前科学概念足够重视，唤醒教师在转化学生的前科学概念中不断提高自身业务水平，促进教师专业化发展；三是丰富前概念的理论研究，弥补我国有关物理学科前概念研究的不足，也为类似的学校提一个可以参考的"操作样式"。

四、创新：从学生的前概念出发
建构科学概念的方法与策略

（一）初步构建了在初中物理教学中从前概念出发建构科学概念的基本教学流程

如何把本课题研究的这一新的教学理念融入教学活动中，衍生或派生出更多、更有实效性的教学模式、赋予物理课更多的灵动，我们进行了探索，初步构建了基本教学流程：①问卷调查；②梳理前概念一览表；③设计教学过程；④课堂实践；⑤反思并改进；⑥再次课堂实践；⑦再次反思并改进。这个基本教学流程还在进一步优化提升中。

（二）统一基本设计要素

前概念一览表：课标要求、教学内容、存在的前概念及成因、促进作用/阻碍作用、解决策略和措施。

教学设计：教材分析、学情分析（重点谈前概念分析）、教学目标、教学重点、教学难点、教学方法、学习方法、教学准备、教学环节、板书设计、教学反思（重点谈实施转变前概念的策略时达到的效果及不足）。

统一基本课时容量：本着一课一卷一表一案的要求。

统一基本设计版式：统一发放前概念一览表及教学设计的模板。完成了人教版初中物理教材八年级上册、八年级下册和九年级上册、九年级下册所有章节的前概念一览表和教学设计。

（三）利用前概念正迁移的策略

在学生的前概念中，也有一些物理前概念与科学概念非常接近，只是略欠全面、严谨，是学生进一步学习的良好基础和铺垫，可成为与此有关的新科学概念学习的原材料和增长点，可把前概念这种"资源"作为让学生理解新科学概念的"生长点"，引导学生从前概念中"生长"出新的科学概念。具体方法策略有以下 7 个方面。

1. 挖掘生活经验，顺势迁移

在教学中充分挖掘、利用身边的生活素材，把生活问题贯穿教学始末，将物理知识构建在学生的生活经验上，让物理知识在生活中得到升华，让物理知识走出课堂，走进大自然、走向社会，让物理回归生活，与生活交融。通过生活经验获得的知识，学生更容易接受。比如学生都知道用筷子夹菜灵活方便、撬瓶盖省力，但平时未深究原因，知其然不知其所以然。在学习杠杆的相关知识时，让学生自己用杠杆平衡条件（动力 × 动力臂 = 阻力 × 阻力臂）进行讨论分析，用筷子夹菜，阻力臂比动力臂长，虽然费了力，但省距离，可以灵活方便地夹菜；用筷子撬瓶盖时，在阻力、阻力臂一定时，加长了动力臂可以减小动力，从而可以省力。顺势迁移，促进了运用杠杆平衡条件解决问题。再如，学生都知道山上呼吸较困难，是因为高山上空气少。这就可以用作教师讲解"海拔越高气压越低"这个知识的正迁移。在初中物理概念教学中，教师要巧妙地运用学生在生活中感知过的经验来促进概念的同化。这样在引导学生独立学习的同时，既立足于生活，又有利于培养学生的创造性思维和发散性思维，也有利于培养和发展学生的独立解决问题的能力。这样做也实现了发挥学生主体作用的目的。这些利于正迁移的生活经验的挖掘和利用，正是契合了"从生活走向物理"的理念。

2. 类比迁移，变抽象为具体

有意义学习必须以学习者原有的认知结构为基础。运用类比可以为学生对将要学习的新知识提供一个相近的表象，所以容易刺激学生回忆起头脑中已有的经验表象，以此为契机促进知识或经验的正迁移。通过合理的类比，初中学生能看到许多深奥的物理规律其实与生活中的许多事物都是相似的，能够更深刻地记住并理解物理概念。例如，类比固态、液态、气态物质的分子结构分别跟教室里座位上坐着的学生、课间教室里走动的学生、课间操场上跑动的学生类似，这样学生可以对分子间的作用力、距离等有个初步具体形象的认识，强化对这方面太抽象的概念的学习。在学习电阻时可以把导线比作道路，电流通过导线就好比人沿着道路行走。道路的长短、宽窄一样而路面状况不同，人在泥泞的路面上难走些，在沙石的路面上好走些，在水泥路面上更好走些，好比长度、横截面积相同，材料不同的导体"。路面状况及道路宽窄都相同时，道路越长人受阻的机会越多，通过就越困难，好比材料、横截面积相同，导体越长电阻越大。其他条件相同，道路越宽行人越容易通过，好比长短、材料相同，导体横截面积越大电阻越小。学生在学习的过程中首先会本能地用旧的认知方法和概念去理解新的知识和概念，如果新知识与旧知识有可类比性，不存在质的变化，那同化过程就会非常顺利。所以在教学中应当充分了解和挖掘那些存在于学生头脑中与将学的新知识相似度高的原有知识与经验作为新知识学习的同化固定点。

3. 联想迁移，新知识的起点

可充分利用前科学概念进行广泛联想，帮助学生理解、掌握新概念，从而促进正迁移。例如，在学习用刻度尺测长度时，经过物理课堂学会正确地使用规则以及怎么读数、怎么减小误差后，在以后的电流表、电压表、天平标尺、弹簧测力计、量筒等测量工具的学习时，可以联想相同的知识点促进新知识的同化，即共性都是要先观察分度值，估读分度值的下一位放置的方法注意关注零刻度线是否磨损、量程、注意事项等，不但促进了新概念的学习，还巩固了这类概念。总之，知识不会无中生有地产生，只有从旧的知识基础和新的知识养分的结合和融通中形成。一个见多识广的学生在理解和掌握新知识时会特别快，而一些孤陋寡闻的学生，因为他们大脑中的前概念不够丰富，所以许多新概念对他们而言不能使用同化方法理解和掌握，学习就会比较吃力。初中学生的前科学概念是一种资源，初中物理教师应该珍视学生的这个财富，充分利用前概念积极的一面，将它作为学习新知识的起点和台阶。

4. 实验迁移，意义建构

进行意义建构的过程好比有机体生长的过程而并非建造房屋般的填充过程。因此，教师应当是学生意义建构的帮助者，而非知识的提供者和灌输者。教师应给学生动手实验的机会，因为实验不但使学生原知识经验的价值被肯定，而且加深了感性认识，扩展了经验，也在创设的问题情境中强化了概念的学习。

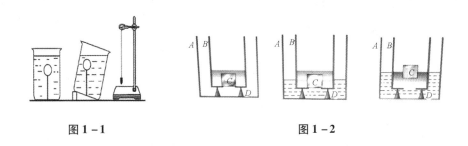

图 1 - 1　　　　　　　　　　　　　图 1 - 2

比如，认识浮力时让学生经历四个实验：感受浮力的存在（用手压水面上的空矿泉水瓶），测量浮力的大小（用弹簧秤、装有水的烧杯、金属块），确定浮力的方向（用自制的器材，如图 1 - 1 所示），通过实验研究浮力产生的原因（用自制的器材，如图 1 - 2 所示）。

这样在学生动手体验和实验观察过程中由浅入深、层层递进地进行了浮力相关知识的意义建构。增加让学生自己动手做实验的机会，通过实验为学生提供必要的感性材料，只有当实验演示的情境与学生原有认知结构紧密相连，并相互作用，新实验所要观察的现象、探索的规律、验证的结论，才能牢牢拴在原有认知结构的锚链上，才能转化为知识和能力。

5. 经验迁移，猜想的依据

在科学探究的学习过程中，猜想这一步骤有着举足轻重的地位，它是物理智慧中最活跃的成分，对学生猜想能力的培养，也是物理探究过程中的一个重要环节，而且猜想决定了科学探究的方向，因此，在物理教学的过程中，引导学生科学合理地猜想就显得格外重要。任何科学猜想都不是凭空产生的，它需要根据所观察到的现象，运用学过的知识和已有经验，对问题的可能答案做出假定，特别应该注意要让学生说出猜想的理由和依据，要能举出相关的实例来证明，没有一定的知识和经验，猜想恐怕只能是无本之木，无源之水。

例如，依据平常坐木凳比坐圆木舒服，而坐软沙发比坐木凳更舒服的生活经验猜想压强跟受力面积有关，依据向墙壁摁图钉需用力摁的生活经验猜想压强与压力有关；依据高速路上要限速以及对不同的车的限速不一样的经验猜想动能可能与物体的质量和速度有关；等等。

6. 调动已有知识同化前概念

案例：物体不受力时能否继续运动需要实验来验证，如何设计实验来探究这个问题？

首先引导学生回忆以前做过的"真空不能传声"的实验：在把玻璃罩中的空气抽出的过程中，我们听到的铃声越来越小，这说明真空不能传声。并思考以下问题：

（1）在这个实验中，我们能使玻璃罩内达到"绝对真空"吗？

（2）既然做不到"绝对真空"，你是根据什么现象推断出真空不能传声的？

（3）受这种方法的启示，你能否设计实验，探究运动物体"没有阻力作用"时怎样运动？

在学生回忆思考过程中通过新问题与学生认知结构中已有的"真空不能传声"的实验发生相互作用，这种相互作用的结果，导致了新旧知识的意义的同化，从而使学生能自己设计出实验探究物体不受力时能否继续运动。

7. 充分利用前概念的促进作用同化科学概念

例如，利用学生都玩过放大镜聚焦太阳光的生活体验进行凸透镜对光的会聚作用的教学，拓展并丰满学生的现有图式；利用学生已有光的折射的相关知识通过画图去探究凸透镜、凹透镜对光的作用，再通过演示实验验证学生的推理是否正确，把学生原有的知识经验作为新知识的生长点，引导学生从原有的知识经验中生长出新的知识经验。

在"测量小灯泡的电功率"教学设计中要求学生回忆电功率的计算公式，通过学生的回答，然后提问：如果要测量小灯泡的电功率，该用哪个公式？需要测出哪些物理量？在我们已经学习了的实验中，测量什么也同样需要测量这些物理量？还记得测电阻的实验电路图是如何设计的吗？我们今天的电路又将是怎样的呢？

像这样进行教学就能让学生利用已有的前概念设计实验探究测量小灯泡的电功率。

总之，学生在学习前，大脑中原有的知识对学生知识的建构起到的作用是促进而非阻碍，或者另一种可能是促进作用大于阻碍作用，所以前科学概念的正迁移作用是物理概念学习的优势基础和铺垫，充分利用它可以使学生尽快地掌握新概念从而扩充图示。对教师和学生来说，在知识建构过程中，前概念都是一种资源，我们应把这种"资源"作为让学生理解新知识的生长点，引导学生从前概念中生长出新的科学概念。新课程倡导教师充分开发和利用校内外各种课程资源，每个学生都有强大的内存，蕴含着丰富的课程资源，物理前概念资源是源于学生的一种重要的课程资源，将其有效利用于课堂教学正是开发课程资源的实际需要。

（四）转化前概念负迁移的策略

1. 通过"磨难体验"自动否定错误概念并建构科学概念

"鸡蛋，从外部打破是食物，从内部打破是生命"，对学生的问题先不回答，就是促进鸡蛋的内部打破，是为了促进学生的主动发展，这才是终身受益的成长。在上"力的平衡"时，我每张课桌上放一套器材，让学生通过实验探究二力平衡需要满足哪些条件，让学生自己建构相关知识，当学生通过实验探究和讨论交流积极建构知识得出二力平衡的四个条件时，教学目标达成度非常高，我对学生的表现非常满意。但最后我用手推桌子

17

而未推动，问推力和摩擦力的大小关系时，全班同学异口同声地回答："摩擦力大于推力。"然后我又用线拉着钩码匀速上升，问拉力和重力的大小关系时，全班同学再次异口同声地回答："拉力大于重力。"学生的认识又回到了课前。这时我并没有马上否定同学们的错误说法，而是布置课外作业：让学生回去设计实验方案探究、测量并讨论两力在匀速上升、加速上升、匀速下降、加速下降过程中的大小关系，两天后在课堂上展示自己的成果。结果通过几天的内化过程同学们都在脑子里烙下深深的烙印，把错误前概念自动放弃了。这是一种"磨难体验"过程，"磨难体验"是知识的内化、经验的升华，是个性化的知识，是自得自悟的生命活动状态。

2. 设疑引发冲突克服经验错误并建构科学概念

比如：在上"空气的力量"一节时，由于学生的前概念认为空气轻飘飘的没有质量、没有重力，对学生感受到大气影响从而理解大气压的存在造成了阻碍作用。于是设法给学生一个巨大的"震颤"以动摇其顽固信念的基础。提问学生，如把教室里的空气装在一个袋子里，能提起袋子吗？当学生回答能轻而易举提起时，让学生通过估测教室的长、宽、高算出教室里空气的质量，当学生算出教室里空气的质量有几百千克时震惊了并自动放弃了以前的经验错误，且顺利地接纳了大气有质量和大气压确实存在的事实。

3. 通过自制教具巧设演示实验转化前概念并建构科学概念

对于光的传播特点，学生认为我们平常看到的太阳光线是从太阳沿直线传来的。为了扭转这个错误前概念，光在同一种均匀介质中是沿直线传播的实验很容易完成，但要想得到光沿直线传播的条件，必须做出"光在同种非均匀介质中是沿曲线传播"的实验，如果能完成此实验，则可以转变学生出现的上述错误的前概念，很多教师包括自己以前一直是以"太阳还在地平线以下时，人们就能看到太阳，表明光经过密度不均匀的大气层时传播路径发生了弯曲"为例来说明"光在同种非均匀介质中是沿曲线传播的"，由于学生没有亲眼看到过例子中的现象，所以这样的教学效果很不理想。看来，要想让学生比较彻底地承认并信服科学的观念，必须设法通过实验让学生亲眼看到"光在同种非均匀介质中是沿曲线传播"的现象来引发与错误观念的冲突。于是设计一个实验，用果冻调制了密度均匀和密度不均匀的两种液体，用激光笔发出的光通过密度均匀和密度不均匀的两种液体，让学生观察光线并真实感受到其传播的路径的不同，从而放弃了前概念，建构了科学概念。

4. 通过一些特例、反例的教学功能转化前概念并建构科学概念

学生坐在公交车上会有这样的体会：公交车开得慢比较容易刹住，开得较快时就不容易刹住，所以就有"速度越大、惯性越大"的错误观点。由于这样的生活体验太多，要改变需要一个过程，我们把这个教学过程分三步进行。

首先，通过特例反问学生：高速飞行的子弹与慢速行驶的公交车比较，哪个物体的运动状态相对不容易改变？这时与学生原有的前概念发生认知冲突，于是学生自发对头脑中的那种根深蒂固的前概念进行反思和批评。其次，指出错误的根源：把"惯性大小表示物体运动状态改变的难易程度"错解成"公交车的惯性大小表现为公交车从某运动速度变成静止，或从静止变成某运动速度的难易程度"。公交车开得快时不容易刹住是因为需要有一个"慢下来"的过程才能停住，比如：同一辆公交车从 20m/s 的速度开始刹车与从 10m/s 的速度开始刹车相比较，前一种情况就要多一个速度从 20m/s 到 10m/s 的过程，然后再从 10m/s 到 0，这必然多花时间，就给学生造成了"速度越大、惯性越大"的错觉。最后，通过反例，公交车急刹车时速度一样，胖的人比瘦的人不容易前倾等例子来强化学生科学概念：惯性与速度无关，只与质量有关。

5. 通过概念的物理意义的教学建构科学概念

由于生活经验的影响学生们认为支点到力的作用点的距离影响杠杆的转动效果，所以有力臂是支点到力的作用点的距离的错误认识。有老师是这样处理的：如图 1-3 首先将弹簧测力计挂在 B 处并顺时针旋转一定角度后让杠杆平衡时，让学生读出示数为 F_1，然后教师将弹簧测力计逆时针旋转至图 1-4 的位置，这时学生读出弹簧测力计示数仍然为 F_1。是什么

原因导致两个方向不一样，其他都一样的两个力的效果一样呢？此实验现象与学生的原认知形成冲突，接着充分让学生对照两图思考和交流，学生会发现示数一样可能是因为拉力和杠杆的水平夹角是一样的。也有学生会进一步想到支点到力的作用线的距离相等，但是也有学生想到角度后却想不到支点到力的作用线的距离相等，最后李老师把这两个距离分别画出来，引导学生思考拉力和杠杆的水平夹角相等会直接导致支点到力的作用线的距离是相等的。通过以上三个过程，学生发现，在影响杠杆转动效果时，有一个物理量是直接影响杠杆的转动效果的，所以这个物理量对我们后阶段研究杠杆这类问题很有价值，意义重大，这个物理量就是支点到力的作业线的垂直距离即力臂。通过力臂的物理意义的教学顺利建构了正确的概念。

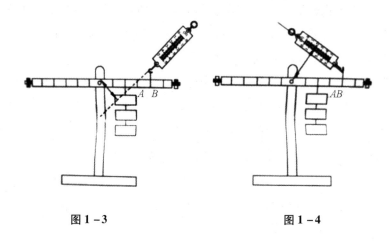

图 1-3   图 1-4

6. 运用"追本溯源"等策略有效地转变"错误前概念"

案例一：甲同学在一根长钢管的一端敲击一下，乙同学在钢管的另一端将耳朵贴近钢管，可以听到_____次响声，其中，第一次响声是通过_____传来的，第二次响声是通过_____传来的。

答题中暴露的错误前概念：声音在空气中的传播速度比声音在钢管中的传播速度大。

常规策略一：直接告知结论，声速的大小跟介质的种类有关。在固体中传播速度最快，液体次之，气体最慢。

常规策略二：让学生阅读课本的小资料并自己归纳出规律，声速的大小跟介质的种类有关。在固体中传播速度最快，液体次之，气体最慢。

以上两种策略可起暂时的作用，一旦学生学了光、力相关知识后与光速混淆。学生会认为声音在气体中传播时受阻最小，最容易传播，传播速度最快；在固体中传播时受阻最大，最难传播，传播速度最慢；在液体中传播介于气体和固体之间。所以学生在刚学声的知识时老师灌输的科学概念印象深刻，因此在单元检测中能正确作答，但随着后续知识的学习，原刺激逐渐淡化，以及生活、学习中错误概念的反反复复地冲击和诱导，潜移默化地占据了科学概念的位置，在中考时反而错误作答的学生非常多。

非常规策略：追本溯源。

首先让学生认识声音传播的本质原因：如图 1-5，当鼓膜向左运动时，它将空气分子推挤到一起，从而产生一个密部；当鼓膜向右运动时，空气分子又变得稀疏，从而产生一个疏部。鼓面的振动带动周围的空气振动，形成了疏密相间的波动，向远处传播。

图 1-5

接着进行类比：声音是以声波（属于机械波）的形式，通过介质传播，无介质声波就无法传播，这是必要条件；光是以电磁波的形式传播，不是通过介质传播，是通过电磁场传播的。

最后分析本质原因：由于声音是以声波（属于机械波）的形式，通过介质传播，因此它的速度取决于介质粒子在受到扰动后弹回的快慢。弹性是物质受到扰动后恢复原状的能力，如果一种介质弹性很好，那么它的粒子很容易恢复原状。一般说来，固体材料弹性最好，固体粒子移动得不会太远，当声波的密部和疏部通过时，固体粒子前后振动得很快。因此声波的密部和疏部非常容易在固体中传播；大多数液体的弹性较差，所以声音在液体里传播比在固体中慢；气体的弹性很差，因而声音在气体中传播最慢。

此策略由于注重追本溯源，错误的前概念从理性的分析中得以澄清，利用"说理"帮助学生建构科学概念。

案例二：当杨杨戴上红领巾走近穿衣镜时，他在穿衣镜中的像将(　　)。

A. 逐渐变大　　B. 逐渐变小　　C. 大小不变　　D. 远离穿衣镜

答题中暴露的错误前概念：物离镜越远，所成像越小。

在现实中，物体离得越远，看到的物体好像变小了，所以学生基本都会认为看到的物变小了。

常规策略一：再次告知学生结论并要求背诵结论，平面镜所成像的大小与物体的大小相等。

常规策略二：再次让学生做《探究平面镜成像的特点》实验，让学生再次观察物体离平面镜的距离不同时，像的大小始终与物体大小相等，借这个实验加深印象。

以上两种策略，由于把知识进行单项传递，提供给学生"现成的东西"，学生不会因老师告诉他们科学概念而"除掉"脑袋中已有的错误概念，对科学概念的建构极为不利。

非常规策略：追本溯源。

首先介绍"视角"的含义：从人眼向观察的物体两端各引一条直线，这两条直线的夹角即为"视角"，如果视角大，则在视网膜上成的像大，人就会认为物体大；视角小，则在视网膜上成的像也小，人就会认为物体小。

然后分析本质原因：当人向平面镜走近时，像与人的距离小了，人观察像的视角也就增大了，因此所看到的像也就感觉变大了；当人照镜子时离镜子越远，视角越小，人眼感觉像越小，是视觉上"远小近大"的视觉效应，由此产生了错误的前概念。

此策略强调有关"视角"产生的误差影响。这样进行追本溯源式的教学后学生就能抓住本质——是"视角"造成"远小近大"的视觉效应，再也不会受错误前概念的干扰,在中考中遇到类似的题就能正确作答。

案例三:空气中有一束光垂直射向直角形玻璃砖,如图1-6所示,请作出这束光线射入玻璃砖后并从斜边射出的大致方向。

图1-6   图1-7   图1-8

答题中暴露的错误前概念:光从一种物质进入另一种物质时发生折射,折射光线一定偏向法线。

常规策略一:如图1-7所示,通过实验再次展现光的折射现象,让学生记住再次观察到的现象。

常规策略二:采用类比法,如图1-8所示,当两轮在桌面上沿垂直桌布方向直线行驶时,两轮的速度相等,到了桌布与桌面的交界处,两轮同时接触桌布,速度同时减小(由于桌布比桌面粗糙),所以继续沿直线行驶;当两轮在桌面上沿与桌布不垂直的方向直线行驶时,两轮的速度是相等的,继续直线行驶;当到了桌布与桌面的交界处,先接触到桌布(由于桌布比桌面粗糙)的轮子速度减小,另一个轮子的速度不变,由于两个轮子速度不同,这就出现了两轮拐弯的情况。等另一个轮子也进入桌布以后,速度也慢了下来,车子两个轮子的速度又相等了,在桌布上又可以沿直线行进了。

第一种策略以传授"结论",为唯一目的,没有将教学重心放在形成结论的过程中,第二种策略不但没解决原问题,反而给学生增加了新的问题,即为什么当两轮在桌面上沿与桌布不垂直的方向直线行驶时进入桌布由于速度不同出现了整车两轮拐弯的情况,而当两轮在桌面上沿垂直桌布方向直线行驶时,进入桌布继续沿直线行驶。

23

非常规策略：追本溯源。

首先告知学生：光是电磁波，传播时不需要介质，且介质会对光的传播起阻碍作用，光通过两种分子结构不同的物质受阻程度不同，速度不同。例如，空气的分子比较稀疏，水的分子较为紧密，所以当光从空气射入水中的时候，速度会变慢。

然后提问：如图1-9，你在沙滩上如要去救落入水中的小孩，你选择哪条路径？学生会冲口而出，2路径（因为学生都知道两点之间直线最短）。这时与学生讨论：人在沙滩上跑的速度要比在水里游泳时快得多，所以虽然3路径比2路径距离长，但是3路径比2路径所需时间更短。光也一样，光在

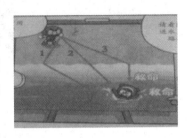

图1-9

空气中传播的速度比水中快得多，为了更快到达目的地，光也会选择最快的路径：光线传播的路径是需时最少的路径（最短时间原理），所以会发生折射。

这样进行追本溯源式教学后，充分切入学生真实的经验世界，促进知识的"生长"，促进深层理解的生成，有利于改造和重组学生原有的认知结构，便于破除错误前概念。

案例四：下列关于功、功率、机械效率的说法正确的是（　　　）。

A. 做功多的机器机械效率一定高

B. 功率小的机器做功慢

C. 机械效率高的机器功率一定大

D. 越省力的机器机械效率越大

答题中暴露的错误前概念：机械效率的大小跟机械省力多少有关，越省力，机械效率越高。

常规策略一：再次复习"功""功率""机械效率"等相关概念。

常规策略二：进行实践活动。让全体学生都搬同样重的物体以最快的速度从山脚跑上山顶，测出自己做的功、功率、机械效率，再让全体成员

抱同样的但物重减半的物体从山脚跑上山顶，测自己的机械效率。通过测量找出：上楼最快的，做功最多的，功率最大的，机械效率最高的。学生会发现：上楼最快的做功却不是最多；做功最多的，功率不是最大；机械效率最高的同学不是身强力壮的男生而是全班最矮小瘦弱的女生；每个同学两次的机械效率不一样。

第二种策略对学生理解"功""功率""机械效率"等相关概念有一定的效果，正如著名教育家布鲁纳曾说过："人唯有凭借解决问题或发现问题的努力才能学到真正的发现方法，这种实践愈积累，就愈能将自己学到的东西概括为解决问题和探究问题的方式。"但是对破除学生已有的错误前概念"机械效率的大小跟机械省力多少有关，越省力，机械效率越高"作用不大。

非常规策略：首先让学生知道，如图 1-10 所示，机械可以通过三种途径中的一种，使工作更轻松。

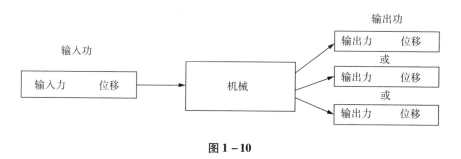

图 1-10

接着补充机械效益的相关知识：

$$机械效益 = \frac{输出力}{输入力}$$

最后讲解：在理想情况下，作用于某一机械上的功（输入功）与机械所做的功（输出功）大小完全相同。事实上，输出功总是要小于输入功，任何机械都会因克服摩擦或克服机械本身所受的重力而浪费一些功（额外功），在保证所做输出功一定的情况下，人们总是希望额外功越少越好，即额外功在总功中所占的比例越少越好。物理学中，将有用功跟总功的比值叫作机械效率。

此策略通过增加知识点的学习，让学生从心底悟出机械效率的大小跟机械省力多少无关。

案例五：把标有"6V 6W"的小灯泡 L_1 和标有"6V 3W"的小灯泡 L_2 串联后接在电源电压为 6V 的电路中（不考虑灯丝电阻的变化），下列说法正确的是（　　）

A. 因为通过它们的电流相等，所以一样亮

B. 因为灯 L_2 电阻较大，实际功率较大，所以灯 L_2 较亮

C. 因为灯 L_1 额定功率较大，所以灯 L_1 较亮

D. 因为灯 L_1 实际功率较大，所以灯 L_1 较亮

答题中暴露的前概念：额定电功率大的灯泡一定比额定电功率小的灯泡亮。

常规策略一：如图 1-11，闭合开关，调节滑动变阻器滑片，使电压表示数依次为 0.5 V、1.5 V、2.5V 和 2.8 V，依次记下电压表示数 U 和对应的电流表示数 I，分别将 U、I 记录在表格中；观察并比较四次小灯泡的发光情况，将现象记录在表格中。

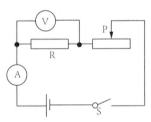

图 1-11

常规策略二：通过演示实验让学生观察现象。甲灯标有"PZ 220 V 40 W"，乙灯标有"PZ 220 V　100 W"，将两盏灯并联接在 220 V 电路中，比较两灯的亮度；将上述两灯串联接在 220 V 电路中，比较两灯的亮度。

以上两种策略虽然让学生看到，一个灯泡的亮度由实际功率决定，与灯泡上标的额定功率无关，但学生心中还有疑惑：为什么还要标上这个与灯泡亮度无关的数据呢？时间长了后在中考时学生的错误前概念又会死灰复燃：用"额定功率"越大的灯泡越亮的观点解决问题。

非常规策略：追本溯源。

首先让学生讨论一个问题："能否让一个小灯泡发出很亮很亮的光？"然后教师演示实验：减小灯泡两端的电压，小灯泡变得非常暗，增大小灯

泡两端的电压，小灯泡变得非常亮乃至烧坏。这时学生发现：用电器的电功率会随着实际电压的改变而发生变化，但不能无限地增大，有一个限度。这时老师告诉学生电器生产厂在用电器上标的额定功率是告诉我们此用电器的实际功率不能超过此值，这个值是能使用电器充分发挥用途，又不至于损坏电器的极限值，即电器正常工作时的功率——额定功率，而此时的电压就是额定电压。

此策略通过讲清电器生产厂在灯泡上标明"额定功率"的作用，让学生不但知其然，还能知其所以然。

案例六：灯泡 L_1、L_2 分别标有"10V 10W"和"9V 5.4W"的字样，若将它们串联使用时，电路两端允许加的最大电压值是（   ）

A. 10V   B. 9V   C. 15V   D. 19V

常规策略一：老师在黑板上亲自演算其过程。

常规策略二：防患于未然。为了避免学生由于错误前概念干扰出错，先告知学生要先计算出每个灯泡的正常工作电流，串联使用时，只能让电路中通过小的正常工作电流，然后让学生自己进行计算。

以上两种策略造成学生一听就懂，马上做题也能做对，但在以后就可能会由于前概念的干扰出错。

非常规策略：以彼之矛击彼之盾。

首先让学生进行计算，因为学生知道串联电路中电压的关系 $U_总 = U_1 + U_2$，所以会想当然地计算 $U_总 = U_1 + U_2 = 10V + 9V = 19V$。

这时要求学生再次做如下的计算题：

若将它们串联使用时，求当两端的电压为 19V 的时候通过灯泡的电流为多大？学生会兴致勃勃地进行如下计算：

$$R_1 = \frac{U_1^2}{P_1} = 10\Omega \qquad R_2 = \frac{U_2^2}{P_2} = 15\Omega$$

$$I = \frac{U}{R_1 + R_2} = \frac{19V}{10\Omega + 15\Omega} = 0.76A$$

这时再让学生看清灯泡上表的铭牌"10V 10W"和"9V 5.4W"，让学生计算两灯正常工作电流：

$$I_1 = \frac{P_1}{U_1} = 1A \qquad\qquad I_2 = \frac{P_2}{U_2} = 0.6A$$

最后让学生对他们自己计算出的数据进行对比，他们自然会恍然大悟，0.76A＞0.6A，原来上一题是错误的。

通过这种方式，让学生在老师的帮助和引导下进行自我否定，要比教师对学生的直接否定要好得多，经过学生自己积极建构相关知识，既注意未伤害到学生的自尊心，造成打击学生学习物理积极性的后果，也能让学生在以后遇到此类题时就不会出错了。

总之，在中考复习中，不要一味地进行题海战术，经常使用题海战术会使学生形成机械化的解题步骤，思维固化。波利亚曾说："一个专心的认真备课的教师能够拿出一个有意义的但又不太复杂的题目，去帮助学生挖掘问题的各个方面，使得通过这道题，就好像通过一道门户，把学生引入一个完整的理论。"中考复习是从"负"起点开始，先要破除这些"错误"的前概念，再建立科学概念。针对不同的错误前概念，研究破除这些错误前概念的方法和措施，采用有针对性的解构策略，将会在中考复习中收到事半功倍的效果。

7. 通过认知冲突转化错误前概念的负迁移

案例一："力是使物体运动的原因""物体的运动需要力来维持"。

策略：经历"暴、破、立"三个阶段。

暴：首先让学生用手去推文具盒，然后停止推，并举出生活中类似的现象，找出共同特征归纳结论——"物体的运动需要力来维持""力是使物体运动的原因"。且指出这是亚里士多德的观点，同学们在这个活动中暴露出的错误前概念与亚里士多德的观点不谋而合。导致这些错误前概念产生的原因，是由于生活中像用力推桌子，桌子运动，停止用力推，桌子就静止这类例子太多，造成学生潜意识里根深蒂固的经验认识——"物体的运动需要力来维持""力是使物体运动的原因"。究其本质原因是停止用力推后，所受地面的摩擦力较大，桌子从运动到停下来的时间太短，学生无法观察到桌子减速的过程。要想学生自己破除错误前概念，必须想方设法让减速过程延长，学生只有看到减速过程后，才能改变以往认识上的错误，才能接纳科学概念。

破：再让学生用手去推铅笔、小球、小车，然后停止推，找出共同特征"停止推后铅笔、小球、小车还要继续运动一段距离后才停下来"，要求学生围绕"继续运动的物体受到何力的作用"这个问题进行讨论。在讨论中除谈到重力外，不少学生还会说受到"抛力"或"惯性力"的作用。接着教师设问：施力物体又是谁呢？从而让学生否定物体这个力的作用。在此基础上，教师要求学生继续讨论"不受力作用的物体为何能继续前进"，以形成与学生原有观念的矛盾冲突，让学生自己发现不受力还能运动的现象，并顺势提出为何最后又停止运动了。

立：然后再演示课本上的实验，让学生分析小车在水平方向只受到阻力的作用，并且阻力越小，小球滑行越远。教师因势利导："假设接触面极其光滑，以至于这个摩擦阻力为零，那么小车会怎样运动？"学生讨论后认为："小车会永远运动下去。"这样，学生就会自然而然地得出"物体不受外力作用时，将保持原来的匀速直线运动状态"的结论，从而否定原有的错误观点。

案例二：惯性是一种力，是一种作用。

策略：利用"矛盾冲突法"转化错误概念。

因为先学习的是力的概念，后学习的是惯性概念，思维定式导致学生认为惯性也是一种力。为了扭转这种错误认识，可结合力的概念，要求学生去寻找施力物体，当他们找不到施力物体从而碰壁时，产生矛盾冲突进而废弃错误观点，再引导学生分析惯性与力的区别。①物理意义不同：惯性是指物体具有保持原来状态不变的性质；而力是指物体对物体的作用。惯性是所有物体无论何时何地都具有的属性，它与外界条件无关；力则只在物体与物体发生相互作用时才有，没有物体就没有力。②构成的要素不同：惯性只有大小，没有方向和作用点，而且大小也没有具体数值，也无单位；力是有大小、方向、作用点的，它的大小也有具体数值，并且单位是牛顿。③惯性是使物体保持运动状态不变，但力的作用恰恰是改变物体的运动状态。

案例三：速度大的物体惯性大，惯性会随速度减小而减小。

策略：利用归谬法转化错误前概念。

归谬法就是首先假设原观点正确，然后利用其所谓的想法或思路归纳出与事实或已知的定律原理相悖的结论，让学生能够领悟到自己的错误，并通过他们自己的努力纠正原有错误的认识，从而建立正确的认识。首先按照学生的错误前概念顺推提问：既然速度越大，惯性越大；速度越小，惯性越小，那么速度为零，就没有惯性了，静止的火车，速度为零，没有惯性吗？

让学生观察课本的演示实验，并分析得到静止的物体有惯性，这时归谬法引起了学生的自相矛盾，学生产生强烈的认知冲突，此时再环环相扣接连追问：①一个人站着惯性大还是100米赛跑时惯性大？②公交车从启动到离站，其惯性大小如何变？高速飞行的子弹与慢速行驶的公交车比较，哪个物体的惯性大？这样的情境问题触发了学生认知上的剧烈冲突，在这种矛盾的状态中，辅以教师的指导，使他们茅塞顿开，进而修正和改变自己的认知结构，从而迫使学生放弃所谓"速度越大，惯性越大"这种偏离科学概念的"错误前概念"，并促使其主动地去思索、探究"惯性的大小与哪些因素有关"这个科学问题。这时让学生自己动手，把重的书和轻的笔放在同样的纸上，用同样大小的力抽出纸张，让学生通过实验观察现象并找出本质原因，从而充分认识到惯性大小与质量的关系。最后用学生的生活体验"公交车急刹车时速度一样，胖的人比瘦的人不容易前倾"等例子来强化学生的科学概念：惯性与速度无关，只与质量有关。

总之，对于学生基本正确但不全面的前概念，可加以利用、生成新概念，前概念构成了新知识可扩展的肥沃土壤，新知识就变成了旧知识中图式的一种简单的扩充。事物总是一分为二，前概念带来好处的同时，必然会带来弊端，错误的前概念，应转化为科学的概念，学生的前概念到科学概念的转化不是一蹴而就的，而是不断反复和深化的过程。对初中物理教师来说，了解和研究学生已经具备的前概念，充分地挖掘、恰当地利用或转化这些前概念，能够对教学效果的提高在理论和实践两方面都产生有利的作用，特别是在提高学生的整体认知水平和创新能力方面，都将取得事半功倍的效果。

8. 通过画图思考转化错误前概念的策略

"想当然"误区根源一：已有知识的干扰。

例：一个同学向着远处的山崖大喊一声，约 1.5s 后听到回声，那么该同学距山崖大约是多少 m？

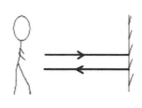

图 1-12

"想当然"误区：学生看到此题，由于头脑中有声音在空气中（温度为 15℃）的传播速度为 340m/s 且 $S = Vt$，就会"想当然"进行如下计算：$S = Vt = 340m/s \times 1.5s = 510m$，并认为该同学距山崖 510m。

突破"想当然"误区的策略：如图 1-12 所示，让学生画出声音传播的路径图，通过画图复现真实的物理情景，把学生容易忽略的重要"细节"着重标出，使学生脑子中迅速出现了映象，进一步的推理、分析等逻辑思维便有了具体、坚实的"生长点"，在学生画图思考的过程中问题就迎刃而解了。

"想当然"误区根源二：生活经验的干扰。

例：在用温度计测量水的温度时，俯视时读数_____，仰视时读数_____。

"想当然"误区：初中学生观察物理现象较多地停留在日常生活经验的水平上，较难深入现象的本质，由于生活中有这样的经验，对比自己高的需抬头看，比自己低的需低头看，就会"想当然"地在第一空填偏小，在第二空填偏大。

突破"想当然"误区的策略：如图 1-13，让学生自己在草稿纸上清清楚楚地画出平视、俯视、仰视时读数的图，这样学生就在图中一目了

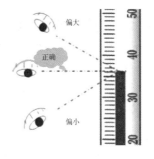

图 1-13

然地看到不同观察方式产生的结果了。画图思考是学生通过画图间接地参与实践，并通过对图的观察和构绘来替代对实际物体的操作，最终解决问题的过程。

"想当然"误区根源三：理解片面的干扰。

例：在爬杆的时候，向上匀速爬时摩擦力方向怎样？

"想当然"误区：由于学生有摩擦力阻碍物体运动的认识，且在解题过程中有一个不好的习惯就是想当然地把当前面临的问题与已经做过的问题等同起来，"不假思索"地照搬记忆中已有的方法甚至答案。于是就"想当然"地回答：向上匀速爬时摩擦力向下。

突破"想当然"误区的策略：在黑板上画出一人向上匀速爬的图，让学生根据平衡状态时受力平衡的知识在黑板上画出人在竖直方向所受的力，如图1－14，通过画出人在竖直方向的受力图，学生的误区就不攻自破。

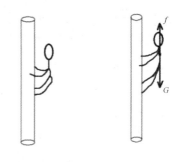

图1－14

由于思维有表面性、片面性，因而抓不住问题的本质，不能全面看问题，局限性较大；但画图思考是在视觉参与下的思维过程，是信息加工和转换的过程。正如古语所言："I hear and I forget, I see and I remember, I do and I understand"（我听说了，然后又忘记了；我看到了，于是我记住了；我动手做了，我才明白了其中的道理）。

"想当然"误区根源四：盲目的主观想象。

例：在水中漂浮的均匀正方体木块，现将水下面部分切去，则剩余部分木块将：（　　）

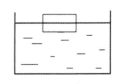

图1－15

A. 将上浮一点　　　B. 将下沉一点

C. 仍不动　　　　　D. 无法判断

"想当然"误区：由于学生知道漂浮的物体所受浮力等于重力，当切去部分后，能分析出重力减小，所以

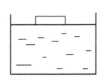

图1－16

32

就"想当然"地得出将上浮一点，这是物理过程弄不清引起解题的隐患。

突破"想当然"误区的策略：通过画图思考能够变抽象思维为形象思维，更精确掌握物理过程。有了图就能做状态分析和动态分析，状态分析是固定的、间断的，而动态分析是活的、连续的，动态分析是从一个状态到另一个状态的变化。首先引导学生回忆浮力产生的

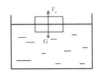

图 1 - 17

原因及浮力的计算方法，然后让学生画出两个瞬间状态图：在水中漂浮的均匀正方体木块（如图 1 - 15）；将水下面部分切去瞬间剩余部分木块（如图 1 - 16）。最后在两图上分别画出其受力图（如图 1 - 17 和图 1 - 18），通过画受力图学生发现将水下面部分切去瞬间剩余部分木块只受重力作用（由浮力产生的原因可知底面没有受到水向上的压力，故没有浮力），在重力的作用下会下沉。

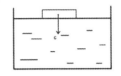

图 1 - 18

"想当然"误区根源五：思维定式的干扰。

例：图 1 - 19 的三个灯泡的连接方式是_____图 1 - 20 的两个灯泡的连接方式是什么？

"想当然"误区：由于学生有各用电器逐个顺次连在一起的电路叫串联；把用电器并列结在两点间的电路叫并联的认知，看到图 1 - 19 就"想当然"地回答"串联"；看到图 1 - 20 就"想当然"地回答"并联"。

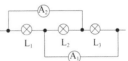

图 1 - 19

突破"想当然"误区的策略：学生对给出的这两个电路图很难分析出来是串联、并联或是混联，但引导学生画出此电路图的等效电路图，应用已知物理知识对给定信息进行"去粗取精"的再加工，并能透过现象看到本质，就会很容易地看出电路的连接特点，使有关问题迎刃而解。比如，对图 1 - 19 的电路图，首先用导线代替电流表，然后将所有长导线"缩"为"点"，

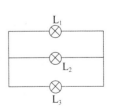

图 1 - 21

像这样经过三次简化电路图得到一个等效电路图时（如图 1-21）学生就能准确回答"并联"。再比如，对图 1-20 的电路图，引导学生从电源正极出发依次画出相关电路元件回到负极得到一个等效电路图（如图 1-22）时学生就能准确回答"串联"。所以教师应在教学中为学生搭建画图思考的平台，给学生必要的形象思维的指导，通过画图把物理知识转化为更具体和形象的知识，从而提高学生接受的效率。

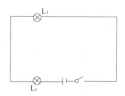

图 1-22

"想当然"误区根源六：先入为主的生活观念形成的困惑。

高一学生对初中物理的某些知识掌握得过死，不理解这些物理规律存在的条件而形成先入为主的观念，又不能及时地得到解答和澄清，在脑子里形成混乱，造成阴影，以致影响到高一物理的学习。

例如，如图 1-24，在各力作用下，重物处于静止状态。若两绳与竖直线间的夹角都为 θ，忽略滑轮的重力，试求力 F 的大小。

"想当然"误区：运用力的平衡知识，很容易求得 F = mg/2cosθ。但是学生们总是觉得这样解不正确。他们固执地认为，拉力大小应为 F = mg/2。他们总是振振有词地说，动滑轮省一半力，这是初中物理教师这么讲的。由于先入为主的影响，不论高中教师怎么讲，他们都觉得这件事悬悬乎乎的，不那么令人相信，以至在学生头脑中形成困惑，影响物理知识的学习。

突破"想当然"误区的策略：我是这样解决这个问题的，如图 1-23，初中的图是两绳都是竖直的，画出受力图，用平衡知识可得 2F = mg，结论：当动滑轮上两边绳都竖直时，$F = \dfrac{1}{2}mg$。而现在高一的图 1-24 是两绳与竖直方向都成 θ 角，画出受力图，用平衡知识可得 2Fcosθ = mg，得出结论：当动滑轮两边绳都与竖直方向成 θ 角时，$F = \dfrac{mg}{2\cos\theta}$。对初中老师的

结论通过画图讲解界定条件范围，那么学生对现在高中的图中 $F = \dfrac{mg}{2\cos\theta}$ 就

能豁然明白了。

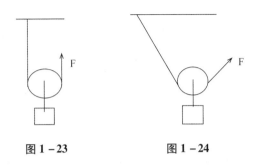

图 1 – 23　　　　　图 1 – 24

　　首先，对高一学生在概念和规律的讲解中，教师不要轻易地将结论抛给学生，应该从学生的科学前概念出发，多讲现象，通过问题组织教学，使学生从纷繁复杂的物理现象中去伪存真，去粗存精，培养学生质疑的习惯，引导学生进行归纳、演绎，概括出实质性的东西。这个概念规律形成的过程只能是延缓的而不能是速成的，否则的话，学生就失去了意义建构的平台。其次，对每个结论都要注意其界定条件和范围。

　　总之，物理学是最讲"理"的，是研究物理现象背后自然规律的科学。分析物理现象必须弄清现象背后的规律，千万不可"想当然"，一"想当然"就会出错。近几年许多表述物理情景的练习题通常通过文字呈现在学生面前，没有配图，让学生通过阅读想象后画图再现物理情景。所以在教学中要培养学生将物理情景构建成对应的物理模型图和物理过程图，将物理条件标注在图形的相应位置上，寻求因果关系，应用相应的物理规律解决相应的问题。美国著名的心理学家、美学家鲁道夫·阿恩海姆在其《视角思维》中阐述道："视觉乃是思维的一种最基本的工具"。著名教育家苏霍姆林斯基在《给教师的建议》一书中指出："绘画的直观性同时也是一种使学生进行自我智力教育的手段。在动手解答习题以前，学生先'把应用题画出来'。教会学生把应用题'画'出来，其用意就在于保证由具体思维向抽象思维的过渡。我特别关心的是那些学习感到困难的学生是怎样'画'应用题的。假若不是采用了这种教学方式，这些学生是未必能学会解答应用题和思考它的条件的。如果哪一个孩子学会了'画'应用题，我就可以有把握地说，他一定能学会解应用题。"画图思考是解决物理问题的重要环节，培养学生在学习过程中通过画图思考物理问题的能力是物理教师的一项重要任务，因为画图的过程实质上就是物理过程的模型化过程，是提高学生解决实际问题能力的有效教学策略。

9. 通过科学探究转化错误前概念的策略

错误前概念：太阳通过树叶的缝隙成的光斑形状随缝隙形状的不同而不同。

转化前概念负迁移的策略：让学生用点燃的蜡烛、有小圆孔的硬纸板、光屏通过实验探究小孔成像现象，重点观察物体和像的形状；然后用正方形、三角形、菱形小孔的硬纸板探究小孔成像并重点观察物体和像的形状；最后加大孔的大小到桶口那么大并在此过程中探究小孔成像情况并重点观察物体和像的大小。学生在这个自己经历的科学探究过程中消除了错误前概念，建立了科学概念：只要满足孔小的条件，像的形状与孔的形状无关。感性认识是理性认识的基础，所以丰富感性认识是帮助学生理解知识的重要手段，而感性认识要在实践中获得，所以科学探究过程可以帮助学生用真实的探究结果否定原来错误的前概念。

错误前概念：自行车尾灯是人造光源。

转化前概念负迁移的策略：如图 1-25，让学生用两块平面镜成 90°放置，用点光源斜射一块平面镜并适当调整入射光线的入射方向，可观察到出射光线平行于入射光线射出，通过学生亲身体验就知道了自行车尾灯的工作原理，骑自行车在路面上行驶时，后面车的灯发出的光照到自行车尾灯上，由于尾灯的特殊构造能使反射光线平行于入射光线射出，同时也渗透了节能意识。像这样用自己的双手、双眼去亲自经历，用自己的心灵去亲自感悟，错误前概念就会自发消失，科学概念也就能正常建构了。

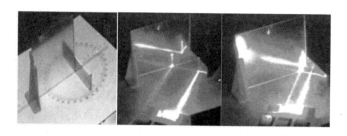

图 1-25

错误前概念：激光是复色光。

转化前概念负迁移的策略：让学生依次做下面的探究实验并观察现象：让一束太阳光照射到三棱镜上，在出射光线方向放一张白纸，在白纸上形成一条彩色的光带；让激光（红光）照射到三棱镜上，在出射光线方向放一张白纸，在白纸上形成红光，换发出绿光的激光做同样的实验，在白纸上形成绿光，换发出蓝光的激光做同样的实验，在白纸上形成蓝光。学生通过实验来探究自己的想法，既信服地否定了自己的错误前概念，又对科学概念有了较为深刻的理解。

错误前概念：只要加热一定升温。

转化前概念负迁移的策略：让学生用实验探究海波在加热过程中温度变化情况，待温度升至40℃左右开始，每隔大约1分钟记录一次温度，在海波完全融化后再记录4~5次。把数据填入表格中，并根据记录的数据绘制海波熔化时温度随时间变化的图像。让学生经历三个过程：在海波加热过程中观察温度变化情况，在表格中分析海波加热过程中温度变化情况，绘制海波熔化时温度随时间变化情况的图像。在这三个过程的冲击下放弃错误前概念，建立科学概念：在加热过程中不一定升温。通过学生直接体验，接受事实，等于是"解铃还需系铃人"。

错误前概念：当物体受到挤压的时候，硬的物体不会发生形变。

转化前概念负迁移的策略：用一个稍扁的玻璃瓶装满红色水，用插有细玻璃管的橡胶塞子塞紧瓶口，让学生用手挤压玻璃瓶并观察细玻璃管中红色液面的变化情况，从细玻璃管中液面的变化情况体会到硬的玻璃瓶在受到挤压时也会发生形变。像这样通过学生科学探究过程排除直观教学中的直觉思维对理性认识的干扰，颇具说服力。最后再向学生解释由于硬物体的形变不明显，对我们研究的主要问题的影响极小常忽略不计，增强学生的辩证思维能力。

错误前概念：条形磁铁摔断成两半截后，每半截都只有一个磁极。

转化前概念负迁移的策略：在平时的教学中注意收集摔断的磁体以备需要时用，当学生已经知道磁体有南北两个磁极，由于受到正负电荷能单独存在的影响，会认为磁极也能单独存在时，让学生用已知磁极的条形磁铁运用磁极间相互作用规律去探究已摔成半截的磁体的两端，这样学生的心智结构就会发生革命性的变化，其错误前概念顺利向科学概念转化。

综上所述，错误前概念的负迁移影响不容忽视，设计合理的科学探究过程使学生通过科学探究实验，体会学习前后认识上的变化，激起学生对原有观念的质疑和反思，对转变和稳定学生的认知结构有促进作用，有利于推动科学概念的形成和完善。在初中物理教学中合理运用科学探究策略，针对学生的错误前概念设计有冲击力的实验，迫使学生放弃前概念而建立科学概念的研究具有很大的必要性和发展前景。

10. 通过培养学生"物理头脑"转化错误前概念的策略

思维定式干扰形成的困惑：思维定式是指人用某种固定的思维模式去分析问题和解决问题，这种固定的模式是已知的，事先有所准备的。心理学的研究表明，人在学习过程中使用某一认知方式进行思维，重复的次数越多，越有效，那么，在新的相似情景中就会优先运用这一方式。这是一种不甚自觉发生的行为。它是思维的"惯性"现象，是人的一种特别本能和内驱力的表现。思维定式对解决问题有积极的一面，也有消极的一面，它容易使我们产生思想上的防性，养成一种呆板机械千篇一律的解题习惯。当新旧问题形似质异时，思维的定式往往会使解题者步入误区。例如，学生学完力学后，解决动力学问题的方法主要有三种：一是运用牛顿运动定律和运动学公式来分析简单的匀变速运动的问题；二是运用动量的观点，即运用动量定理和动量守恒定律，这是一种普遍的规律；三是运用动能观点，即运用动能定理和能量守恒定律，这也是一种普遍的规律。在一些典型问题的分析上，仍然可以暴露出学生思维上的障碍和惯性。例如，以初速度 V_0 竖直向上抛出一质量为 m 的小物体。假定物体所受的空气阻力 f 大小不变。已知重力加速度为 g，则物体上升的最大高度和返回到原抛出点的速率分别是多少？很多学生是这样解的：

（1） $mg + f = ma$

$$a = \frac{mg + f}{m} \quad V_t^2 - V_0^2 = 2as \quad 0^2 - V_0^2 = 2\frac{mg + f}{m}H$$

$$H = \frac{mV_0^2}{2(mg + f)}$$

（2） $mg - f = ma \quad a = \frac{mg - f}{m}$

$$V_t^2 = 2aH = 2\frac{mg - f}{m}\frac{mV_0^2}{2(mg + f)} = \frac{mg - f}{mg + f}V_0^2$$

$$V_t = V_0\sqrt{\frac{mg - f}{mg + f}}$$

其实，用动能定理更简捷：

（1） 上升过程中 $-mgH - fH = 0 - \frac{1}{2}mV_0^2$

（2） 全过程中 $-2fH = \frac{1}{2}mV_t^2 - \frac{1}{2}mV_0^2$

事实上，有许多典型的问题应该是用后两种观点更容易解决的，学生往往用运动学公式和牛顿运动定律来分析，这就说明这种方法对动量和动能原理的知识的理解和提高产生了阻碍作用。

对策：针对高一课程的知识呈现多以抽象思维为基础的特点，而高一学生的认知特点是相对于形象思维能力而言其抽象思维能力较弱，在进行抽象思维时还常常需要借助具体的事物，思维方式逐步由形象思维向抽象逻辑思维转变。在教学中，应注重学生的抽象思维能力培养，让学生能从教师的课堂引导中，快速形成抽象思维习惯，形成分析、判断、归纳、总结的抽象思维能力，能够早入高一物理课程学习的门道。应从平时开始培养"物理头脑"。看到一道物理题，首先要意识到是用力、声、热、光、电、原子物理六块中的哪个知识点求解，然后挖掘出已知条件（特别是隐含条件），然后根据所学知识架好已知、未知间的桥梁，最后列式求解。此外，还要掌握一定的解题技巧，而这种技巧往往来自对概念定理和定律的准确理解。例如，学习动量定理和动能定理后，若题目中涉及时间，就用动量定理（$Ft = p' - p$）；若涉及位移，就用动能定理（$FS = E'_k - E_k$）。注重学生的学习过程中的科学方法的形成训练，注重学生探求知识过程中的思维能力、物理思想的形成的训练。而注重方法教育，加强能力的培养和训练会使学生学得主动、活泼，多动脑子，会动脑子、变得聪明起来，具有独立处理分析解决问题的能力，不仅考试成绩不会差，也为其未来的发展打下了坚定的知识、能力基础。

11. 在自制学具的体验过程中自发放弃错误前概念

学生前概念：学生认为一定质量的液体体积不会发生改变。

自制温度计设计方案：在广口瓶内加入一些带颜色的水，配一个橡皮塞，在橡皮塞上插进一根一端封闭的吸管，使橡皮塞塞住瓶口，将小瓶分别置于热水、冷水中，观察吸管内液柱高度的变化。问：为什么会出现这样的现象？你能否将此装置进行改进，使它能测出具体的温度值？学生自由讨论，对温度计进行修改，如小瓶太大了，不方便，可以缩小为玻璃泡；将其中的液体改为水银、煤油、酒精等液体；将吸管换成密闭的玻璃管，并将内径变细等，从而了解温度计的构造。

转变前概念策略：液体热胀冷缩很难观察，学生不易发现，用自制温度计让学生观察可以解决学生的疑惑。学生非常相信自己的感觉，生活经验中通常出现感觉和事实一样。液体体积会受温度的影响，液体体积在温度变化时体积会改变，但是很小，肉眼很难察觉，这个前概念对教学有很大的阻碍作用。通过课堂演示自制温度计，可以通过实验现象观察液体体积的变化，从而验证液体体积会受温度的影响，同时很好地引出温度计的原理。

12. 利用归谬法转化错误前概念的策略

错误前概念：温度相同的同种物质，质量越大，温度越高。

策略：利用归谬法转化错误前概念。

这是被很多学生认同的，因为泡脚中有这样的经验，同样是热水，热水越多，越暖和，泡得越久。那么这种情况我会在课堂上做如下实验：准备两个烧杯，一个 200 毫升，一个 300 毫升，然后准备一壶刚刚烧好的开水，将水分别倒入两个烧杯内。第一个烧杯内开水体积为 150 毫升，第二个烧杯内开水体积为 220 毫升。按照学生的理解，第二个烧杯内的水温肯定高于第一个。随后我拿出两只温度计分别测量了两个烧杯内的水温，水温基本是一致的。就这样，这个情境非常直观地推翻了学生们脑海中的前概念。这种方法是更新学生的观念的一种有效途径。

13. 通过实验测量转化错误前概念的策略

错误前概念：有的力的作用是相互的，有的不一定是相互的。

策略：实验测量。

以浸在水中的物体受到水的浮力为例，认为"水对物体产生了浮力作用，但物体对水没有作用力"。为此，教师可引导学生进行以下实验：准备半烧杯清水，一个测力计，一个钩码，一个可以测力的台秤。把盛水的烧杯放在台秤上，稳定后记下台秤的读数；用测力计测出钩码所受重力的大小；然后用测力计钩住钩码并将其浸入水中，让学生注意观察测力计和台秤读数的变化情况。学生通过观察很容易发现：此时测力计的读数变小了，说明钩码受到了水的浮力作用；台秤的读数变大了，说明钩码对水也产生了力的作用。这样可使学生亲身感受到"力的作用是相互的"，从而建立起科学的概念。

14. 创造"矛盾事件"转化错误前概念的策略

错误前概念：汽车爬坡时为了有利于爬坡，采用的方法是增大速度。

策略：创造"矛盾事件"，使学生明确意识到想法的不足，引发概念认知的冲突。

如汽车在爬坡时在输出功率不变时，为了增大牵引力以利于爬坡，一般汽车采用的方法是减小速度还是增大速度，有相当多的学生认为要增大速度。究其原因，是学生在骑自行车时的经验，上坡前加快速度有利于冲上坡去，从而导致了学生的认识错误。在教学中，可先从能量转化的角度（动能转化成势能）分析学生认识的合理性，然后向学生提出两个问题：①你冲到坡顶的速度和在坡底的速度哪个大？②如果这个坡很长，你是否还能一直用这个速度冲上坡去，为什么？当学生疑惑不解时再引导学生从公式变形 P = W/t = Fs/t = Fv 来分析当输出功率不变时 F 和 v 的关系。同时引导学生观察运货的大卡车上坡时的速度是怎样的。这样适当干预学生思维，使之易于重新构建科学概念。

15. 播放一个动画视频转化错误前概念的策略

错误前概念：海拔高的地区气压低，水不容易烧开，所以气压低沸点应该高。

策略：播放一个动画视频。

针对这种问题，教师可以播放一个动画视频（动画视频比当堂实验操作省时间而且更容易观察实验现象）：把一只温度计吊在真空罩顶部后放入盛有热水（90℃以上）的烧杯中，读出温度计的示数，盖好真空罩，将抽气机接到出气口上，打开抽气机抽气，发现水在沸腾，同时观察温度计的示数，发现示数没有改变，从而得出沸点变低的结论。

16. 通过变式实验转化错误前概念的策略

错误前概念：物体与物体之间必须相互接触才会有力的作用。

策略：变式实验。

可以设计实验如下：准备一个磁铁、一段细线、一个铁片、一个铁钉、一本书。把铁钉放到桌上，用磁铁从上侧靠近铁钉的一端，观察铁钉被吸引起来，此时铁钉与磁铁没有接触；把铁片放到书上，把磁铁放到书下侧，移动磁铁，观察铁片随之运动，此时铁片与磁铁也没有接触；把磁铁用细线悬空，拿铁钉靠近磁铁，可以观察到，铁钉可以控制磁铁转动。通过这一系列实验，学生可以体验到物体间力的作用是相互的，同时否定了物体之间只有相互接触才会有力的作用这一错误物理前概念。

总之，学生的日常生活中形成的有关物理知识观念是"此岸"，教材中的科学知识、概念、规律是"彼岸"，而把学生原有的知识、观念、想法、转化为科学知识的策略则是"桥梁"。教师应善于通过观察、访谈、提问等方式了解学生已有生活经验和知识，教学前分析好学生的"想当然"，找到最好的"桥梁"能使课堂教学取得事半功倍的效果。

17. 通过把数学思维转换成物理思维来转化错误前概念的策略

错误前概念：明明刚好是1cm，为什么一定要写成1.0cm或1.00cm。

策略：转换教学思维法。

从原因入手，打破学生对前概念的认知，再进行物理教学。例如：学生学习长度的测量时，需要估读，但教师反复讲，学生还是会出错，学生心中认为长度是多少，就是多少，而且数学中已经讲了，1cm = 1.0cm = 1.00cm，明明刚好是1cm，为什么我一定要写成1.0cm或1.00cm？这就是学生的前概念。解决办法应该从哪方面下手？要从病因中下手——"数学"。我们在教学前了解学生的前概念，可以把数学思维转换为物理思维，估读相当于数学中保留小数点几位，保留小数点几位能告知我们分度值是多少，准确值是多少，估计值是多少，准确到哪一位了。通过我这样讲解，学生在做题时很少出错，当学生能够正确读数时，我们再灌输学生物理思想。

18. 通过抓住表面现象背后的本质来转化错误前概念的策略

错误前概念：表面有凸的部分学生就认为是凸透镜，表面有凹的部分学生就认为是凹透镜。

策略：抓住表面现象背后的本质。

为了破除错误前概念，我采用了抓住表面现象背后的本质的策略，让学生重点观察比较透镜中央与边缘的厚薄，中央比边缘厚的是凸透镜，中央比边缘薄的是凹透镜。

19. 用辩证相对的方法来转化错误前概念的策略

错误前概念：对厚薄透镜的认识有误。

策略：用辩证相对的方法。

这里我用了相对的方法，透镜的厚薄是相对透镜球面的半径而言，透镜厚度小于透镜球面半径的就是薄透镜，反之就是厚透镜。

20. 采取"暴—破—立"的策略转化错误前概念的策略

错误前概念：学生对会聚作用与会聚光线混淆、对发散作用与发散光线混淆。

策略：采取"暴—破—立"的策略。

如图 1 - 26、1 - 27，先让学生在框内画出合适的透镜，学生根据自己的判断会在图 1 - 26 中画凹透镜，在图 1 - 27 中画凸透镜，让学生把自己的判断及原因暴露出来；然后让学生自己在图中用直尺把入射光线和出射光线延长并比较其出射光线相对于入射光线是会聚了还是发散了并破除错误前概念，最后让学生自己总结出判断会聚作用与会聚光线、发散作用与发散光线的方法。

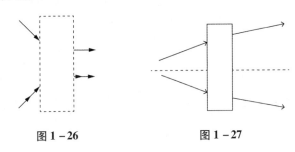

图 1 - 26　　　　　　　　图 1 - 27

21. 进行数学演算推导转化错误前概念的策略

错误前概念：学生一致认为 km/h 比 m/s 要大得多。

策略：学生进行数学演算推导。

前者是大单位的组合，后者是小单位的组合。为了转变这个错误认识，我首先通过小组互相讨论 1m = 100cm 时 m 与 cm 这两个单位谁大；然后让学生共同进行数学演算 1m/s ＝（1/1000km）/（1/3600h）＝3.6km/h，当学生自己推出 1m/s = 3.6km/h 时恍然大悟，基本能理解原来在组合单位中看似较小的单位，其实较大。

22. 学生实验亲自感悟"物体成像"的过程转化错误前概念的策略

错误前概念：学生误认为像到平面镜的距离和平面镜后面的空间距离

有关，空间距离越短像越近。

策略：学生通过做实验亲自感悟"物体成像"的过程。

课堂上我抓住学生好奇、好玩、好动的心理，放手让学生进行实验，给学生提供了科学探究的机会，保证学生的探究时间，让学生亲自感悟"物体成像"的过程。通过探究像与物到平面镜的距离关系，然后把平面镜挂在墙上观察镜中的像，让学生亲身感受，平面镜后面的空间距离没有了，但是还有像距，并且跟物体到平面镜的距离相等。使学生在获得知识的同时，更增强了科学探究的能力，科学素养得到全面的提高。

23. 亲身体验转化错误前概念的策略

错误前概念：用吸管喝饮料是因为嘴给了饮料一个吸力，饮料才进入口中的。

策略：亲身体验。

对于这个问题在教学中可以准备两杯饮料，一杯不加盖，另一杯加盖（盖与吸管之间密封）；然后让学生亲自去吸两杯饮料，发现有盖的怎么都吸不到饮料；从而引导学生分析得出是大气压将饮料压入口中。这样在学生亲自体验的过程中，由浅入深，逐渐引导学生得出正确的物理知识。

综上所述，学生在学习前，或多或少存在的前概念是影响学生学习质量的一个重要因素，或促进教学，或阻碍教学，因此我们应采取相应的措施，引导学生构建正确的物理知识，这对学生创新能力的培养、长远的发展和学习质量的提高以及教师教学方式的改进、教学能力的提升有着不可磨灭的作用。

第二部分

02

关注未来

　　我曾经看过这样一则故事。

　　日本剑客柳生拜宫本为师，他问宫本："师父，凭我的条件，需要练多久才能成为一流的剑客？"宫本答道："至少要 10 年吧！"柳生一听着急了，又问："如果我加倍苦练，需要多久？"宫本回答："20 年！""假如我夜以继日地苦练，要多久？"宫本答道："那你无法练成！"柳生不理解。宫本告诉他："一流剑客，必须留一只眼睛看自己，不断进行反省。如果你的两只眼睛都紧紧盯着那一流剑客的招牌，哪里还有眼睛注视自己呢？"聪慧的柳生开了窍，终成一名彪炳青史的剑客。

　　我联想到我们的教学和教研，眼睛总是盯着成绩，希望学生学好考好，这本来没有错，但是我们哪里还留有一只眼睛注视自己，反思自己呢？教师不但会丢失分数，还会丢失反省自己的能力。

　　2016 年 9 月 13 日，"中国学生发展核心素养"研究成果在京发布。以"全面发展的人"为核心，培养学生应具备的、能够适应终身发展和社会发展需要的必备品格和关键能力。

　　2017 年版"高中物理学科核心素养"虽已发布，但直到现在也还没有发布初中物理学科核心素养。作为一名教研员，我敏锐地意识到，我们的教学已经从 1.0 时代的"双基"走到了现在 2.0 版的"三维目标"，3.0 版的"学科核心素养"时代即将到来，教育教学将更加关注学生的未来，因此我申报了第二个省级课题——在科学探究中培养学生物理核心素养的研究与实验。

　　对于初中的学生，他们升入高中，带到高中的，不应该只是分数，还有更加重要的东西，那就是学科关键能力。这样学生才能适应高中阶段的学习，并将这种关键能力带到未来社会。因为当时的研究还属于超前，是为关注未来。

一、困境：物理教育成了一种储蓄行动

我在腾讯视频上看到这样一个案例：教室里空气的质量是多少？对于这个问题其他国家的老师是这样处理的：首先准备大的塑料袋，这些袋子将被填满空气塞进教室里，再用一些小袋子填满空隙当整间教室完全被袋子填满时，总共用了1430个塑料袋，做此项工作学生花了6小时；然后在体育馆做了一个巨型天平，有6米高，两侧的托盘长8米、宽6米，指针被置于正中，天平的刻度会显示两端是否平衡，托盘足以放下所有袋子，把填满教室的袋子拿出来放在天平右盘，为了去袋子重，在天平左盘放同样重的塑料袋，结果天平指针位于正中，测不出空气的质量，用巨型天平称空气质量的方案失败，分析失败的原因后设计更好的方案；最后把这些袋子里的空气充到氧气瓶里，原本被装在1430个塑料袋中的空气已经被压缩充进42个氧气瓶里，做此项工作学生花了2天，用吊钩秤称42个装有压缩空气的氧气瓶的总质量680千克，将瓶子里的空气全部释放，称氧气瓶的质量是600千克，通过这个实验测出一间教室里的空气质量有80千克，时间用了3天。在这3天中，让学生经历与科学工作者进行的相似的探究过程，亲自感知并获取物理知识、领悟科学研究方法、发展科学探究能力，体验科学探究的乐趣，并在实践中得到印证，养成实事求是的科学态度和勇于创新的科学精神，从而成为真正自由独立、知情合一，实践创新的"完整的人"。

这个问题如抛给我们的老师，大都会采取黑板上讲授的方法，查密度表知空气密度，然后估测教室的长、宽、高，再利用公式求质量，时间最多不超过 10 分钟。我们很少有老师会像视频中的那位老师这样处理，喜欢揠苗助长，不知道教育是一项慢的艺术，不能用农人的心态来对待教学，他们用 3 天才能完成的教学任务我们只需 10 分钟就完成了，特别是学生在学物理前头脑中已经积累了很多生活经验，在教师简单粗暴的灌输下学生长期身披两张皮，既有一知半解的新知识，又有挥之不去的错误前概念，这样做的效果是我们给学生背不动的书包，而他们给学生带得走的东西，包括能力、品格。

我们的物理教学在公开课中科学探究活动开展得轰轰烈烈，而常态课堂中"一言堂""满堂灌"现象还是很普遍，老师教死书、死教书，学生做死题、死做题，教育成了一种储蓄行动，学生是储蓄所，教师是储蓄者，教师在学生那里储蓄得越多，就越是好教师，学生接受储蓄的能力越强，就越是好学生。不少教师还热衷于多媒体课件的研究，创作了不少几乎可以完全替代实际操作的模拟实验。且展示清晰，效果明显，实验操作中失误率为零，也不会产生什么误差，从而也可以得到一个符合要求的结论。这样做对学生而言没有了思维障碍，对教师来说减少了课堂突发事件的处置。但是，正是这几乎完美的过程却正体现出科学探究课教学的不完美之处。学生没有了动手能力上的迟钝，怎么会产生思维上的飞跃？没有了实验操作上的差错与失败，怎么会体味到科学探究过程的艰辛？怎么会感受到科学家们的孜孜以求的探索精神？有的老师在初二物理教学中就按照中考复习课的要求来上，把中考题作为新课课后的作业题，在中考复习时发现学生什么都不会，又反过来把复习课上成新课，将概念、规律的建立过程简化，在重要知识点的建立和理解上所花的时间只占整个课堂的20%，而将 80% 的时间花在习题训练上，这种"短、平、快"的做法把最能培育物理核心素养的知识建构过程省略了，造成一些学生表现的优势是知识学习得很系统、解题能力比较强，但是科学探究能力比较弱，在课堂上所获得的对学习的情感体验也很少，既不能适应高中的学习，更不能适应未来社会的发展。

二、思寻：物理教育方式怎么改

针对困境我查阅相关研究文献发现：早在18世纪就有人为了引导人们从中世纪的蒙昧、迷信和盲从中走出来，倡导过探究式学习，当时并未得到人们的足够重视。1959年9月，美国国家科学院召开了专门研究中小学理科教育改革的会议，布鲁纳做了题为《教育过程》的报告，并率先倡导应用"发现法"进行探究式的教学。1961年施瓦布教授做了题为《作为探究的科学教育》的报告。美国科学促进协会的教育委员会以"探究式学习"为核心编写了小学理科教材《科学—探究的过程》。20世纪90年代以来，世界上不少国家纷纷把学习方式的转变作为本国教改的重头戏，影响较大的有美国的"主题研究"和"设计活动"，还有日本的"综合学习时间"等，美国科学教师协会（NSTC）和美国国家研究院（NRC）共同研究并于1996年出版《美国国家科学教育标准》。

纵观历史，就探究式学习提出的时间而言，我国落后于卢梭300年，落后于美国几十年。我国第八次基础教育改革在世纪之交启动，2001年7月教育部颁布了《全日制义务教育物理课程标准》，2007年4月义务教育物理课程标准修订正式启动，2011年底颁布，2012年秋季从起始年级执行了《义务教育物理课程标准（2011年版）》。在该标准中，科学探究既是学生的学习目标，又是重要的教学方式。在新课程实施的过程中，义务教育《物理课程标准》（2011年版）对学生科学探究能力有了一个非常具体的要求，《课标》和教科书已经将过去教学中的许多演示实验和学生实验，明确写为学生的科学探究活动，注重科学探究活动的教学和学生科学探究能力的培养。2014 年 3 月，一个崭新的概念——"核心素养"，首次出现在国家文件中。在教育部印发的《关于全面深化课程改革落实立德树人根本任务的意见》中，首次提出"核心素养体系"概念，"核心素养"被置于深化课程改革、落实立德树人目标的基础地位。2016 年 9 月 13 日上午，北京师范大学举行了中国学生发展核心素养研究成果发布会。历时三年的《中国学生发展核心素养》总体框架正式发布。2016 年最新出炉的《中国学生发展核心素养（征求意见稿）》指出：发展学生核心素养，是指学生应具备的、能够适应终身发展和社会发展需要的必备品格和关键能力。物理核心素养主要由"物理观念""科学思维""科学探究""科学态度与责任"四个方面的要素构成。

（一）第一次调研

在上述形势下为了找到改变物理教育方式的突破口我进行了第一次调研。

调研内容：物理实验室建设、管理及实验教师队伍建设。

通过实地调查和有效问卷调查了解到以下情况。

1. 物理实验室建设现状

实验室、准备室、保管室数目情况。实验一中、北师大附中有四间实验室、两间保管室、一间准备室。贵阳三中有两间实验室，一间准备室，一间保管室。朱昌中学于 2012 年建好物理实验室和物理准备室各一间。外国语中学、五中、林东中学、六中、金华中学、世纪城中学、百花湖中学有实验室、准备室、保管室各一间。冒沙中学只有一间破旧的实验室，无准备室、仪器保管室。二中的实验室是借用第二小学实验楼三楼的第三间教室作为物理实验室，现已建设完毕。

仪器的配备和使用情况。六中、实验一中的器材是 2009 年配置的。二中的器材正在采购统计中（预计今年 9 月份可以正常开展物理实验教学）。金华中学的器材分别是在 20 世纪 80 年代、90 年代及 2008 年逐步配齐的。北师大附中于 2012 年按观山湖区一类初中配齐物理实验仪器和器材。世纪城中学的器材是 2013 年配置的。林东中学于 2014 按观山湖区二类初中配齐物理实验仪器和器材。朱昌中学于 2012 年按观山湖区二类初中配齐物理实验仪器和器材。外国语中学的器材是 2010 年配置的，第五中学的器材是 2008 年配置的，百花湖中学的器材是 2000 年配置的。所配器材基本上能保证大部分学校完成课标规定的学生必做实验和老师演示实验。大多数学校的物理老师认为 80 年代、90 年代配备的器材质量高，实验效果好，而近几年配的器材质量较差，达不到实验效果。百花湖中学在"普九"的推动下，跟踪配备了一些实验仪器设备，但在市场经济的作用下，很多仪器质量差，有的根本不能用，有的只用过一两次就再也无法用了，只能当摆设，原先一些仪器很多不适应新教材内容，并已严重陈旧、老化或损坏，造成实验仪器严重不足，学校分组实验器材只有四五组，十多个学生堆在一起完成一个实验，一些学生根本就没有动手的机会，有的学校连演示实验都难完成，教师只能在黑板上讲实验，学生背实验原理、步骤，杜撰实验数据、结论。冒沙中学的物理实验桌凳均为 80 年代添置的，现已比较陈旧，甚至破烂，由于学校具体场地限制，物理器材被放在学校库房。物理器材多为原属厂矿子校遗留下来的，学校收编后添置了一部分器材，但使用效果不太好。大部分学校的学生做分组实验时，每组人数都在 6 人以上，有的多达十几人，只有少数人动手，大多数学生是旁观者，女学生动手的机会就更少了。对大多数学校而言开放实验室更无从谈起。

实验员数目情况。实验一中有一名专职管理实验教师。贵阳三中 2005 年由周兰佳老师专职管理、2008 年底由夏天强老师接管、2012 年由李鉴老师兼职实验室管理工作。北师大附中、外国语中学、六中、五中、世纪城中学、金华中学均有一名兼职实验管理员。二中有一名老师取得物理实验教师专业技术上岗证。林东中学有一名兼职实验管理员，其中有两名物理教师取得实验员培训合格证。朱昌中学一名兼职的物理实验员，六名兼职物理实验教师，其中有四名教师具有物理实验员的资格证。冒沙学校和一名兼职实验管理员有一名兼职实验教师。百花湖中学只有一个实验室管理人员（化学专业），要兼管物理、化学、生物等多种实验工作，且不是专业管理人员，管理员还要负责教学工作，钥匙挂在教研组办公室墙壁上，任课老师需要器材时自己拿钥匙去取。

2. 物理实验室管理情况

（1）亮点

规章制度上墙，教学仪器总账、教学仪器明细账、教学仪器领用借还登记簿、教学仪器损坏赔偿登记簿、新增教学仪器登记簿、演示实验统计表、分组实验统计表、实验通知单，仪器设备分类存放，定期维护保养，按教育部教学仪器配备目录分类编号等大多数学校都有。每个学期都进行实验仪器和器材的整理工作，有完善的管理制度，每学期都及时地做好实验教学计划、登记表、教师实验通知单的收集整理工作，以及仪器的借还登记、学生分组实验报告的收集工作。严格按照物理实验教学要求，尽力完成所有必做实验，增加开设部分演示实验。在实验过程中由教师负责教学，管理员负责实验仪器配备和管理，并协助配合教师完成教学任务，在教学中共同管理引导学生安全规范实验，保护器材的正常使用。实验后，实验管理员有序处理和存放器材，保证实验器材的正常使用。

（2）不足

实验室危险品登记簿、实验室危险品领用记录、仪器设备维修保养记录、低值易耗品登记簿、低值易耗品消耗记录表、仪器设备减少报告单、教学仪器使用说明书分类装订成册、自制教具登记表等小部分学校没有。个别学校的实验室、保管室的门锁生锈，里面的实验器材落了厚厚的一层灰尘，而且许多已生锈坏掉。实验教学现状不容乐观，普遍存在观念落后、方法陈旧，停留于浅层次的要求上；注重重复操作，缺少科学探究，更谈不上实验创新，忽略科学方法、科学态度的培养；更有甚者受考试指挥棒的影响，不重视实验，学生实验走过场，实验应有的功能大打折扣。部分教师在教学中不重视实验教学，不重视对学生动手能力的培养，认为实验教学费时费力，课堂组织教学难度也较大，学生活动不易把握，用讲实验步骤、讲实验结论等方法也可达到相同的效果。有搞"黑板实验""纸上实验""视频实验"等教学的不良习惯。不太重视实验教学的课前准备：上课前不能认真把实验尝试一下，上课铃声一响，往往拎着实验器材急急忙忙到课堂，课堂上器材缺少一两件，急忙派学生到办公室或其他班级的课堂上去拿的现象时有发生，有时缺少实验器材或者实验总是失败，只能讲授实验知识。实验往往是用专门的、规范的仪器来完成，不重视用身边的器材进行实验，使用哪些器材、怎样操作也是书上规定的，实验往往是重验证、轻探究。课外实验得不到重视。老师、学生没有自制实验器材的意识，没有对原有实验仪器的欠缺之处进行改进，没有在使用方法上进行实验的创新，实验教学资源的开发欠缺。实验室很少对学生开放，除教师取器材和做实验这段时间以外，实验室一般是"铁将军"把门，学生进入实验室的机会少之又少，造成了即使有限的资源也得不到有效的利用。

3. 实验教师队伍建设情况

（1）亮点。本区老师在实验方面受到培训的有观山湖六中的龙美、外国语中学的李祖宏，他们于 2013 年暑假参加了由市教科所组织的赴浙江宁海的培训，接受了初中物理教材中的所有实验的基本操作技能培训。朱昌中学王军于 2011 年 10 月参加"国培计划"贵州省中学实验骨干教师短期培训。金华中学张小丽于 2007 年在乌当二中参加贵州省中小学实验教师和实验技术人员培训学习。实验一中王泓杰于 2007 年参加贵州教育学院组织的物理教师实验技能培训。冒沙中学曾秀萍于 1999 年在贵州教育学院参加贵州省中小学实验教师技术人员上岗培训，二中姬荣华、冒沙中学冯纪英于 2009 年参加由贵州教育学院组织的贵州省中小学实验教师技术人员上岗培训。本区在 2013 年 6 月举行了一次物理实验教师技能展演活动，在这次活动中每个学校至少有一位老师参赛（朱昌中学、六中分别有两位老师参赛），民办学校中一中新世界也参加了。在这次活动中参赛教师的实验技能得到培训和提高，并且通过这次活动推出的两位选手在市、省物理实验技能展演活动中均取得一等奖。

（2）不足。其他物理老师仅是在大学读书期间学习了物理实验方面的相关知识，走上工作岗位后没受到任何培训。专业课老师有单独从事基础实验教学的能力，但部分老师驾驭实验教学内容的能力不足，尤其是对学生在实验过程中出现的突发问题束手无策、经验不足。部分教师灵活运用设备的能力欠缺，使得实验设备的扩展功能得不到挖掘，再加上部分教师设计综合实验的能力和开发创新实验的能力欠缺，弱化了学生创新能力的培养。在物理实验教学中，教师往往是采用先准备仪器、做实验、观察现象、归纳出结论的步骤进行教学，而没以学生实际（认知水平、学习习惯等）、教材特点去设计教法，不注重情境的创设和引发思维的积极性。

（二）第二次调研

在对物理实验室建设、管理及实验教师队伍建设现状有了一定的了解后，心情沉重，深知作为物理教研员的责任重大。教研员应为教育行政部门决策提供依据，要为教育行政领导提供咨询服务，要做教育行政领导同志的业务高参。为了深入掌握初中物理科学探究教学在新课改环境下存在的问题，对存在的问题提出可操作性的解决办法，紧接着又通过实地调查和问卷调查进行了第二次调研。

调研内容：本区初中物理教师科学探究教学现状。

1. 通过听课了解到的情况

（1）公开课与常态课差异大。公开课中科学探究活动开展得轰轰烈烈，而常态课堂中"一言堂""满堂灌"现象还是很普遍。不少教师还热衷于多媒体课件的研究，创作了不少几乎可以完全替代实际操作的模拟实验。且展示清晰，效果明显，实验操作中失误率为零，也不会产生什么误差，从而也可以得到一个符合要求的结论。对学生而言没有了思维障碍，对教师来说减少了课堂突发事件的处置。但是，正是这个几乎完美的过程却正体现出科学探究课教学的不完美之处。学生没有了动手能力上的迟钝，怎么会产生思维上的飞跃？没有了实验操作上的差错与失败，怎么会体味到科学探究过程的艰辛？怎么会感受到科学家们的孜孜以求的探索精神？

（2）处理数据方法欠妥，错失培养科学思维的最佳时刻。部分老师在学生通过实验测得浮力与排开液体重力数据相差大的情况下，用"误差肯定存在"等词引导学生得出结论。个别老师在学生通过实验测得串联电路的总电压大于各用电器两端电压之和时，用你的电压表有问题借用别组数据进行总结。个别老师让学生通过科学探究活动测得数据，但分析论证时用自己在课前测得的数据。正确的做法是：既然相差这么大，应让得出这组数据的学生上台演示其过程，让大家评价其做法，改进做法重新测量，优化过程，总结多组数据存在的规律才能得出结论。实验结论的得出是在分析与论证收集的多组实验数据基础上进行的，所以评估的结论、恰当是否合理，主要评估收集的实验数据是否真实、有效，而且收集的实验数据是一组还是多组，这是尊重学生、尊重数据的"证据意识"的表现，通过这样的实验数据的评价与交流，不仅让学生明确怎样面对并有效处理出现偏差的实验数据，也让学生体会到数据真实的重要性，让学生养成尊重数据，不随意更改、捏造数据的良好习惯，为后续实验的正确完成打下了基础。

（3）假探究现象扭曲了实验探究的本质。有的老师在布置探究任务时，未交代清楚工具的使用和任务，学生还不知道实验方案就让学生探究，学生无所适从；还有的老师布置探究任务不给时间；还有的老师名曰探究功的大小如何计算，实则直接给出功的公式，训练学生用公式进行计算。这种做法扭曲了实验探究的本质，无法培养学生提出物理问题，形成猜想和假设，获取和处理信息，基于证据得出结论并做出解释，以及对实验探究过程和结果进行交流、评估、反思的能力。《课程标准》在关于科学探究一节中指出，"对于多数探究活动来说，探究的过程比探究的结果更重要。在探究活动中，不要为了赶进度而在学生还没有进行足够的思考时草率得出结论。为了让学生充分体验探究的过程，应该安排足够的时间让各种想法、各种观点进行充分的交流和讨论。"

（4）不该探究地探究了不利于实验探究能力的培养。什么样的知识适合探究是我们老师应该考虑的问题。有些知识点是人为规定的，比如机械功，其定义及计算方法均已规定：功的概念起源于早期工业革命的需要，当时的工程师们需要有一个比较蒸汽机效益的办法。在实践中大家逐渐同意用机器举起的物体的重量与高度的乘积来量度机器的输出，并称为功。19世纪初，法国科学家科里奥利明确地把作用力和受力点沿力的方向的位移的乘积叫作运动的功。既然是规定就不适合去探究归纳案例有什么共同点，然后总结出功的定义。功的计算公式也是物理学中规定的，也是不需探究的。这些问题有部分老师首先让学生猜想，然后让学生通过实验探究得出影响因素，最后播放关于功的计算的微课。这些做法不利于实验探究能力的培养。

2. 通过问卷调查了解到的情况

通过 Excel 对调查问卷的数据进行统计，将问卷内容采用百分制形式进行整理分析并得到如下结果。

（1）对影响科学探究教学顺利实施的因素情况调查：选了"A. 受教师的教学观念和组织管理能力影响"的有 65 人，选了"B. 受学生的探究能力与参与程度影响"的有 77 人，选了"C. 受学校的考试评价制度及教学环境（如教学设备等）影响"的有 53 人，选了"D. 受学校领导的支持和鼓励程度影响"的有 33 人。（图 2-1）

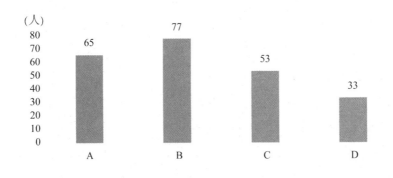

图 2-1 第 1 题问卷结果统计

（2）对在教学分组实验中是否让学生根据实验的不同要求选择实验仪

器情况调查：选了"A. 是的"有 62 人，选了"B. 偶尔的"有 29 人，选了"C. 没有的"有 7 人。（图 2-2）

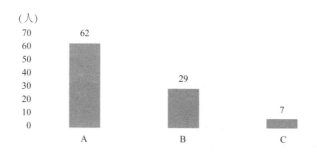

图 2-2 第 2 题问卷结果统计

（3）对为了更好地开展科学探究活动希望得到什么信息情况调查：选了"A. 科学探究活动的理论"的有 43 人，选了"B. 兄弟学校和其他教师的经验成果"的有 51 人，选了"C. 科学探究活动的课题案例"的有 68 人，选了"D. 专家指导"的有 52 人，选了"D. 学科资源"的有 54 人。（图 2-3）

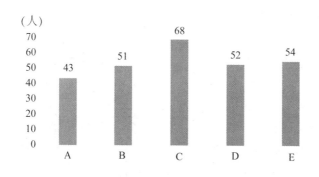

图 2-3 第 3 题问卷结果分析

（4）对在科学探究活动过程中，大家遇到共同的难题时处理方法情况调查：选了"A. 让学生独立思考"的占 14 人，选了"B. 让学生共同探

讨"的有91人，选了"C. 直接讲解"的有9人，选了"D. 超出范围，置之不理"的有1人。（图2－4）

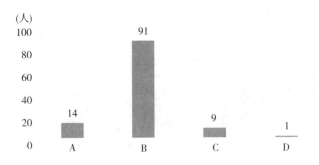

图2－4　第4题问卷结果统计

（5）对物理实验课应怎样开展情况调查：选了"A. 学生自己到实验室去做"的有19人，选了"B. 教师在教室做演示实验就行了"的有5人，选了"C. 在教师的指导下进行学生实验"的有76人，选了"D. 多做实验题，实验能力就会提高"的有17人。（图2－5）

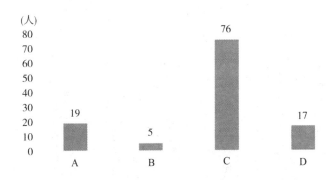

图2－5　第5题问卷结果分析

（6）对新课标提倡学生主动探索、合作交流等学习方式，自己在实际教学中情况调查：无人选择根本无法做到，选了"A. 暂时还没有做到"的有10人，选了"B. 有时做到了"的有56人，选了"C. 基本做到了"

的有31人。（图2-6）

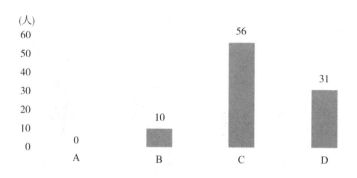

图2-6 第6题问卷结果统计

（7）对概念或定理、公式的教学中，经常采用何种教学方式调查情况：选了"A. 直接给出定义和结论，然后举例或证明结论"的有2人，选了"B. 引导学生自己去发现概念、定理、公式的由来，并动手证明"的有69人，选了"C. 有时直接给出，有时引导学生发现"的有29人。（图2-7）

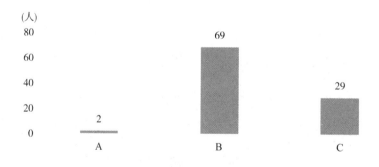

图2-7 第7题问卷结果统计

（8）对最喜欢的教学方式进行调查情况：选了"A. 一本教材、一支粉笔、一块黑板"的有1人，选了"B. 动手实践"的有19人，选了"C. 多媒体教学、电化教学"的有41人，选了"D. 学生与教师之间是互动"

的有54人。(图2-8)

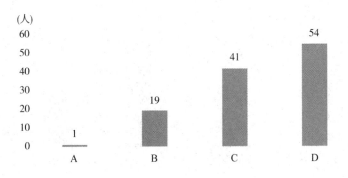

图2-8　第8题问卷结果统计

(9) 对课堂教学中,您认为下面哪种类型与您的教学风格最符合调查情况:选了"A. 命令式的权威型"的有1人,选了"B. 感染性的激情型"的有30人,选了"C. 引导式的参与型"的有70人,选了"D. 同情性的民主型"的有8人。(图2-9)

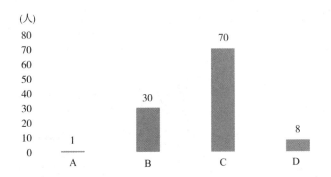

图2-9　第9题问卷结果统计

(10) 对本校与其他学校之间进行过科学探究活动教学经验、学术等方面的交流情况调查:选了"A. 经常"的有23人,选了"B. 多次"的有32人,选了"C. 偶尔"的有40人,选了"D. 从未组织"的有2人。(图2-10)

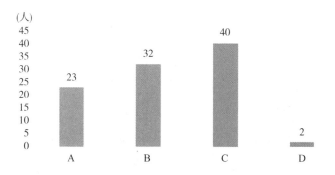

图 2-10 第 10 题问卷结果统计

（11）对本校教师之间进行过科学探究活动教学经验、学术等方面的
研究情况调查：选了"A. 经常"的有 37 人，选了"B. 多次"的有 38
人，选了"C. 偶尔"的有 22 人，无人选择"D. 从未组织"。（图 2-11）

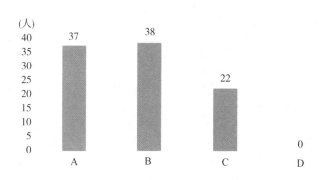

图 2-11 第 11 题问卷结果统计

（12）对本校针对科学探究活动组织过集体教学活动情况调查：选了
"A. 经常"的有 21 人，选了"B. 多次"的有 39 人，选了"C. 偶尔"的
有 34 人，选了"D. 从未组织"的有 2 人。（图 2-12）

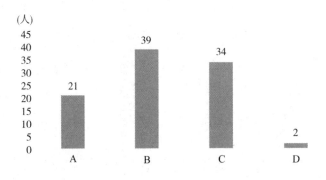

图 2 - 12　第 12 题问卷结果统计

（13）本校组织教师进行相关科学探究活动的培训情况调查：选了"A. 经常"的有 18 人，选了"B. 多次"的有 35 人，选了"C. 偶尔"的有 38 人，选了"D. 从未组织"的有 6 人。（图 2 - 13）

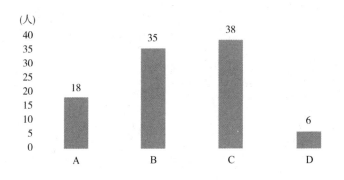

图 2 - 13　第 13 题问卷结果统计

（14）对本校为开展科学探究活动制定了相应的指导纲要和实施方案情况调查：选了"A. 经常"的有 20 人，选了"B. 多次"的有 38 人，选了"C. 偶尔"的有 33 人，选了"D. 从未组织"的有 6 人。（图 2 - 14）

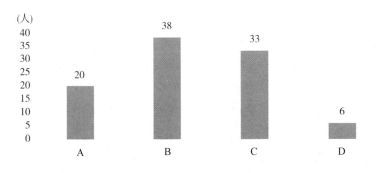

图 2-14 第14题问卷结果统计

（15）对在实施科学探究活动中要建立的新型师生关系的调查情况：选了"A. 教学过程控制者、教学活动组织者、教学内容制定者、成绩评判者"的有 39 人，选了"B. 学习合作者、引导者"的有 72 人，选了"C. 学习过程要主动"的有 14 人，选了"D. 在平等中学习"的有 10 人。（图 2-15）

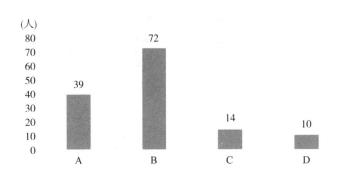

图 2-15 第15题问卷结果统计

（16）对进行科学探究活动时，小组成员分工合作完成探究任务的情况调查：选了"A. 很好"的有 16 人，选了"B. 较好"的有 54 人，选了"C. 一般"的有 25 人，选了"D. 差"的有 2 人。（图 2-16）

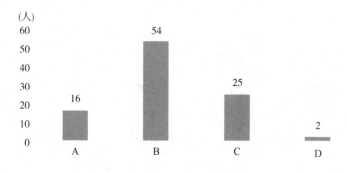

图 2 − 16   第 16 题问卷结果统计

（17）对科学探究活动课上，所任教班的纪律如何的调查情况：选了"A. 很好"的有 22 人，选了"B. 较好"的有 45 人，选了"C. 一般"的有 29 人，选了"D. 差"的有 1 人。（图 2 − 17）

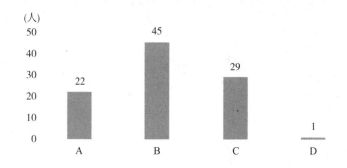

图 2 − 17   第 17 题问卷结果统计

（18）对本校是如何对教师科学探究活动的效果进行评价的调查：选了"A. 以学生的考试成绩为主进行评价"的有 37 人，选了"B. 以学生参加校级及以上有关竞赛和活动的情况进行"的有 27 人，选了"C. 学校组织相关教师听课，以听课情况为主进行评价"的有 34 人，选了"D. 其他方面进行评价"的有 7 人。（图 2 − 18）

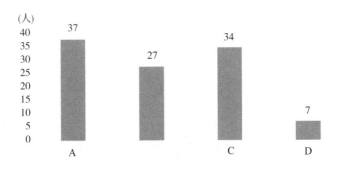

图 2 - 18　第 18 题问卷结果统计

（19）对传统教学与科学探究活动教学喜欢哪一种的调查情况：选了"A. 传统教学"的有 1 人，选了"B. 科学探究活动"的有 95 人，选了"C. 随便"的有 1 人。（图 2 - 19）

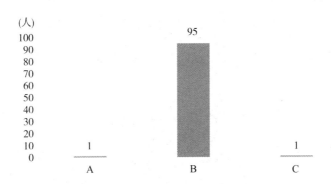

图 2 - 19　第 19 题问卷结果统计

（20）对待教材中出现的研究性问题和小实验，认为应该怎样做调查：选了"A. 当作例题讲"的有 5 人，选了"B. 让少数有能力的同学去完成"的有 12 人，选了"C. 让学生走出课堂，通过实际调查、动手操作、分小组合作"的有 79 人。（图 2 - 20）

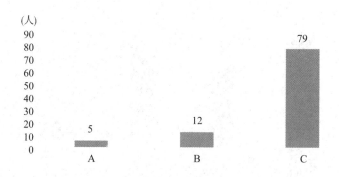

图 2 - 20　第 20 题问卷结果统计

（21）对于培养学生"提问能力"方面做的效果调查：选了"A. 很好"的有 16 人，选了"B. 较好"的有 53 人，选了"C. 一般"的有 25 人，选了"D. 差"的有 2 人。（图 2 -21）

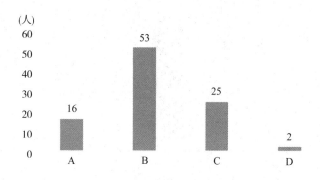

图 2 -21　第 21 题问卷结果统计

（22）对于培养学生"猜想与假设能力"方面做的效果调查：选了"A. 很好"的有 20 人，选了"B. 较好"的有 44 人，选了"C. 一般"的有 32 人，无人选"D. 差"的。（图 2 -22）

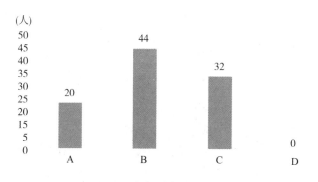

图 2－22　第 22 题问卷结果统计

（23）对于培养学生"设计实验与制定计划能力"方面做的效果调查：选了"A. 很好"的有 9 人，选了"B. 较好"的有 43 人，选了"C. 一般"的有 39 人，选了"D. 差"的有 6 人。（图 2－23）

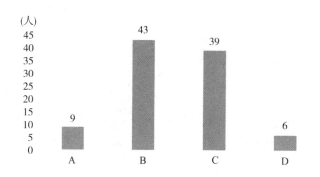

图 2－23　第 23 题问卷结果统计

（24）对于培养学生"进行实验与收集证据能力"方面做的效果调查：选了"A. 很好"的有 10 人，选了"B. 较好"的有 51 人，选了"C. 一般"的有 34 人，选了"D. 差"的有 1 人。（图 2－24）

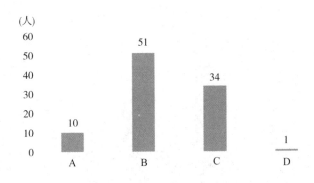

图 2 – 24　第 24 题问卷结果统计

(25) 对于培养学生"分析与论证"方面做的效果调查：选了"A. 很好"的有 17 人，选了"B. 较好"的有 36 人，选了"C. 一般"的有 40 人，选了"D. 差"的有 3 人。(图 2 – 25)

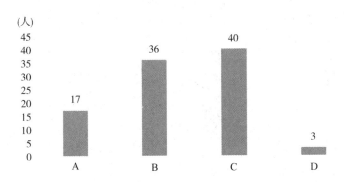

图 2 – 25　第 25 题问卷结果统计

(26) 对于培养学生"评估能力"方面做的效果调查：选了"A. 很好"的有 20 人，选了"B. 较好"的有 31 人，选了"C. 一般"的有 37 人，选了"D. 差"的有 8 人。(图 2 – 26)

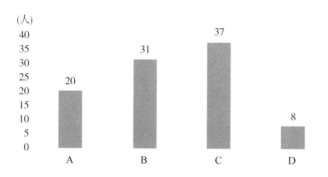

图 2 - 26 第 26 题问卷结果统计

（27）对于培养学生"交流与合作"方面做的效果调查：选了"A. 很好"的有 26 人，选了"B. 较好"的有 47 人，选了"C. 一般"的有 19 人，选了"D. 差"的有 4 人。（图 2 - 27）

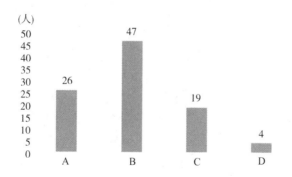

图 2 - 27 第 27 题问卷结果统计

（28）对是否经常组织学生设计实验方案的调查：选了"A. 经常"的有 16 人，选了"B. 多次"的有 59 人，选了"C. 偶尔"的有 21 人，无人选择"D. 从未组织"。（图 2 - 28）

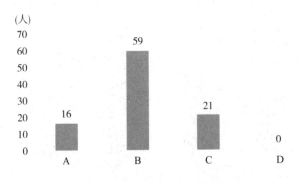

图 2 - 28　第 28 题问卷结果统计

（29）对物理课堂上，学生参与科学探究活动的情况调查：选了"A. 基本不探究，学生习惯听教师讲"的有 2 人，选了"B. 有时探究，但不频繁"的有 26 人，选了"C. 经常探究，但讨论不深"的有 36 人，选了"D. 经常探究，觉得学习效果很好"的有 21 人。（图 2 - 29）

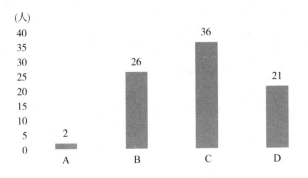

图 2 - 29　第 29 题问卷结果统计

通过对本区物理实验室建设、管理及实验教师队伍建设和本区初中物理教师科学探究教学现状的了解，深感这种现状极大地影响着物理教学质量，对改变当前的物理教育现状有一种非常迫切的心情。这样的现状与物理教育的重要地位很不相称，中学物理教育是学生科学思维和探究能力形成的关键，而物理课堂是培养学生科学思维和探究能力的主阵地；这种现状与我国已经从富起来到强起来这个时代发展对人才的要求很不适应。基于传播科学思维比传播物理知识更重要，知识可查阅获得，但如果不能拥有科学家思考并解决问题的方式，知识反倒会成为学习的障碍，所以必须重视知识形成过程的教学，让学生真正领会"为什么是这样"，注重培养学生物理核心素养。因此，在核心素养新时代背景下，根据本区的物理教育现状就萌生了此课题——在科学探究中培养学生物理核心素养的研究与实验。

三、创意：在科学探究中培养
学生物理核心素养

　　有一位被称为"渔王"的捕鱼高手，非常仔细耐心地将他一流的捕鱼技术传授给他的儿子，可是，最后他儿子的捕鱼技术甚至不如普通渔民的儿子，这让他非常苦恼。后来一位路人了解到这个情况后，对"渔王"说："这就是你的错误了，你只传授给了他技术，却没有传授给他教训，对于才能来说，没有教训与没有经验一样，都不能使人成大器！"这个故事让我联想到我们的物理教学，我们物理教师一直乐此不疲的不就是传授技术吗？物理教育成了一种储蓄行动，从不给学生自己体验、出错及总结教训的时间和空间，以致我们很难培养出真正的物理学家和具有创新能力的科技人才。人教版初中物理教科书八、九年级共有 17 章 80 多节课文，其中科学探究栏目就有近 40 项，差不多平均每两节课文就有一项科学探究活动。科学探究活动在初中物理教学中几乎可以称得上"半壁江山"。如果充分利用好这些科学探究活动进行教学，就能培养学生的物理核心素养。在此背景下基于对这个问题的思考，本人申报了 2017 年省级课题——在科学探究中培养学生物理核心素养的研究与实验。

（一）研究内容

1. 调查科学探究课和学生科学探究能力的现状。

2. 让学生通过对科学探究过程的反复体验，学会怎样进行科学探究。

3. 研究科学探究教学中培养学生物理核心素养的方法与策略。

4. 构建适合初中学生认知特点的科学探究教学模型。

5. 教师的教学方式主要研究"科学探究"授课方式。

（二）核心概念

1. 科学探究

科学探究既是学生的学习目标，又是重要的教学方式，旨在让学生经历与科学工作者相似的探究过程，主动获取物理知识，领悟科学探究方法，发展科学探究能力，体验科学探究的乐趣，培养实事求是的科学态度和勇于创新的科学精神。从概念理解的角度看，科学探究是寻求未知规律的一种解决问题的方式，具有特定的程序和规则。从教学目标的角度看，科学探究是"知识与技能""过程与方法"和"情感·态度·价值观"的统一体。其方式多样，包括实验探究、查阅资料探究、辩论探究、思维活动探究等。

2. 物理核心素养

物理核心素养是学生在接受物理教育过程中逐步形成的适应个人终身发展和社会发展需要的必备品格和关键能力，是学生通过物理学习内化的带有物理学科特性的品质。物理核心素养主要由物理观念、科学思维、科学探究、科学态度与责任四个方面的要素构成。

（三）理论指导

1. 实用主义探究式教学理论

杜威首次提出了较为系统的探究式教学理论，强调培养学生的主动性探索精神和解决实际问题的能力，可以说开辟了教学研究与实践的新领域，引起人们对学生主体性的极大关注以及师生在教育过程中的地位和作用的深刻反思。

2. 探究式教学的信息加工理论

科学在本质上是探究，处在不断发展和变化中。如果把教科书上的知识当作不变的真理，而把实验仅当作验证科学概念和原理的方法去教学生，容易使他们形成绝对化的科学知识观、错误的科学方法论和片面的科学发展观。该理论从信息处理过程出发，认为教学与其着眼于知识的掌握，不如更注意教学信息处理过程本身，并建立了与此种思想相对应的探究式教学模式。

3. 人本主义的探究式教学理论

人本主义探究式教学理论不仅对学生提出了科学探究的具体目标，而且为了使科学教师能切实开展探究式教学，主张对从学生们所亲历的事物中产生的一些实际问题进行探究，是科学教学所要采用的主要做法（《美国国家科学教育标准》），反对把探究式教学演变成纯粹的学术活动，使其脱离社会和学生个人的生活实际，而围绕与社会和个人生活有紧密联系的重大现实问题进行。

4. 建构主义的探究式教学理论

建构主义观点认为，科学本质上是一种科学探究活动。它强调科学知识是暂时性的、主观的、建构性的，它会不断地被修正和推翻。所以科学的本质不在于已经认识的真理而在于探索真理，无论科学知识发生怎样的变化，这种科学精神和科学方法的运用都是始终如一的，它们才是科学的本质。所以物理教学从本质上讲，就是让学生体验科学研究的过程与方法，培养学生的科学精神、科学能力和科学情感。

建构主义知识观认为，知识不是对现实的准确表述，它只是一种假设。科学知识并非绝对正确，而是对现实的一种较为正确的解释。知识不是对现实的准确描述，它只是对现象的一种较为准确的解释，它会随着人们认识的不断发展而对具体情景进行再创造。这样就会激发学生强烈的求知欲望，敢于对现代科学提出疑问、勇于创新，不断进取创造，推动现代科学更快发展。

（四）研究思路

查阅相关文献，掌握相关的理论知识→分析教材中所蕴含的适合在课堂教学中开展科学探究活动的内容→对适合在课堂教学中开展科学探究活动的内容进行科学规划：这些内容各适合哪几个环节的侧重教学，能培养哪几个方面的能力，用各个击破的方法达到循序渐进地培养学生的物理核心素养→研究在科学探究教学中培养学生物理核心素养的方法与策略→构建适合初中学生认知特点的科学探究教学模型，形成研究成果。

（五）研究步骤

第一阶段（准备阶段）：本阶段主要采取文献法和调查法，撰写课题申报书；召开课题组成员会议，将课题组编印的《××区初中物理教师在教学中培养学生科学探究能力的现状调查表》《××区初中物理学科关于学生科学探究能力情况调查表》下发给各学校物理教师，限期收回，然后进行统计并起草调查报告。

第二阶段（实施阶段）：分析教材中所蕴含的适合在课堂教学中开展科学探究活动的内容并对适合在课堂教学中开展科学探究活动的内容进行科学规划。选择不同学校部分班级作为被试，研究在科学探究教学中培养学生物理核心素养的方法与策略，构建适合初中学生认知特点的科学探究教学模型，最后通过与没有进行该教学的班级进行对比，验证教学效果。所有教学策略都要经过教学实践的检验，并加以完善升华成成果。探索并形成一套行之有效的能力培养体系。

第三阶段（课题成果实践推广阶段）：从优秀教学案例中总结出适合学生、适合一线教师的科学、易操作的教学方法和策略，以研究报告、论文和教学设计、教学实录光盘为成果形式，使之得以推广。

四、创新：在科学探究中培养学生物理核心素养的方法与策略

（一）开课中渗透着物理观念、科学态度与责任的培养

良好的开端是成功的一半。课堂引入的趣味性要恰如其分，要围绕课题主题。远离课题主题的趣味性引入往往会使学生分心，迟迟不能将注意集中于课堂。在教学过程中努力做到"课伊始，趣已生；课正行，趣正浓；课已毕，趣犹存"。一位德国学者做过这样的比喻："将15克盐放在你的面前，无论如何你难以下咽。但当将15克盐放入一碗美味可口的汤中，你早就在享用佳肴时，将15克盐全部吸收了。"情景与知识，犹如汤与盐。盐需要溶入汤中，才能被吸收；知识需要溶入情景之中，才能显示出活力和美感。设疑激趣要紧扣学生的心理，激发学生的求知欲，教师要根据学生的心理特点和教学规律，潜心琢磨怎样开课。很多老师在这方面都做得非常好。比如一位教师在"功"这节新课的引入中巧妙地从生活走向物理，让全体学生体验从坐到站及从站到坐的过程中哪里用力、力的方向如何？身体有什么变化？是否有成效？从而引入新课"功"；而另一位老师让学生在观看举鼎视频时思考效果如何、是否都有成效，从而引入新课"功"。在"功率"这节新课的引入中一位老师播放本地龙舟赛的视频并让学生思考怎么比较谁快谁慢，另一位老师让六个学生上台做中考体育测试必考项目：台阶运动，并思考与讨论发现了什么，从而引入新课"功率"。在"动量"一节引入时，我设置了两个问题切入课题：递给你子弹

你敢接，而从枪膛发射出的子弹为什么不敢接？空气中的气体分子具有很大的速度（可达 105m/s），它们无时无刻不在撞击着我们最珍贵的心灵窗户——眼睛，我们为什么却毫不在乎？学生听到问题后兴致极高，迫切要寻找问题的答案，当理解动量的概念后，就轻松而愉快地解决了问题。这样开课既让学生真真切切地感受到物理无处不在、无时不有，又在震撼的情景中牢牢抓住了学生的眼球，吸引了学生的注意力，激发了学生兴趣和内部动机，培养了学生学习和研究物理的好奇心与求知欲，从而建构物理观念并渗透科学态度与责任的培养。

（二）在体验中培养科学探究意识及能力并建构物理观念

建构主义理论强调教师提供"真实的学习环境"，即知识的生成环境与运用知识的环境尽可能相近，这样学习的知识才是适用的、有效的。有效的教学就是创造使学生能在其中积极思考、探究和进行知识建构的真实的学习环境。一位老师通过生生互动（师生互动：让最左排学生集体推左墙，最右排学生集体推右墙，坐在中间的学生观察现象；教师推篮球和抛篮球；学生提起篮子，然后在教室里来回走动等游戏），让学生在体验中自己感悟到功的定义、做功的两个必要因素、三种不做功的特例等相关知识。这位老师在教学中构建了"身心一体"的学习课堂，让学生多参与实践活动，多做实验，做到了不但让学生思辨，还让学生用身体体验。且在体验中使学生逐步具有实验探究意识，能在学习和日常生活中发现问题、提出合理猜测与假设，会使用各种方法和手段分析、处理信息，描述、解释实验探究结果和变化趋势，提高其合作与交流的意愿与能力。

（三）在合作探究中培养科学探究能力并建构物理观念

建构主义观点认为：科学本质上是一种科学探究活动。它强调科学知识是暂时性的、主观的、建构性的，它会不断地被修正和推翻。科学的本质不在于已经认识的真理而在于探索真理。物理教学从本质上讲，就是让学生体验科学研究的过程与方法。比如一位老师在"功"一节中是这样处理的：首先给定器材——碎石、弹簧秤、直尺，让学生小组讨论测量功的实验方案，然后让学生说出方案并追问为什么，使学生明白实验过程中必须满足的条件。当学生实验结束时展示学生记录的数据及对数据进行处理的结果且在这个过程中教师有意示错以培养学生的批判意识，最后不给定器材再让学生设计出怎么测自己站起来的功并作为课后作业要求学生两人一组回家完成。这位老师的做法培养了学生设计实验探究方案和获取证据的能力，正确实施实验探究方案的能力，准确表述、评估和反思实验探究过程与结果的能力。

（四）在阅读中培养学生的科学思维、科学探究能力并建构物理观念

在初二物理"质量"一节中，我在每桌放一台托盘天平，让学生对照实物看书自学，分成几步完成：先让学生对照托盘天平实物阅读使用说明书中关于天平的结构的内容，之后用希沃授课软件把实物天平展示在屏幕上，每圈上一个部件，学生回答名称，边看边说边听边纠正。再让大家阅读关于天平调节和怎样测量质量的内容，并动手测量铝柱的质量，此过程中把学生的实验情况拍摄下来，当学生实验完毕时通过希沃授课软件把图片上传到屏幕上，让学生边看边讨论，肯定好的做法，指出错误的操作，并归纳出测量质量的方法：空载调平（底座水平、游码归零、调节螺母）；载物调平（螺母不动，加减砝码、移动游码）。在学生会测量质量后，我再把学生分成四组：一、四组的学生先在自己桌子上测铝柱的质量，然后到对方组去测自己铝柱的质量并记录在表格中；二组的学生先测橡皮泥的质量然后用手捏一捏再测其质量并记录在表格中；三组的学生先测带碘封闭玻璃管的质量然后在酒精灯加热一会儿再测其质量并记录在表格中，实验完毕把学生的数据展示在黑板上让学生寻找规律，最后学生自己得出质量是物体的一种属性。这节课深受学生

欢迎，特别是每次的动手环节、展示讨论环节，学生争相欲试，欲罢不能。在自学使用说明书中通过动手操作建构物理观念，在科学探究中渗透科学思维的培养。

在"功"一节中，一位老师让学生阅读课本前三个自然段找出力学中功的定义，然后让学生自己分析表格中的五种情景是否做功并完成表格。（表 2 - 1）

表 2 - 1　判断表中情景是否做功

情景	图片	是否有力作用在物体上	有没有在力的方向上移动一段距离	这个力对物体是否做功
物体在绳子拉力的作用下升高了一段距离				
小车在推力的作用下向前运动了一段距离	推着小车前进			
人用力推石头而没推动				
用脚踢球，球离开脚后在地面上滚动了一段距离				
人提着箱子水平向前运动了一段距离				

在表格由浅入深、循序渐进的问题中让学生建构知识，搭建了符合学生认知规律的脚手架，学生在不经意间不但理解了做功的两个必要因素，还知道了不做功的三种情况。最后进行知识拓展让学生思考：人提着物体沿着斜面向上运动，人的拉力对物体做功吗？（图2－30）

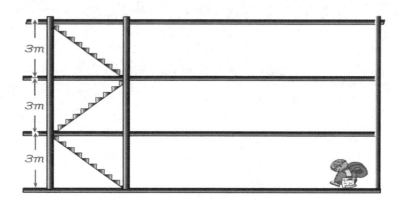

图2－30

当部分学生理解不到时，这位老师通过类比让学生融会贯通，做到了学生自己能弄懂的不讲。知识不是一种外在于个体或强加于个体的被管理、被灌输的"客观"的东西，而是一种可探询、可分析、可切磋的动态的探究过程，一种借助反思性实践来建构人生意义的活动过程。此老师正是在培养学生正确运用科学思维方法，进行科学推理、找出规律、形成结论，并能解释自然现象和解决实际问题。

（五）通过"联想阅读"培养学生科学思维并建构物理观念

所谓"联想阅读"就是将条件（或部分条件）和结论反转成其他表示形式，并判断其正误，多看几遍对不对，即从联想正、反两方面去理解概念、定律。例如，"要得到持续电流必须有电源"，能不能反转成"有电源就能得到持续电流"？显然是错误的。又如"一切物体在没有受到外力作用的时候，总保持匀速直线运动状态或静止状态"，能不能反转成"保持匀速直线运动状态或静止状态的物体都是没有受到外力作用"？这也不对，将有几个条件的概念进行反复，其作用就更大了，如"质量相等的不同物质升高相同的温度，吸收的热量不相等"反转成"质量相等的不同物质吸收相等的热量，升高的温度不相等"或"质量不同的相同物质升高相同的温度，吸收的热量不相等"……四个量中的三个量作为条件，一个量作为结论，保持两个量不变进行反转，可出现十几种情况。像这样恰当地诱发学生联想，从而培养学生科学思维并建构物理观念。

（六）通过"小步子原则"培养学生科学思维并建构物理观念

关于提问内容难和易这对矛盾，北京市特级教师宁鸿彬有一段相当精彩的论述："教师提问的内容，如果过于浅显，则学生无须动脑；如果过于深奥，则学生无从动脑……"人的认知水平分三个层次：已知区、最近发展区、未知区。停留在已知区提问，问题太浅，学生思维活跃不起来，提不起学生兴趣；而在未知区提问，问题太深，难度太大，学生的思维跟不上，容易使其丧失信心，无法保持持久的探究心理；只有在已知区和最近发展区之间设计提问，才会在学生的努力和问题之间产生共鸣。只有找准学生学习的现实起点，准确定位学生的"已知区""最近发展区""未知区"，才能有效提问，问题才能满足学生学习的心理需要。因此，对那些难度大的、学生的回答可能出现偏差的问题，教师应准备一些铺垫性问题，遵循"小步子原则"，即达到学习目标应是由许多"小步子"组成的。因此要设计好问题的难易层次，环环相扣，层层递进，构成一个有机的系统。例如，讲"自由落体"时，我采用层层提问的办法。第一步，石子与扑克牌下落，哪个下落快？学生观察到石子下落得比扑克牌快，认为原因是石子比扑克牌重，重的物体下落快；第二步，展示大小相同的两张扑克牌下落，但其中一张折叠起来，让它们同时、相同高度下落，哪个下落快？学生观察到折叠起来的扑克牌下落较快。为什么？难道折叠起来的扑克牌重？第三步，展示大小不同的两张扑克牌下落，把小的一张折叠起来，让它们同时、相同高度下落，学生观察到质量小的扑克牌下落较快。这又是为什么？让学生通过观察实验现象，在师生的反复问答过程中引导学生找出大概的原因，即它们受到空气阻力的影响不同，紧接着提出，在不考虑空气阻力的情况下，通过受力分析得出结论，收到较好的教学效果。这样逐级递进，把学生的思维一步一步推向一个高潮，使学生猛然醒悟，在培养学生科学思维、使学生对正确的结论印象更深刻的同时也建构了物理观念。

（七）在把握好课堂提问的"量"度中培养学生科学思维

教师问得精，学生才能思得深，满堂都是"对不对""是不是""懂不懂"等，那是"肢体"的热烈而不含"思维"的冥思过程。学生几乎不假思索便能回答，既无法回味、联想、思考，又因缺少刺激而提不起兴趣，这样的问题，无疑是在浪费课堂宝贵的时间，对提高学生的能力毫无裨益。一节好的物理课不在于问题的多少，而在于学生有效思维的长度。有效思维时间越长，学生获得的理解就越深刻。提问虽然是课堂教学的常规武器，但是提问并非越多越好，课堂提问的成功与否，并非看提问了多少个问题，而是看提问是否引起了学生探索的欲望，是否能发展学生较高水平的思维，让学生学会分析问题、发现问题。如果提问过多过密，学生忙于应付教师的提问，精神过度紧张，容易造成学生的疲劳和不耐烦，不利于学生深入思考问题；提问过少过疏，则使整个课堂缺少师生间的交流和互动，并且不利于教师了解和调控学生的状态。一堂课应有三至五个兴奋点，使学生产生好奇之意、疑虑之情、困惑之感。所以，课堂提问，既不要太多，也不要太少，一节课的提问一般三至五个，使提问发挥最好的效果。例如，在理解天体之间的万有引力时，关键是中心体和围绕体之间的万有引力与轨道半径、线速度、加速度的关系。可以设置以下四个问题提问，以卫星绕地球运动为例：1. 绕地卫星的速度大小与哪些因素有关？2. 近地轨道卫星的最低速度和最高速度有多大？3. 围绕地球做匀速圆周运动与椭圆轨道运行的卫星，有什么不同？4. 如果想要把卫星由低轨道转入高轨道，你认为该怎么办？在这节课中围绕这四个问题进行探究就能有的放矢地解决这节课的学习内容并培养学生的科学思维。

（八）在把握好课堂提问的"时"度中培养学生科学思维

提问可以在教学时间内任何时刻进行，但不同时刻提问所取得的效果是不同的，也就是说提问存在着一个最佳时间的选择问题，教师要善于抓住这些最佳时刻，充分发挥其不同的功能。设计提问的着眼点应该是在内容的疑难处、引入新课的最佳切入点处、矛盾处、关键处提问。抓住这些内容设问，往往会牵一发而动全身，是学生自主合作探究的学习向纵深发展的关键。

1. 在内容的疑难处提问

对于有一定难度的问题，学生理解起来往往有一定的困难。此时，教师应及时给予启迪和引导，帮助学生调整自己的思维活动。如：在学习功率 $P = Fv$ 前，可以先问：摩托车启动为什么用 1 档？摩托车的 1 档在运行中有什么特点？4 档和 1 档有什么区别？摩托车启动时对力有什么要求？

2. 在引入新课的最佳切入点处提问

在"自感和互感"这节课的引入中，我先请一位同学双手作为两个接线柱接入设计的电路中（学生有点紧张，有点悬念），闭合电键（电源是两节干电池），该学生没有感觉（有点放松），突然断开电键，学生瞬间有被电击的感觉（惊讶万分），并向同学描述自己的感受。这是为什么呢？断电反而有电击的感觉，强烈的肢体语言表明回路竟有如此高的电压，这怎么可能呢？被激活的思维、兴趣是学生积极、主动学习的最好老师。

3. 在内容的矛盾处提问

在一个盛满水的玻璃瓶中，残留一个小气泡，将瓶放在水平桌面上，气泡浮于瓶的上部壁顶，处于静止状态，当用手猛推瓶向右运动时，气泡将会怎么运动？若在瓶中的是一铁块，同样推瓶向右运动时，铁块将会怎么运动？这是为什么？这两个问题产生一种矛盾冲突，从而使学生产生探究的欲望。

4. 在内容的关键处提问

在"运动的合成与分解"这节课的学习中，设置以下三个小问题：

①在很平静的水面上，船头垂直指向对岸具有一定速度的小船的运动轨迹？②将船的动力关闭，船头垂直指向对岸放在具有一定水流速度的河水中，小船的运动轨迹？③如果船头指向不变且有一定的速度，同时行驶在具有一定水流速度的河水中，小船会怎样运动呢？轨迹如何？通过这三个小问题本节课的重、难点合运动与分运动的独立性、矢量性就得到了突破。

另外，课堂提问应适度停顿留有余地，教师在提问前略做停顿，让学生做好作答的心理和知识准备；教师提出问题后做适当停顿，以给学生思考问题和组织答案的时间；学生回答问题之后与教师做出评析之前，再做停顿，以给学生自评和补充的机会。"停顿"的背后是学生高密度思维和隐蔽性的积极参与的时刻。

（九）在把握好课堂提问中"学生的参与"度中提高学生的学习兴趣并渗透科学态度与责任的培养

要求设计的问题应注意"因材施教"和学生的"可接受性"，使不同层次的学生通过答问都能得到发展。把 A、B、C 不同难度的问题，对应地提问给 A、B、C 不同层次的学生，使不同层次的学生"跳一跳"都能"摘到果子"。提问要面向全体，教室里不应该出现"被遗忘的角落"，每一个学生都应该得到教师的教诲。对个别差生，在提问中，教师要创设条件，优先照顾，热心鼓励他们回答问题的积极性，使每个学生的学习能在自己的起点上得到不同程度的进步。学差生之所以差很大程度上就是基础知识差，被提问基础知识，他们很可能答不上来，这样他们会认为自己连这么简单的问题都不会，物理没戏了。即使答上来也会认为自己只能答这类问题，难一点的肯定没戏了。对于基础知识类的问题，我喜欢提问给学优生中脑子快但不踏实的学生，他们往往会有遗漏和不严密的地方，这样学优生意识到自己的不足，学差生也能增添自信："他也不过如此，我努力的话说不定也能超过他。"对学差生我往往喜欢问一些看起来有一定难度但实际比较容易答到点子上的问题，这样可以增添他们的自信心。对个别学生的回答，无论正确与错误，教师都要考虑这种回答与全班大多数学生的理解是什么关系。如果个别学生的回答很好，那么全班多数学生是否理解他的回答？如果个别学生的回答需要矫正，那么他所存在的问题是否代表着多数学生？只有把这些情况搞清楚了，才能真正提高学生的学习兴趣并渗透科学态度与责任的培养。

（十）通过学生的自学过程培养学生的物理观念

方法：首先通过让学生阅读课本（人教版八年级上册）第 33 页的最后两段和第 34 页的小资料了解：1. 人和一些动物的发声和听觉的频率范围；2. 次声波和超声波的概念；3. 频率的定义和计算方法。接着让学生估算手摆动时的频率。最后让学生对比手摆动时的频率和人的听觉的频率范围。通过这样一比，学生就清晰地认识到手摆动的频率低于人的听觉的频率范围，手的摆动确确实实发声了，只是我们听不见而已。

策略：通过学生的自学过程去探究问题，对学生内化知识有很大的帮助，也使展开的教学活动笼罩上一层趣味的"灵光"。在教师精心设计的三步教学环节中有目的、有计划地渗透科学方法，逐步培养学生具有物理观念。

（十一）通过课前查阅资料和课堂讨论培养学生学以致用的科学态度和强烈的责任心

策略：课前查阅资料后课内小组辩论。

第一步，课前提出三个问题：

1. 冰冻衣服变干时、哈尔滨的冰雕瘦一圈时的环境温度是多少；冰熔化的条件是什么？

2. 电灯正常工作时的温度是多少？钨丝的熔点是多少？

3. 固态清香剂、樟脑丸由什么物质构成？它们所处的环境温度是多少？熔点是多少？

第二步，要求学生去网上或图书馆查找相关信息。

第三步，在课堂中学生辩论冰冻衣服变干（因为环境温度是零下十几摄氏度，冰的熔点是零摄氏度，所以冰不可能熔化，而是直接升华了）、灯丝变细、樟脑丸变小的本质原因。

像这样在课堂中留足时间给学生进行辩论，让学生在辩论中分析，在辩论中反驳，在辩论中明理，在辩论中内化知识并获得正确的方法且通过联系生活实际，培养学生学以致用的科学态度和强烈的责任心，使学生在认识科学本质，理解物理学与技术、社会与环境之间的关系基础上，逐渐形成对科学和技术应有的正确态度及责任感。

（十二）通过探究活动培养学生提出科学问题，形成猜想和假设，设计实验与制定方案，获取和处理信息，基于证据得出结论并做出解释，以及对科学探究过程和结果进行交流、评估、反思的能力

策略：学生动手探究实验。

在每桌学生的课桌上都放两个相同的金属罐（内都装有相同的冰块）要求学生边实验边观察。

1. A罐内加少许水，B罐内冰上撒上30%的食盐；同时用两根玻璃棒分别搅动A、B罐。

2. 观察两金属罐的壁上各有什么出现（B罐外壁下部有霜，而A罐外壁没有），同时测量一下两罐内的温度（A罐内温度是零摄氏度，B罐内温度是零下几摄氏度）。

3. 同桌交流讨论得结论：空气中的水蒸气遇冷会凝结成水，当遇冷在0℃以下时便会直接凝华成小冰晶。

通过这样一系列的学生亲自实验操作，学生从中获得了大量的感性经验，从而促使他们用大量的事实依据水到渠成地转变头脑中固有的错误前概念，建构起科学的新知识体系并培养学生的科学探究能力。在探究活动中培养学生提出科学问题，形成猜想和假设，设计实验与制定方案，获取和处理信息，基于证据得出结论并做出解释，以及对科学探究过程和结果进行交流、评估、反思的能力。

（十三）通过"问题引领　体验内化"培养学生的科学思维

策略：问题引领　体验内化。

第一步，演示乒乓球和石头放入水中的现象。让学生回答观察到的现象。

第二步，让学生分析原因。学生回答：乒乓球受浮力，石头没受到浮力。在此过程中暴露了学生错误前概念：下沉的物体不受浮力。

第三步，学生实验。让学生用弹簧秤称出石头在空气中和在水中下沉时的重力，并借助学生的逻辑思维能力引导他们积极地进行分析、推理，从而自己悟出：下沉的物体也受浮力。

第四步，让学生观察图 2-31 中的 A、B、C 受浮力吗？（其中 B、C 是容器的一部分，且位于底部的是 C）学生回答：都受浮力。在此过程中学生受下沉石头也受浮力的影响会认为浸没在液体中的物体都受浮力，再次暴露学生的错误前概念。

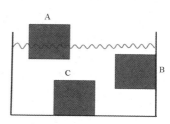

图 2-31

这时引导学生运用液体内部压强规律分析浸没在液体中的正方体的受力情况并由此分析得出浮力产生的原因：上下表面的压力差就是向上托的浮力，用演示实验验证浮力产生的原因（图 2-32）。再让学生分析河中的水泥桥墩是否受浮力，达到学以致用，举一反三。

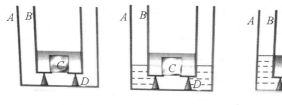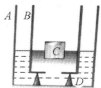

图 2-32

连连设问，环环紧扣，这样的情景触发了学生认知上的剧烈冲突，从而迫使学生放弃错误前概念，也在探究过程中自主形成了科学概念，并促使其主动地思索、探究科学问题，且在与同学和教师的合作学习中寻求更加有效的社会建构，有效地防止了局限于个人发展的个体建构，从而在此过程中培养学生的科学思维。

（十四）通过由现象深入本质的真探究培养学生学会建模等科学思维品质

策略：在学生自己画出磁感线的过程中学会建模。

第一步，通过对比实验，让学生认识到磁体周围有一种特殊物质：通过手推磁针、口吹磁针、磁铁靠近磁针三种方式使磁针转动起来，从具体到抽象便于学生理解手—流动的空气—特殊物质分别对磁针产生了力的作用。

第二步，通过类比把风比作布条，把磁场比作磁针，得出研究磁场的方法——转换法。

第三步，研究磁场中一点的磁场情况。把不同磁针放在磁场中的同一点，可以看到磁针指向同一方向。说明磁场中的这一点很有个性，它把放在该点的磁针像风一样推向同一方向，所以磁针北极的指向反映了该点的磁场方向。由此得出磁场方向的规定——小磁针北极所指的方向。

第四步，研究磁场中所有点的磁场方向。把同一磁针放在磁场中的不同点，可以发现磁针指向不同，说明：不同点的磁场方向不同。

怎么研究磁场中所有点的磁场方向？在磁场中所有点都放入小磁针，所有点小磁针静止时北极所指的方向就是所有点的磁场方向，既然要在所有点都同时放上磁针，那么磁针必须小到铁屑这么小，怎么办？用铁屑放在磁体周围就磁化成小磁针了。

用细铁屑做实验探究磁场的方向及强弱分布：

（1）撒铁屑（相当于磁场周围所有点上都放上了小磁针）。

（2）敲纸板（使充当小磁针的铁屑能自由转动）。

（3）画曲线（能自由转动的小磁针排成了一条条曲线，说明各点的磁场方向刚好连成了一条条美丽的曲线，由于这些美丽的曲线反映了各点的磁场方向，所以必须留下这些美丽曲线，要求学生临摹画线）。

（4）标方向（由于这些美丽曲线也有缺陷，无法告知各点的磁针北极方向，所以需用标有南北极的小磁针寻找曲线方向并标出来）。

像这样按照铁屑的排列画出的有方向的曲线，形象方便地描述了磁场方向（磁感线）。

这种由现象深入本质的真探究可以让学生学会建模、善于推理、敢于质疑、大胆创新等，从而螺旋式提升他们的科学思维品质。让学生经历基于经验事实建构理想模型的抽象概括过程。建立模型解决问题是十分重要的科学研究方法，也广泛应用在各个研究领域。

我们的物理课堂应该是培养学生利用科学探究的方法获取知识、解决生活中遇到的问题的能力，而不仅仅是简单重复科学家发现知识的过程。周光召曾说："科学教育不应该传授给孩子支离破碎、脱离生活的抽象理论和事实，而是应当慎重选择一些重要科学观念，用恰当生动的方法，帮助孩子们建立一个完整的对世界的理解。"物理观念的形成过程是学生经历科学思维和科学探究的过程，同时伴随着科学态度与社会责任的发展过程和对科学本质的认识不断深化的过程。物理核心素养的培养不是一蹴而就的，而是潜移默化逐渐渗透的，我们物理教师在学生探究过程中搭建的脚手架应符合学生的认知水平，应想方设法创设培养学生核心素养的教学情境，让学生在探究体验过程中受到潜移默化的影响，从而提高学生的物理核心素养。

（十五）在引导学生建立"物理模型"中培养科学思维

教师应在教学中注意三个转变。一是转变知识观。从偏重于知识的传授向知识与操作的协调发展转变，使学生所学的知识与学习的态度、方法、情感、能力、品德等综合协调发展。二是转变方法观。教师的教学方法从单边的"师讲生听"到"老师引导，学生参与"的双向交流，教学中应更多重视参与实践活动，重视学生的亲身体验。三是转变学生观。老师在教学中不再将学生视为知识的容器，而是更多地看作共同探索新知识的伙伴。贯穿高中物理课程的核心理念是进一步提高学生的科学素养，促进学生的全面有个性的发展。新一轮的教育课程改革，旨在全面提高学生的素质。什么是素质？就是我们把学校里学到的东西全部忘掉之后，所剩下来的、忘不了的！"素质"就是解决问题的基本方法和基本能力。人们在处理复杂的问题时，总是试图把复杂的问题分解成若干个比较简单的问题再逐个击破，基于这样的一个思维过程，人们就创建了"物理模型"。可见，物理学所分析的、研究的实际问题往往很复杂，为了便于着手分析与研究，物理学中常常采用"简化"的方法，对实际问题进行科学抽象的处理，用一种能反映原物本质特性的理想物质（过程）或假想结构，去描述实际的事物（过程）。这种理想物质（过程）或假想结构被称为"物理模型"。在高中课程的教学过程中大多数研究的对象是一些物理模型，这些物理模型既源于实践，又高于实践。在物理模型教学中，既要掌握物理模型的本质，又要防止把物理模型讲死，不仅要让学生知道建立物理模型是物理研究的一种方法，使学生领会模型是经过怎样的抽象建立起来的，具体的事物又是经过怎样的抽象纳入该模型的，以及模型建立的条件，而且必须说明其可变通性，从而培养他们进行抽象思维的能力，提高物理模型思考和解决物理问题的自觉性。在中学物理教学中，循序渐进地启发、引导学生，合理建立、应用物理模型，处理比较复杂的物理问题，熟悉并掌握这种科学研究的思维方法，养成良好的思维习惯，不但能使学生加深对物理概念和规律的理解，提高解题技巧，举一反三，触类旁通，化繁为简，而且对开发学生智力，发展创造性思维，将起到积极的作用。当然，学生的这种能力并非一朝一夕就能培养出来的，需要教师把这种建模意识贯穿在教学的始终，使构建物理模型的意识真正成为学生思考问题的方法与习惯。可见，引导学生真正认识和理解甚至建立"物理模型"，显然是提高学生科学素养不可多得的途径。现在来看看有关物理模型的应用。

[例1]一个用轻长绳悬在空中的木块，质量为 M。用质量为 m 的子弹，以速度 v 沿水平方向射入木块，然后木块与子弹一起摆动，求木块上升的最大高度。

分析与解：选子弹与木块为研究对象，忽略子弹转动，建立质点系统模型。

物理模型：因子弹射入物体的过程时间极短，可以认为轻长绳与竖直方向的夹角为零，系统所受合力为零，可把系统建立为完全非弹性碰撞过程模型，动量守恒。

因系统获得速度过程极短，它们位移微小到可以忽略，故可以认为系统虽已具有了速度，但还处于平衡位置。此后选取子弹、木块和轻绳为研究对象，忽略绳的质量和空气阻力，系统向上摆动，只有重力做功，建立机械能守恒模型。

（1）因在子弹射入木块的过程中，可把系统建立为完全非弹性碰撞过程模型，动量守恒。故：

$$mV = (m + M) v_1$$

（2）因选取子弹、木块、轻绳为研究对象，系统向上摆动时可建立机械能守恒模型。故：

$$\frac{1}{2}(m + M) v_1^2 = (m + M) gh$$

由此得物体上升最大高度为：

$$h = \left(\frac{m}{m + M}\right)^2 \frac{v^2}{2g}$$

[例2] 如图2-33，在很长的水平桌面上放置的弹簧一端固定，另一端紧靠一个木块，并用手水平向左压木块，由于弹簧劲度系数很大，故压缩量很小，请利用一架天平、一块秒表和一把直尺，测出弹簧的弹性势能。写出测量方法并推导出根据测量所得的量计算弹性势能的表达式。

图 2-33

分析与解：用手向左压木块到 A 点，放手后弹簧恢复至原长时木块到 O 点，弹簧的弹性势能转化为木块的动能，以后木块减速运动到 B 点停止。

物理模型：在此过程中由于弹簧压缩量很小，可看成是图中的 AB ≈ OB，即认为木块做匀减速直线运动的位移为 AB。

（1）先用天平测出木块的质量 m，用手水平向左压住木块，放手的同时开始计时，木块停止时记录完毕，即得到滑行时间 t，最后用直尺测出滑行的距离 s（AB）。

（2）设弹簧的弹性势能为 E_p，由弹簧的弹性势能转化为动能得 $E_p = \frac{1}{2}mv_0^2$，而木块做匀减速直线运动的位移 $s = \frac{1}{2}v_0 t$，推出 $v_0 = \frac{2s}{t}$。

$$\therefore E_p = \frac{1}{2}m\left(\frac{2s}{t}\right)^2 = \frac{2ms^2}{t^2}$$

［例3］体积为 $1.0 \times 10^{-3} cm^3$ 的一滴油，滴在湖面上扩展成面积为 $3m^2$ 的油膜，试估算油分子的大小。

分析与解：物理模型为设想油滴在湖面上充分扩开为单分子油膜，且一个挨着一个排列。

由于一滴油的体积不变，即 $V = Sd$，

$$\therefore d = \frac{V}{S} = \frac{1.0 \times 10^3 \times 10^{-6}}{3} \approx 3.3 \times 10^{-4} m$$

即油分子直径为 $3.3 \times 10^{-4} m$。

［例4］空中有一只小鸟，距水面 $3\,m$，其正下方距离水面 $4\,m$ 深处的水中有一条鱼，已知水的折射率为 $\frac{4}{3}$，则鸟看水中的鱼离它 _____ m。

分析与解：作出鸟看鱼的光路图 2－34，由于在竖直方向看，所以入射角很小。

物理模型：图中的 i、r 很小，故有 $\tan i \approx$

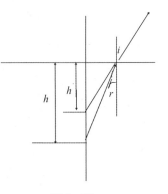

图 2－34

$h\sin i$　　$\tan r \approx \sin r \approx h'$

由折射定律：　　$n = \dfrac{\sin i}{\sin r}$

$\therefore n = \dfrac{\sin i}{\sin r} \approx \dfrac{\tan i}{\tan r} = \dfrac{h}{h'}$

$h' = \dfrac{h}{n} = 4 \times \dfrac{3}{4} = 3m$

$H = 3m + 3m = 6m$

即鸟看水中的鱼离它 $6m$。

[例5] 如图 $2-35$，在真空中速度 $v = 6.4 \times 10^7 m/s$ 的电子束连续地射到两平行板间，极板长为 $L = 8.0 \times 10^{-2} m$，间距为 $d = 5.0 \times 10^{-3} m$，两板不带电时，电子束将沿两板的中心线通过，若在极板间加上 $50Hz$ 的交流电压 $u = U_0\sin\omega t$，如果所加电压的最大值超过某一值 U_c 时，将会出现下列两种情况：电子束有时能通过两极板，有时中断，不能通过两极板，已知电子质量 $m = 9.1 \times 10^{-31} kg$，电量 $e = 1.6 \times 10^{-19} C$，求 U_c 的大小。

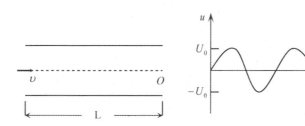

图 $2-35$

分析与解：该交流电周期 $T = \dfrac{1}{f} = \dfrac{1}{50}s = 0.02s$。

电子通过极板的时间 $t = \dfrac{L}{v} = \dfrac{8.0 \times 10^{-2}}{6.4 \times 10^7}s = 1.25 \times 10^{-9}s$。

物理模型：$T > t$，所以在 t 时间内可以认为电子受到的电场力是恒力，电子在电场中作类平抛运动。

垂直于极板方向：$y = \dfrac{1}{2}at^2$　　　即 $\dfrac{d}{2} = \dfrac{1}{2} \cdot \dfrac{eU_c}{md} \cdot \left(\dfrac{L}{v}\right)^2$

$$U_c = \frac{md^2v^2}{eL^2} = \frac{9.1 \times 10^{-31} \times (5.0 \times 10^{-3})^2 \times (6.4 \times 10^7)^2}{1.6 \times 10^{-19} \times (8.0 \times 10^{-2})^2} V \approx 91V$$

总之，通过构建物理模型来解决物理问题的一般思路如2-36所示。

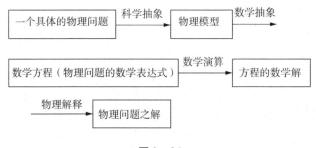

图 2-36

高中物理教材中有许多物理知识比较抽象，学生往往不易理解和接受，并会因此而失去学习的信心。但如果借助"物理模型"教学，突出物理问题的主干，疏通思路，帮助学生建立起清晰的物理图像，使物理问题化难为易，化繁为简，这样不但起到降低教学难度，增强学生的自信心的作用，同时还潜意识地培养了学生的创新能力。高考试题也是由命题者根据一定的物理模型加上一些具体情景而编拟出来的，所以在教学中除了要向学生多介绍建模的方法外，还要注意培训学生建模的意识，不仅是因为构建物理模型是解答实际问题的关键，更重要的是在教学中通过构建物理模型教给学生学习物理的思想方法，培养学生的创新意识和发现问题、解决问题的能力。所以，物理模型在教学领域有着重要的价值。

（十六）在教学中渗透团队合作意识、责任与担当精神

德国教育家郝尔巴特首先提出了"教育性教学"的著名论题，他不承认没有教育的教学，也不承认没有教学的教育。他说："教学如果没有进行道德教育，只是一种没有目的的手段；道德教育，如果没有教学，就是一种失去手段的目的"。杰夫·贝索斯从小就是个数学天才。在一个夏日里，年幼的他坐在祖父母的汽车后座上，进行了一次病态的计算：吸烟会让他祖母的预期寿命减少多少年？他曾听说过，每吸一口烟，人的生命会

减少大约两分钟。将这个数字乘以每支烟所需要吸的次数，再乘以每天吸烟的支数，然后将分钟数换算成小时数，再换算成天数，最终换算出了年数。他拍了拍祖母的肩膀说："按照每吸一口烟会减少两分钟寿命的算法，吸烟已经夺走您九年的生命！"他原本期望自己的演算技巧能得到赞赏，不料祖母却突然失声痛哭，一阵令人难以忍受的沉默接踵而来。贝索斯的祖父将车停在公路旁，他说："杰夫，有一天你会明白，做一个善良的人要比做一个聪明的人难。因为聪明是一种天资，善良是一种选择。最终造就我们的并非天资，而是一路走来的各种选择。"《初中物理课程标准》（2011 版）在课程目标部分，从知识与技能、过程与方法、情感态度与价值观三方面对课程目标进行了立体的描述，形成了初中物理教学的三维目标，而其中的情感态度与价值观的教学目标实质上就是德育的教学目标。具体而言，新课标对于初中物理教学的德育要求可概括为把学生培养成一个真正意义上的"人"。

这些德育内容既是初中物理教学的必然要求，同时在初中物理教学中也是切实可行的。实际上，物理学悠久的发展历史、物理学理论的发展本身、物理学本身所具有的唯物辩证的思想和物理探究过程中应具备的各种科学精神等，都是对学生进行思想教育的丰富资源。我们在教学中应充分发挥物理教学的主阵地作用，积极总结物理教学中的德育经验，利用物理学所特有的丰富德育资源和特有的德育功能，将德育融入物理教学中，摒弃重科学素质轻道德素养的不良倾向，在提高学生智育因素的同时也使学生德育素养得到同步的发展，真正做到三维目标的有机结合，为学生的终身发展奠定良好的基础。以下是我在教学中的一些做法。

案例一：家庭用电

一位纳粹集中营的幸存者当上了美国一所中学的校长。每当新教师来到学校，他就会交给老师一封信——"亲爱的老师：我是一名纳粹集中营的幸存者，我亲眼看到了人类不应当见到的情景：毒气室由学有专长的工程师建造，儿童被学识渊博的医生毒死，幼儿被训练有素的护士杀害，妇女和婴儿被受过高中或大学教育的士兵枪杀。看到这一切，我疑惑了：教育究竟是为了什么？我的请求是：请你帮助学生成长为具有人性的人。你们的努力绝不应当被用于创造学识渊博的怪物、多才多艺的变态狂、受过高等教育的屠夫。只有在使我们的孩子具有人性的情况下，读与算的能力才有其价值。"为了把学生培养成有人性的人，在上"家庭用电"时我是这样处理的。让学生围成一圈坐，把红、蓝两根电线沿学生的桌子走一圈并固定在桌子上，但是线的两头已经固定在讲桌的地方以确保安全，让学生把灯、开关、插座接入电路，经检查无误后让学生离开桌子1m站成两排，老师把固定在讲桌上的插头接入照明电路，展示学生们的成果，让学生获得成功的喜悦。展示学生们的成果时把安全用电的重要性提到了一个新的高度，对学生的内心产生了震撼，从敬畏生命这个角度渗透德育，把学生培养成内心有温度、懂得敬畏生命、关怀人性的人，如此，我们的世界才能变得情意浓浓、郁郁葱葱。其次在整个体验学习的过程中，在绝对安全的条件下既训练了学生动手操作能力，也渗透了团队合作的教育。

案例二：科学探究：怎样产生感应电流

《课标》（2011版）指出："培养学生的团队精神。利用物理实验，培养学生的友爱合作的态度。"21世纪的人才必须具备与他人合作共事的素质和能力，培养当代中学生的团结协作精神是时代的需求。在物理实验中，学生分组实验时，要进行一系列的调节、观察、记录。这些工作一个人往往难以完成，需要多人共同参与，其中任何一个人的不协调配合都会导致整个实验的失败。在这种情况下，我总是积极倡导与他人合作的精神，培养学生良好的合作习惯。例如，在讲"电磁感应、发电机"时，我补充介绍"科拉顿'跑'失良机"的故事，科拉顿失败了。科拉顿的这个失败，是一个什么样的失败呢？后人有各种各样的议论。有人说这是一次"成功的失败"。因为科拉顿的实验装置设计得完全正确，如果磁铁磁性足够强，导线电阻不大，电流计十分灵敏，那么在科拉顿将磁铁插入螺旋线圈时，电流计的指针确实是摆动了的。也就是说，电磁感应的实验是成功了，只不过科拉顿没有看见，他跑得还是"太慢"，连电流计指针往回摆也没看见，有人说，这是一次"遗憾的失败"。因为科拉顿如果有个同伴在另外那间房里，那么成功的桂冠肯定是属于科拉顿的。按理科拉顿比法拉第早做这个实验，但与成功失之交臂，原因之一是没有同伴与他团结互助，否则科学史上又是另一番景象了。这充分说明了"团结就是力量"这一道理。

案例三：能量的转化与守恒

《课标》（2011 版）指出："培养学生养成实事求是、尊重自然规律的科学态度。"我在讲能量的转移与转化的方向性时引导学生讨论和分析简单的永动机设计方案。"有同学设想将电动机和发电机对接起来使用，让电动机驱使发电机发电，再用发电机发出的电来驱使电动机转动，这样对接，能否周而复始地永不停息地进行下去？"上面列举的电动机与发电机对接使用过程中，首先起动电动机的能量从哪里来？起动的能量在电动机和发电机的工作的过程中，什么能量被耗散了，且又是无法回收的？通常能量在转移或转化过程中，总伴随有热能的产生，以发电机与电动机对接为例，无论是电动机或发电机，它们在转动过程中总是有摩擦存在的，摩擦生热现象必然发生，电流通过线圈时，电热效应也是不可避免的。这样，什么能量的耗散无法回避？被耗散的这种能量可以回收吗？说明永动机是不可能造成的，从而培养学生尊重自然规律的科学态度和有节约能源的意识。

案例四：能源的开发和利用

《课标》（2011 版）指出："培养学生有将科学服务于人类的意识，热爱祖国，有振兴中华的使命感与责任感。"在物理教学中，应多向学生介绍世界物理学史，使他们体会到蕴藏其中的正确的人生观和价值观，学习那些曾为世界做出巨大贡献的物理学家追求真理、献身科学、热爱和平、舍生取义的精神，这些永远是对学生进行人生观和价值观教育的良好素材。例如，我在讲解核聚变时，补充介绍了这个故事：著名的核物理学家斯罗达博士在实验室里主持着原子弹引爆临界试验工作，某天，斯罗达正与同事们研究两块被放在轨道上的浓缩铀对合的临界质量。就在这时，一场意外事故发生了。拨动铀块的螺丝刀突然滑落，两块铀在轨道上相向滑动，就在两块铀即将滑到一起的关键时刻，斯罗达奋不顾身地用双手把它们阻隔开了。可是铀是一种强放射性物质，斯罗达这位优秀的科学家为了避免这场核爆炸的灾难，受到高剂量的致命辐射，出事之后的第九天，他就离开了人世。加拿大政府和人民为了表彰这位优秀科学家对人类所做的贡献，把他誉为"用双手掰开原子弹的人"。了解了他们的事迹，学生就能从中受到感动，得到激励。感动和激励的逐步积累，会在他们心灵深处播下创新求真的科学精神的种子，同时教育学生应具有坚强意志、无私奉献、坚持不懈的精神。树立热爱祖国、振兴中华的使命感与责任感。

案例五：测量电压

《课标》（2011 版）指出："在物理教学中要注重科学探究，通过物理实验还可培养学生实事求是的科学品质。"在探究自然规律的过程中，教师要引导学生实事求是地观察并叙述现象，记录数据，客观地分析与论证，总结出应有的规律。如果得出的结论错误或误差较大，但教师首先要肯定其实事求是的态度，并指导其重新探究，教育学生不能根据已知的规律拼凑数据或抄袭别人的数据。例如，在实验中要求学生及时记录实验现象和数据，原始数据一律用钢笔记录，避免学生故意凑数或毫无根据地修改数据；对实验中出现的意外现象，要及时分析原因，引导学生得出正确的结论。在实验时，要求学生将实物一一对应于电路图，依次确定位置，从电源正极开始逐个顺次将元件连接起来，最后连到电源负极上，以培养学生严谨扎实、实事求是的科学态度。从开始连接电路时，开关要断开，以防连接过程中短路；滑动变阻器要调到最大阻值处以防电路中电流过大，烧坏电路元件。以此对学生进行保护实验器材、爱护公共财物的良好品质和习惯的教育，严肃认真、遵守操作规程的科学态度的教育。进行实验时，读取的数据误差较大时，要认真分析数据，积极寻找原因，不能让学生以理论值来修正实验值，以培养实事求是的科学态度。例如，在测串联电路的电压的实验中，意外地发现了如下的反常现象：串联电路两端的电压比各部分电路两端电压的总和大得多。是什么原因导致了这一反常现象呢？对学生而言，这是一个有趣而又没有现成答案的问题，非常适合让学生就这个问题进行科学探究。在组织学生进行科学探究的过程中，学生发现如把电键两端的电压测出来并加上此电压，串联电路两端的电压就等于各部分电路两端电压的总和了。学生真正经历科学探究过程，不但对串联电路的电压特点有一个全新的认识，而且能培养严谨扎实、实事求是的科学品质。

（十七）培养学生科学探究中提出问题能力的策略

《高中物理课程标准》在科学探究的具体内容标准中，要求学生"能发现与物理学有关的问题""从物理学的角度较明确地表述这些问题""认识发现问题和提出问题的意义""能分析问题、解决问题"等。提问能力就是学生根据已经掌握的知识经验，通过观察、思考，发现新的事物与已有的知识规律间的矛盾、不同，并把物理过程内化成问题，并合理组织、用清晰明确的语言将其表述出来，形成一个可进行探究的科学问题的能力。学会"提出问题"对培养创新能力的意义和作用，或者说是它的教育价值，正愈来愈引起广大师生和专家的重视。其一，"提出问题"是分析问题、解决问题的前提。其二，"提出问题"是培养学生观察力、好奇心，激发求知欲、探索兴趣的重要途径。其三，"提出问题"也是探索研究的主要方式之一。其四，从教学的角度讲，只有让学生"提出问题"，才能够让教师了解学生在想什么，需要什么，要哪些帮助，才能更好地进行教学的双边活动，才能更好体现学生主体性的地位。其五，重视"提出问题"这一要素，有利于培养学生科学的情感、态度和探究精神。而新课改中一个重要的理念是："授人以鱼，不如授人以渔。"所以在课堂教学中，应重视培养学生提出问题的能力，重构学生观，鼓励学生大胆提出问题。教育若只停留在培养分析和解决问题的能力，只能是一种"工具教育""仆从教育"，只有加上"提出问题能力"，才是"主人教育"，有利于培养"帅才"。正如国家督学王文湛先生所说："不要把学生当成容纳知识的容器，而要看成等待点燃的火把。老师的责任就是把火把点燃，让它熊熊燃烧。"新课改的重要理念就是"以学生为本"，倡导学生主动参与、乐于探究，注重发展学生的科学素质和创新能力。这就要求学生善于发现问题和提出问题。英国科学家波普尔认为："科学知识的增长永远始于问题，终于问题——越来越深化的问题、越来越能启发新问题的问题。"物理学是一门理论和实验高度结合的精确科学，物理学中有一套最全面有效的科学方法，所以物理教学在提高学生科学素质、培养学生提问能力方面有着无可替代的重要作用。所以在物理教学中，应该把培养学生的提问能力作为实施新课程标准的目标。一个好的物理老师，一堂好的物理课，不应是讲得学生没有问题，而是启发他们不断提出深刻的问题。本人对如何在高中物理新授课中培养学生的提问能力，从而提高物理素养进行了研究。在教学过程中，教师要重视培养学生"问"问题的方法，让每一个学生养成想问题、问问题、挖问题和延伸问题的习惯。具体做法有以下7个方面。

1. 通过预习提供问题情景培养学生的提问能力

在课堂教学中，教师可先让学生预习自学教材，针对教材内容由学生提出相关问题并加以分析、解决，逐步形成一种"自学—讨论—引导"的教学方式，满足学生的自主意识，活化学生的创新思维。例如，在学习物理必修2"机械功"时，可以首先让学生自学这部分内容，在自学的基础上，教师要求学生就课本上的内容提出一些问题，学生们提出了这样的问题：①什么叫功？②功的两个必要因素是什么？③功的计算公式怎样？公式中的各个量怎么理解？④功是状态量还是过程量？⑤功是标量还是矢量？⑥功的正负的意义是什么？⑦怎样计算几个力的总功？⑧功的计算有哪些方法？这些问题的提出，一方面说明学生在预习教材时已经发挥了自己的主体作用，通过学生的回答、讨论、交流可调动学生学习的主动性，激发学生学习的兴趣，培养学生的提问能力，另一方面训练了学生的自学能力。在此基础上教师适时引导总结，这样能使学生进一步理解教材的知识结构和内容。

2. 通过提供能否定学生已有经验的问题情景培养学生的提问能力

学生在学习的过程中，要发现问题、提出问题，需要一定的问题情境，而教师的"导"就是给学生创设问题情境，将学生导入问题探索者的

"角色"，唤起学生的思维，激发学生的求知欲望，使学生"卷入"到学习活动中去，以达到掌握知识，训练思维的目的。例如，在物理选修3—5中"动量、动量定理"教学时，可先讲述1924年法国一次汽车竞赛时发生过的不愉快的事情："当时沿途农民看到汽车从身旁飞驰而过非常激动，纷纷加油喝彩，有的还向汽车轻轻投去了西瓜、苹果。可结果是西瓜像一颗颗炮弹竟把坚硬的车身砸凹、砸坏；苹果落到乘客和驾驶员身上，造成了严重的伤害。"大家都发出了"咦"的惊奇声。这样的情景与学生原有的生活经验完全不同，大家急于想找到产生这种力的原因和规律，调动了学生的探究和求知欲望。于是许多学生提出：（1）向飞驰而过的汽车轻轻投去西瓜、苹果为什么有这么大的力？（2）向静止的人和汽车轻轻投了西瓜、苹果，为什么没有这么大的力？（3）这种力的大小可以计算吗？（4）这种力的大小跟哪些因素有关？（5）如果这个力的大小跟飞驰而过的汽车的速度有关，那么法国飞行员为什么能顺手抓住一颗射向他的德国子弹？所以在教学中要注意打破学生的思维定式。让学生能从不同角度、不同方向去看待事物，去寻找发现问题和解决问题的途径，从而产生合理、新颖、独特的问题及解决问题的方法。既培养了学生的提问能力，也提高了学生的观察能力、思考能力。

3. 通过学生实验提供问题情景培养学生的提问能力

我们要充分利用学生实验真实、生动的特点，抓住学生的心理反差，出其不意地在学生面前展示一幅崭新的画面，创设心理"不和谐"的情景，促使他们主动进入思维状态，激发学生认识的冲动性和思维的活跃性、求异性、创造性。例如，在学习物理必修1《力的分解》一节时，教师可以在每个学生的桌上放一个质量较大的钩码和两根细线，创设这样一个问题情境：让学生用细线把一个质量较大的钩码提起来，问学生用一根线易断还是两根线易断？学生肯定地回答是一根线易断。但学生实验的结果却完全相反。用一根细线可将钩码稳稳地提起，而用两根同样的细线（故意使两线间有一较大夹角）提钩码时，细线断了！这一问题情境的创设在学生的大脑里立刻产生了撞击，学生的思维被迅速激活起来，使学生产生了强烈的求知欲望。这时学生们会提出一系列的问题，如为什么两根线的效果反而不如一根线呢？为什么两根线间夹角越大线越容易断？两根线间夹角多大时线刚好断？学生们就会带着这些问题来学习"力的分解"一节。既提高了学生的学习兴趣，培养了学生的提问能力，也提高了学生的动手能力。

4. 通过展示课件提供问题情景培养学生的提问能力

在学习物理必修1"弹力"一节时，学生感觉到弹力看不见，摸不着，特别是微小形变，初学时觉得很枯燥，抽象。针对这种情况，我利用电脑展现了观察桌面的微小形变的课件，并让学生根据现象提出问题。课堂立即热闹了起来，很多同学想表达自己的想法，头脑里也产生了很多的问题，诸如：①为什么此装置能放大微小形变？②它是怎样放大微小形变的？③此形变的大小跟什么有关？④发生形变时伴随有力吗？⑤产生的力叫什么？⑥产生此力的原因是什么？⑦此力的方向怎样？⑧此力的大小跟什么有关？等等。在物理教学中我们经常性地进行此类问题的探究，不仅能充分调动学生的探究兴趣，启发学生积极思维，更能有效培养学生观察问题、发现问题和提出问题的能力，从而更深刻地掌握所学物理知识。

5. 通过演示实验提供问题情景培养学生的提问能力

物理实验因受仪器、环境、操作等各方面因素的影响，其结果一般不会完全一致，因而在实验中去寻找问题提出问题以增强学生实验意识、动手能力都大有裨益，教师应注意充分调动学生思维，多想、多做。例如，在学习物理选修2-1"闭合电路的欧姆定律"时，在学生已掌握部分电路欧姆定律知识的基础上，教师出示两个不同的电源，并实际测出电动势分别为3V（内阻很小），12V（内阻很大）。再出示一个额定电压为3V的小灯泡。教师设问：如果将这个灯泡分别与上述两个电源连接形成闭合回路，会出现什么情况？学生根据已有的知识基础和生活经验回答：小灯泡接在3V的电源上时正常发光，接在12V电源上时会烧毁。接着演示：将小灯泡分别接在两个电源上。结果是：小灯泡与12V电源相接时不但没有被烧毁，亮度反而比接在3V电源上时暗一些。面对猜想与现实的强烈反差，学生议论纷纷，有的学生就会发问：（1）小灯泡的电阻一定，额定电压为 3V，接在 3V 电源上应正常发光，而接在 12V 电源上时会烧毁，因为实际电压等于额定电压时，实际功率等于额定功率，实际电压大于额定电压时，实际功率大于额定功率。但实验现象相反，这是为什么？（2）如果将这个灯泡分别与 3V（内阻很小）和 12V（内阻很小）两个电源连接形成闭合回路，会出现什么情况？（3）如果将这个灯泡分别与 3V（内阻很大）和 12V（内阻很大）两个电源连接形成闭合回路，会出现什么情况？（4）小电灯接在 12V 的电源上，亮度反而暗一些，说明电流反而小一些，为什么高电压的电源和低电压的电源接在同一电阻上，电流反而会小呢？这些问题使学生产生有效的认知冲突与碰撞，激发起学生的求知欲，积极地参与到学习中来，主动提出疑问，进而寻求解决问题的方法。既培养了学生发现问题、提出问题的能力，又提高了学生科学探究和创新能力。

6. 通过引导学生反问、逆问、曲问，提供问题情景培养学生的提问能力

学生在理解物理概念，应用公式时容易出现偏差，有时从正面讲解难以奏效，采用反诘提问的方法可以使学生恍然大悟，收到事半功倍的效果。例如，电阻率 ρ 是一个反应材料导电性能的物理量，所以对于同一物质 ρ 的数值一定。有的学生认为电阻率跟材料的长度和横截面积有关，这种理解是错误的。可以引导学生用这样的方法反问：（1）将一根铜线剪成长度相等的两半，对于其中的半根长度是多少？横截面积是多少？电阻率又是多少？（2）将这两个半根铜线并联在一起，其长度是多少？横截面积是多少？电阻率又是多少？用反问的方法生动形象地解决了问题。如果正向思维显得烦琐甚至百思不得其解，就得充分利用其中的可逆性创造性地设置新情景，常会茅塞顿开。例如，对（1）物体以 10m/s 的初速度，$5m/s^2$ 的加速度沿光滑斜面上滑至最高点的匀减速直线运动，引导学生逆问：从逆向角度看此运动是什么？（2）在光学中已知物的位置，能确定像的位置，引导学生逆问：在光学中已知像的位置，能确定物的位置吗？曲问是一种迂回设问的方法，问在此而意在彼，针对学生疏漏、模糊处，以关键

词为突破口进行曲问，会使学生幡然醒悟，从而对正确的结论印象更深。例如，①如何使已退磁的小磁针重新磁化？②如何使小磁针的南极变为北极？变更提问角度提问一方面可以让学生全面认识物体的特性，另一方面可培养学生的发散思维能力，也能培养学生的提问能力。

7. 通过对解题提问提供问题情景培养学生的提问能力

解题是学习物理的一个方面，在解题时能就题目本身进行思考、提问，效果也很好。乔治·波利亚在《怎样解题》一书中指出："对你自己提出问题是解决问题的开始"，当你有目的地向自己提出问题时，也就变成你的问题。根据波利亚的"怎样解题"表，可以归纳出下列提问：①已知一些什么条件？②某些关键的语句意味着什么？③还缺少哪些关系？④可以从哪些角度去解决这些问题？⑤以前曾见过它吗？⑥能否用一个相同或相似的模型去替代它？⑦是否有一些特殊情况可帮助分析？⑧你能解问题的一部分吗？⑨你用了全部条件吗？⑩能检验结果吗？⑪能否用不同的方法得出结果？⑫能否适当改换一下条件？我经常用此方法引导学生解题。例子如下：额定功率为80千瓦的汽车在平直公路上行驶时，其最大速度可达20m/s，汽车的质量为2t。如果汽车从静止开始做匀加速运动，设运动中阻力不变，加速度为$2m/s^2$，求：汽车所受阻力。学生们在解此题时用此方法逐项给自己提问并回答如下：①已知额定功率、最大速度、加速度；②关键句是从静止开始做匀加速运动意味着实际功率在逐渐变化；③还缺少牵引力等于阻力时，速度最大这个关系；④可以从牵引力等于阻力时，速度最大，$P = FV = fv$这个关系来求阻力；⑤以前曾见过；⑥能用以恒定加速度启动这个模型去替代它；⑦没有一些特殊情况可帮助分析；⑧能解问题的全部；⑨还有一个条件没用上；⑩能检验结果；⑪能用不同的方法得出结果；⑫能适当改换一下条件。如果一个学生在解题时能习惯于不断地这样问自己，那么这位学生的解题能力，提问能力肯定会有一个较大的飞跃。

总之，通过以上方法既培养了学生的提问能力，也培养了学生的自学能力、观察能力、思考能力、动手能力、科学探究和创新能力、逆向思维能力、发散思维能力，以及解题能力、观察问题、发现问题和解决问题的能力，从而提高了学生的物理核心素养。

（十八）通过教师的情感感染作用提高学生学习兴趣并渗透科学态度与责任的培养

"情感是人们对客观事物的比较稳定并能体验到的心理反应倾向（或态度），是客观事物与人的需要之间的价值关系的反应"。教育心理学研究表明："教师的情感对学生有直接的感染作用"。中学物理教学大纲对物理情感领域里的教学做了明确要求，培养与发展情感这一非智力因素正日益被广大教师所重视。下面所谈的是我在教学实践中开展情感教学的初步试尝。

1. 课堂中学生能愉快学习的奥秘是微笑

常言道："情绪来源于实践。"学生情绪的主要来源是课堂，而课堂中的主角是教师。教师有优雅的讲课风度、温馨的授课技艺，姿态优美、手势形象、活泼生动、笑容真诚；板书规范，演示的器材、挂图和小黑板上的示意图色彩分明；教师的眼睛自然会像柔和的月光，静静地喷洒柔情，学生在一片柔静的气氛中编织美丽的憧憬。

在讲大气压强一课，有个容易分散注意力的学生因病去医院迟到十多分钟，他进来时脸涨红，我面带微笑地说："不要着急，前十多分钟内容课后补上"，学生脸上露出舒心的微笑，我顺势重演，将一支装满水的大试管中插入一支小试管，将两支试管迅速倒置后松开手，小试管在大试管内自动上升等 5 个小实验。目标检测 95% 的学生是 100 分，迟到的这位也是 100 分，奇迹般的效果证明，教师热情、真诚的笑容给学生留下宽厚、谦和、含蓄亲近的好印象，能表现出对学生的理解、关心和爱，能缩短师生彼此间的距离——奋进的学生得到激励，基础差的学生得到努力的勇气。受学生喜欢的教师不但知识丰富，而且是用微笑去了解学生的能手，大自然的阳光洒遍大地，老师微笑的阳光流淌在学生的心房。这阳光是无私的关心，是老师诚挚、美好、亲切的微笑！

2. 课堂中学生学习物理有持久兴趣的奥秘是创设情境

心理学指出：情感是人的需要得到满足与否时所产生的一种内心体验，每当人们有了积极的情绪体验，就产生积极的效果，反之将带来消极的效果。要使学生学习物理有持久的兴趣，就特别重视情感这个心理因素。精心设计一定的情境，制造特定气氛，就能使学生触景生情，引起心理上的共鸣。

物理概念是从物理现象、物理过程中抽象出来的事物的共同特征与本质属性，它不是事物的现象，而是表现事物的本质、事物的全体与事物的内在联系。因此，学生学习物理概念感到比较枯燥，如能创造一定的情境，就能提高学生学习物理概念的积极性。例如，在讲"焦耳定律"一节时，为了定性说明通电导体存在的热效应，可

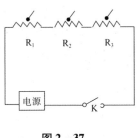

图 2 – 37

选用同样粗细、长度相同的镍铬电阻丝（R_1）、铁丝（R_2）、铜丝（R_3）各一根如图 2 – 37 连接。在三个电阻丝上各放蘸有火油的棉花，各夹上一根火柴，当接通电路时，要求学生观察各电阻丝发生什么现象？并说明道理。

实验结果：R_1 上火焰自然，且黑烟滚滚；R_2 火柴未燃，但有缕缕青烟；R_3 上无任何异常，学生们目睹了特设情景，心中十分好奇、紧张。接着我引导学生得出结论：①电流通过有电阻的导体将发热；②相同时间通上相同电流，电阻大的导体，产生热量多。这样学生对通电导体的热效应就有了感性认识，形成概念就不难了。

可见，创造情境，如本例实验，可使学生获得生动具体的感性认识，这是形成概念的基础，而抓住物理现象本质特征，进行分析、综合、比较、概括将是形成电阻概念的关键。

3. 课堂上学生接受知识能收到事半功倍效果的奥秘是形象生动、幽默的比喻

鉴于初中学生的年龄特点，其思维活动刚处于从形象思维到抽象思维

转化的过程，对一些较为抽象的物理知识难以接受，或者凭着某些经验对一些物理知识加以错误的理解。如果教师能在课堂上给某些知识以形象生动、幽默的比喻，学生接受起来往往能收到事半功倍的效果。下面我就用我经常用的一些实例来加以说明。

在讲惯性和电阻等要领时，学生往往误认为"物体只有在运动状态改变时才会有惯性"，"当导体两端的电压为零时，导体的电阻也等于零"。为了帮助学生理解，我做的比喻是：惯性、电阻就像某个人所具有的"急躁性格"，即使这个人睡着了，他的"急躁性格"还存在，只是当他遇事时才会表现出来而已。学生由此类比容易明白：惯性、电阻是物体和导体的一种性质，在任何情况下都存在，只是当物体的运动状态发生改变、导体中有电流通过时才表现出来而已。

光的反射定律最后一句只说"反射角等于入射角"，而学生往往不注意因果关系，把它说成"入射角等于反射角"。"物体受到的重力跟它的质量成正比"，学生往往认为"物体的质量也跟它的重力成正比"。为了纠正这种错误，我举的例子是：你只能说"你的长相像你的爸爸"，而不应该说成"你爸爸像你的长相"，因为是先有你爸爸后才有你的。

应用串、并联电路的特点时，学生往往把电流和电压的特点弄反了，如果把串联电路比喻成一条分为几段的河流，把并联电路比喻成长江的几条并列的支流最后汇入长江就比较形象了。其中河里的水流相当于电路中的电流，河流两端的水位差就相当于电路两端的电压。

只要细心研究，就能体会到在教学中适当地运用比喻对学生理解知识是有很大帮助的；比喻应该加以重视，但在运用比喻时必须注意，用来做比喻的事物应该是学生熟悉的、易理解的、生动具体的。比喻的语言必须精炼恰当，用来比喻的二者又必须是可以相比拟的，绝对不要把比喻庸俗化，当作无聊的笑料，而且在比喻中不要忘了目的是为了理解知识，所以不能把主要时间花在比喻上，而应在比喻后回到概念上去深入理解。

4. 课堂上学生把上课当享受的奥秘是"美"

物理学本身就含有许多内在的美的因素。哥白尼提出了"日心说"——太阳为中心，地球和其他行星一起围绕太阳沿圆周匀速转动。哥白尼把天空描绘得那样和谐，博得了许多人的赞赏："一种美妙的音乐，无声的旋律，爱神把它演奏得比乐笛声音还悦耳，我们可以尽情欣赏用球面谱写的乐章"。多么美！运动学公式的韵味、守恒定律的对称性……科学真理本身就是美，而美始终吸引着众多的学者为追求美而献身。

课堂教学要具有美感，人是有兴趣、情感、意志、性格的，在学习过程中这些非智力因素起着很大的作用。在课堂上教师向学生传递着知识和情感的信息、要从学生心底呼唤出美的情感与意境的共鸣，通过微妙的心理活动，诱导学生进入欣赏、想象和再创造的无穷乐趣中去。这样的课上下来，学生回味课上情景时会说："这是一种享受！"是的，真理的和谐、学科知识的奥妙、教学活动的韵律，使学生得到某种满足的喜悦，这就是美。

教师的使命是育人，育人的工作需要美，尤其是心灵的美。教师以自己的言行举止、学识才能，以及情操志向，感染着学生的心灵，这就是最崇高的美。

（十九）通过变式训练培养学生科学思维

1. 培养学生的发散思维

应重视培养学生的发散思维。发散思维，就是一种沿着各种不同的方向去思考、去寻求问题各种答案的思维。它使人的思维趋于灵活，是一种推测、想象和创造的思维过程。

要培养学生的发散思维，可运用一题多解、一题多问、一题多变等方法。

（1）一题多解。"一题多解"的方法，强调从多渠道理解、掌握物理知识，培养技能、技巧。

例：在建设中经常要用到爆破技术，在一次爆破中，用一条96厘米（S_1）长的引火线使装在钻孔里面的炸药爆炸。引火线燃烧的速度是0.8厘米/秒（V_1），点火者点着引火线以后，以5米/秒（V_2）的速度跑开，他能不能在爆炸前跑到离爆炸地点 500 米（S_2）远的安全区？

解法 1：引火线烧完所需的时间 t_1：

$t_1 = \dfrac{S_1}{V_1} = 96$ 厘米／（0.8 厘米/秒）＝120 秒；

在这段时间内点火者能跑开的距离 S_3：

$S_3 = V_2 t_1 = 5$ 米/秒×120 秒＝600 米。

因为 600 米 >500 米，所以，点火者能在爆炸前跑到安全区。

解法 2：人跑到安全区所需的时间 t_2：

$t_2 = \dfrac{S_2}{V_2} = 500$ 米／（5 米/秒）＝100 秒；

在这段时间内引火线烧去的长度 S_4：

$S_4 = V_1 t_2 = 0.8$ 厘米/秒×100 秒＝ 80 厘米。

因为 80 厘米 <96 厘米；所以，点火者能在爆炸前跑到安全区。

（2）一题多问。"一题多问"这种训练方法对于发展学生思维的广阔性，具有特殊意义。

例：一个手电筒里的灯泡，它的灯丝电阻是 10 欧姆，手电筒照亮时，在 2 分钟内通过灯丝横截面的电量是 36 库仑。问：①通过灯丝的电流强度是多少？②这个手电筒的电源是由几节电池串联组成的？③手电筒工作 5 分钟消耗多少电能？③小灯泡的电功率多大？

本题通过一个实际问题的多角度提问扩展学生的思维。学生通过本题的学习，能意识到，这一个小小的实际问题涉及电学的电量、电阻、电流强度、电能、电功率等，还涉及生活常识——一节干电池的电压。

（3）一题多变。"一题多变"的方法是把课本中的习题变形、扩展、引申，它能使学生达到"懂一题，会一片"的目的。

例如：体积是 1*3 的方木块浮在水面，露出水面的部分是总体积的 2/5，求方木块的密度。

由本题可以变化出：

①一个方木块，当它浮在水面时，露出的水面部分是总体积的 2/5，求这一方木块的密度。

②一个木块浮在水面上时，露出水面部分是总体积的 2/5，在另一种液体中时，露出液面部分是总体积的 1/3，求这种液体的密度。

2. 培养学生的逻辑思维

第一，要充分发挥演示实验的作用，把实验、观察和判断、说理相结合。实验、观察是直观形象思维过程，而判断、说理则是逻辑思维过程，只有把两者紧密地结合起来才能初步完成从感性到理性的认识过程。

比如"牛顿第一运动定律"的教学中，在做实验时，要求学生观察、思考：①三次实验各在什么条件下完成？②三次实验各有什么现象？③是什么原因造成这三种不同的现象？④由这个原因又可以推出什么样的理想情况？让学生的眼、脑、口并用，这样既培养了学生的观察能力，也发展了学生的逻辑思维。

第二，教师的物理语言应该成为学生的楷模。教师讲述一个物理概念、物理定律、物理规律，包括阐述一个物理现象的条理性，都应该做到通俗、准确、科学。教师在引导学生认识，推导定律、规律的时候，一定要运用恰当的逻辑思维方式，有层次地展开。

例如，我在"气体、液体和固体的分子结构"的教学中，采用了有层次地展开并逐步归纳推理的逻辑思维方法。课堂上，先要学生根据生活经验回答气体压缩是否容易，然后让学生讨论：①气体压缩容易就说明气体分子间距怎样？②气体分子间距大又说明了气体分子间作用力如何？③气体分子间作用力既然小到可以忽略，那么气体分子将会怎样运动？④由气体分子的运动情况可得出气体的什么性质？这样学生就能掌握住气体的分子结构特征。

第三，要充分发挥板书、板画的作用，把图、文、理结合起来。图可以刺激学生的感官，对问题产生鲜明的印象；文可以启发学生叙述的条理性；理就蕴含在图文之中。对于摩擦起电的原因，我在启发学生回答问题的同时，在黑板上组织一组板书和板画（图 2-38），根据板书和板画，要求学生综合说明摩擦起电的原因。（学生通过看图、看文、说理很有条理性）练习时，要学生用同样的方法画一组关于验电器验电的原理图，要求图、文、理结合，画图的过程实际上是一个形象思维与抽象思维有机结合的逻辑思维的过程。

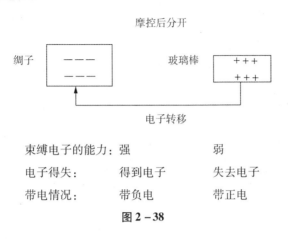

图 2－38

初中阶段是一个人思维发展的关键时期，从初中二年级开始，中学生的抽象逻辑思维由经验型向理论型转化，我们有责任顺应他们思维发展的规律，在传授教材知识的同时，抓好思维的培养。

（二十）通过"逆向思维"训练培养学生科学思维

顾名思义，"逆向思维"就是"倒过来想一想"。逆向思维是与传统的、习惯的、正面的思维相反的思维方式。逆向思维是创新思维的一种模式，即与通常的思维程序相反的一种思考方式，不是从原因（或条件）来推知结果（或结论），而是从相反的方向展开思路、分析问题，从而得到结论。历史上的"司马光砸缸"就是采用了逆向思维法。在解题中，学生习惯于直觉思维、正向思维，这样往往会造成学生思维呆板、僵化，不能重新地、独立地发展思路，而逆向思维是从相反的方向去认识问题，从对立的角度去思考问题，利用这种方法常能使问题化难为易、死中求活。下面通过几道题的解法分析，谈谈逆向思维法在解题中的应用。

1. 选择题中的逆向思维法

这种方法是从选的各个答案入手，进行题意分析，即分别把各个答案中的物理现象和过程作为已知条件，经过周密的思考和分析，倒推出题中需成立的条件或满足的要求，从而在选项的答案中做出正确的选择。

例：带负电的粒子（不计重力）以水平速度 V_o，先通过有界的强电场 E，后通过有界匀强磁场 B（如图 2-39 甲所示），电场对该粒子做功 W_1，若把该电场和磁场正交叠加（如图 2-39 乙所示），再让该带电粒子仍以水平向右的初速度 V_o，$V_o < E/B$，穿过叠加场区，在这过程中，电场对该粒子做功为 W_2，则：

A. $W_1 < W_2$　　B. $W_1 = W_2$　　C. $W_1 > W_2$　　D. 条件不足无法判断

解析：甲图中 $-q$ 在电场中向上偏转做功 W，在磁场中不做功。乙图中若 $qVB = qE$，则不偏转，电场力不做功，现在 $qV_0B < qE$，则向上偏转，偏转比原来小，做功少，

∴ $W_1 > W_2$。

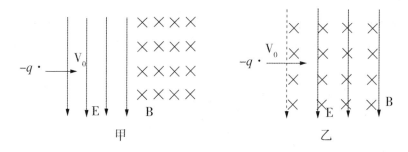

图 2-39

2. "黑盒"应用中的逆向思维法

直流电路中的黑盒子问题就是最为典型的逆向思维方法应用。一般电路的分析和计算，都是已知电源和电路结构来计算或分析判断，而黑盒子问题恰恰是通过逆向思维法由电路局部的已知条件来确定电路的整体结构和电源的一些性质。

例：已知盒内由 4 节电池串联而成的电源（每节电池 $\varepsilon = 1.5V$，$r = 0.25\Omega$）及 4 个 3Ω 的电阻组成，用伏特表测得 1、2 间的电压为 5V；1、3 间的电压为 2V；3、4 间的电压为 3V；2、4 间没有电压。试画出盒中电路图。（图 2-40）

结合直流电路的分压规律,我们用逆向思维来推理判断,逆向思维法如图37甲、乙、丙所示:

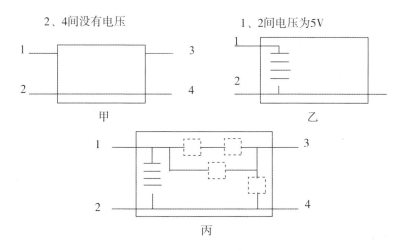

图 2－40

1、3 间的电压为 2V;3、4 间的电压为 3V;后者是前者电压的 3/2,两者之和为 5V。

3. 论述题中的逆向思维法

当直接证明结论比较困难时,可设法证明相反的命题不成立,从而得到结论的证明。

例:如图 2－41 所示,在水平面上停着一辆小车,一个滑块以一定的速度沿车的底板运动,与车的两竖直壁发生弹性碰撞(机械能不损失),不计一切摩擦阻力,证明滑块与车的碰撞永远不会停止。

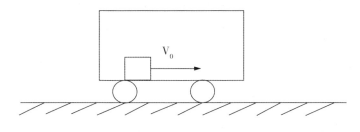

图 2－41

分析：此题"正向"证明过程较为复杂，但若证明与结论相反的命题"滑块与车的碰撞最终会停止"不存立，则论证过程就简单多了。设车与滑块的碰撞最终停止，停止时，滑块、车相对静止，设相对静止时其共同速度为 V，车、滑块质量分别为 M、m，车与滑块组成的系统的水平方向上的合外力为零，由动量守恒，有 $mV_0 = (M+m)V$。

$$\therefore V = \frac{V}{M+m}V_0$$

此碰撞，$\Delta E = \frac{1}{2}mV_0^2 - \frac{1}{2}(M+m)V^2$

$$= \frac{1}{2}mV_0^2 - \frac{1}{2}(M+m)\left(\frac{mV_0}{M+m}\right)^2$$

$$\neq 0$$

这与题设条件"不计一切摩擦"及"弹性碰撞无能量损失"相矛盾，故假设不成立，即滑块与车的碰撞永远不会停止。

4. 作图题中的逆向思维法

例：用作图法确定通过图 2-42 中小孔 D 观察放在凸透镜后标尺 AB 的刻度范围。（F、F′为透镜的焦点）

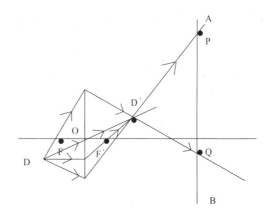

图 2-42

此题按正向思维去分析的话，很难做出观察到的范围。由此根据光路可逆原理，反向思考问题，即把小孔 D 当成点光源（物），先由特殊光作图找出小孔 D 的像点 D′（一条是通过光心不改变方向，另一条是平行光轴过焦点），然后再作出小孔发向透镜的两条边缘光线，它们的折射光线通过 D′点，这两条边缘折射光线在标尺 AB 上的焦点 PQ 之间，就是通过小孔 D 看到的刻度范围。

5. 实验题中的逆向思维法

图 2 – 43

例：图 2 – 43 中 L$_1$、L$_2$ 是两个相同的乳白色小灯泡，额定电压为 3 伏特，E 是一个电源，电动势为 6 伏特，电路接通后灯泡不亮，而导线和各接点的接触均好，给你一只伏特表（0 – 3 – 15V），要求在不断开电路的情况下，查出哪一个器件已损坏，试述操作步骤（不讨论有两个或三个器件同时损坏的情况）。

解：（1）伏特表量程选用 15V 档；

（2）查电池；

（3）用伏特表测某一灯泡的电压，若读数为零，则另一个灯泡的灯丝已断，若读数为 6V 左右，则这个灯泡的灯丝已断。

这里抓住的就是灯泡两端电势差的特征、性质，因为灯丝断了的灯泡两端电势不等，伏特表就显示读数，查这个电路的故障就是这一原理的逆向运用。

6. 计算题中的逆向思维法

如果正向思维显得烦琐甚至百思不得其解，就得充分利用其中的可逆性（如运动的初态和末态可颠倒）创造性地设置新情景，这样常会茅塞顿开。

例：如图 2 – 44，ABCD 是一位于竖直平面内的光滑轨道，水平部分 BC 较长，其两端分别与半径为 R 的 1/4 圆弧 AB 和半径为 r 的半圆弧 CD 相切。从水平轨道上的 P 点斜向抛出一小球，正好使小球沿水平方向进入半圆弧最高点 D，然后沿轨道运动直至上升到 1/4 圆弧轨道的最高点 A。求：

（1）小球抛出处速度的大小和方向；

（2）抛出点 P 到 C 的距离。

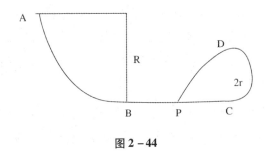

图 2 - 44

分析：如果按小球运动过程 P→D→C→B→A 正向思考，其中涉及P→D 的斜抛运动，求解较复杂。此时不妨逆向思考，设想小球从 A 静止释放，经 B、C 到 D，然后从 D→P 做平抛运动，这样一来，解答就简明多了。

解：①因为在小球的运动过程中只有重力做功，所以机械能守恒，可得 $V_P = \sqrt{2gR}$；$V_D = \sqrt{2g(R-2r)}$。

∵ 小球从 D 到 P 是平抛运动，

∴ $V_D = V_P\cos\theta$　　$\cos\theta = V_0/V_P = \sqrt{(R-2r)/R}$

∴ V_P 与水平方向的夹角 $\theta = \arccos\sqrt{(R-2r)/R}$。

②$PC = V_P t = \sqrt{2g(R-2r)} \cdot \sqrt{4r/g} = 2\sqrt{2r(R-2r)}$。

总之，学生的思维能力决定着解题能力，因此，在平时的教学过程中，教师应有意点拨和训练学生的思维，使其在掌握基础知识的基础上，学会灵活思考问题的思维方式，这样既提高了学生的思维能力和解题能力，又可使学生对物理学的兴趣更加浓厚，形成学习的良性循环。

（二十一）通过自制学具有效改善学生的学习方式，由被动学习转化为"科学探究"学习模式

皮亚杰认为教育的真正目的并非增加儿童的知识，而是设置充满智慧刺激的环境，让儿童自行探索，主动学到知识。这意味着我们在教育中要注意发挥学生的主体性，不要把知识强行灌输给学生，相反，要设法向儿童呈现一些能够引起他们的兴趣、具有挑战性的材料，并允许儿童依靠自己的力量解决问题。2016 年 9 月 13 日，教育部发布了中国学生发展的核心素养，核心素养以"全面发展的人"为核心，且界定了物理核心素养的含义及包含的四个要素，培养学生的物理核心素养是中学物理课程的价值所在。通过自制学具培养学生物理核心素养是对学生物理观念、科学思维、实验探究、科学态度与责任四个要素培养的关键途径之一，自制学具可以让学生主动参与其中，并通过自己的尝试和努力再发现物理规律，有效改善学生的学习方式，教学效果通常要比演示实验更好。

例如，在圆周运动的基本物理量教学中，线速度、角速度、半径、向心加速度的关系是一个难点，为有效化解教学难点，在物理兴趣小组的课外活动中，我指导几个学生制作了几个非常简单的学具，如图 2 – 45 所示，并在学生中交流演示，效果非常好。

(a)齿轮传动小学具　　　　(b)皮带传动小学具

图 2 – 45

材料为硬纸板和宣传用的即时贴皮，我仅仅提供了几个固定螺丝和美工刀，两个学生在课后很短的时间内就完成了以上两个学具的制作。学生通过测量两个圆盘半径和转动角度，很容易发现齿轮传送和皮带传动中的几个圆周运动物理量的关系。受到这两个自制教学具的启发带动，很多学生还利用透明胶、瓶盖等物品进行模仿验证，学习积极性非常高昂。

再如，在圆周运动的几个基本实例中，铁轨的结构组成和火车拐弯历来是物理教学中的难点，尤其是没有铁路的城市，至于火车高速拐弯挤压外轨并造成脱轨，学生更是没有任何物理过程体验，于是我辅导部分学生利用双休日制作简易教学具，有用木制轨道来演示的，也有用铁丝轨道来体会的，如图2-46。该自制教学具课间带到班级展示后，很多学生踊跃上台亲手模拟脱轨过程，用小球在倾斜的铁丝轨道上高速旋转观察离心脱轨，火车拐弯从此再也不是教学难点了。

(a)压坏外轨，火车出轨　　(b)用小球来演示火车出轨

图2-46

　　在学了"电与磁""信息的传递"这两章后指导学生用9V电池、漆包线、发光二极管、C8050三极管构成此学具"无线传电"。如图2-47接收端由发光二极管和漆包线（绕成线圈）构成、发射端由漆包线（线圈）、C8050三极管、9V电池构成。其原理是当发射端和接收端两个线圈靠近，发射端以一定频率振动向周围发射出电磁场，而接收端以相同的频率振动，即是发射线圈基于一定频率的电流通过电磁感应在接收线圈中产生一定的电流，从而将点能量从发射端转移到接收端，便开始从发射端向接收端进行供电。操作步骤：先将发射端与9V电池相连构成闭合电路，再将接收端线圈靠近发射端线圈，这时可见发光二极管发出绿光。

　　让学生经历先学习"电与磁""信息的传递"相关知识，再将所学知识通过简单的材料制作变成实现简单功能的成品"无线传电"的过程。给学生创造一个通过自己的主动学习，拓展学科知识的机会，学生不但理解了发电机的工作原理，也进一步知晓了生活中手机无线充电的原理。培养学生爱好科学、敢于创作的精神并建构了学生的科学探究、科学态度与责任等物理核心素养。

图2-47

在学习"家庭用电"前指导学生通过学习课外科普资料用：9V 电源、漆包线（分别绕成初级线圈和次级线圈）、二极管 IN4814、三极管、电容 104/105、10KΩ 电阻制作了此学具"特斯拉线圈"。如图 2-48 其原理是将低压电压升压，然后经由两极线圈，从放电终端放电。特斯拉线圈由两个回路通过线圈耦合。首先电源对电容 C_1 充电，当电容的电压高到一定程度超过了打火间隙的阈值，打火间隙击穿空气打火，变压器初级线圈的通路形成，能量在电容 C_1 和初级线圈 L_1 之间振荡，并通过耦合传递到次级线圈。次级线圈也是一个电感，放顶罩 C_2 和大地之间可以等效为一个电容，因此也会发生 LC 振荡。当两级振荡频率一样发生谐振的时候，初级回路的能量会涌到次级，放电端的电压峰值会不断增加，直到放电。

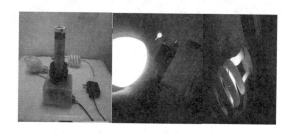

图 2-48

这个学具在课堂上讲解安全用电演示高压放电现象时，引起了学生强烈的学习兴趣。学生们纷纷上台操作，先接地线，将插头插入插座，再将各种灯靠近特斯拉线圈的场管，当看到灯靠近线圈发光时惊奇无比。此学具把课本外的科学技术知识引入课堂，避免用陈旧的课本禁锢学生、消磨学生的学习兴趣，既解决了在讲解防止高压触电时抽象难理解的问题，又点燃了学生们创造的火花，让同学们形成了阅读课外科普资料并尝试制作一些学具的良好风气，也在此过程中建构了学生科学探究、科学思维等物理核心素养。

在"磁生电"中，学生总是不能理解切割磁感线运动，为了让同学们更形象地理解什么是切割磁感线运动，指导学生用纸盒 2 个、卡纸 4 张、塑料吸管 16 根、小磁体 12 对、木棍 1 根、细竹条 12 段（长度适量）、细线适量、胶水适量、颜料适量等器材制作了"导体切割磁感线运动演示器"这个学具。让学生课后观察研究，帮助学生理解导体切割磁感线的运动。操作如下：用一根直木棍当作导体，让木棍模拟闭合电路的一部分导体在磁场中做运动。首先将木棍放在磁感线的最左边；让木棍在水平方向从左运动到右，观察木棍从左运动到右的过程中，吸管（模拟的磁感线）是否被木棍切断了。（图2-49）

图2-49

皮亚杰曾说：活动既是感知的源泉，又是思维发展的基础。通过此学具既让学生形象生动地认识"切割磁感线"的具体情景从而准确理解抽象知识，又让学生看到自己制作的学具服务于教学，使自己轻松理解相关知识，会使学生觉得有成就感，容易激发学生热爱物理的情感，建构学生物理核心素养。

在讲完"电与磁"后，指导学生用电池、导线、矿泉水瓶、弹簧、螺线管、铁丝、铜丝、小灯泡制作水位自动报警器的学具。（图2-50）操作如下：将导线放入矿泉水瓶中，将水缓慢倒入矿泉水瓶中。水浅时，上方小灯泡发光，当水上升到将两个接线柱都浸没时，可观察到电磁铁将铁丝吸下来，下方的小灯泡发光，起到报警的效果。

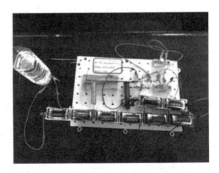

图2-50

陶行知先生说:"手脑双全是创新教育的目的。"学生自制学具不是一种简单的模仿,首先需要弄懂学具的原理,要有创造性思维,然后根据具体情况选择材料,进行加工、组装,对制作中出现的问题进行分析并处理,也是难得的手脑并用的活动,从提出设计到设计出教具,都要经过深入思考和反复论证,学生成为知识的探索者和发现者,且在此过程中建构了学生科学思维、科学探究、科学态度与责任等物理核心素养。

物理中很多概念抽象得让人无法想象,譬如说"力",物理中的很多现象不明显,肉眼是看不到的,譬如说书放在水平桌面上我们都难以想象桌面发生了形变——向下弯曲。这种微小的形变,课本在动手动脑学物理中用如图 2-51 所示的装置感受微小形变的放大。

图 2-51 图 2-52

因瓶身形变较小,液面升降的幅度很小,很难取得预期的效果。我指导学生根据已学知识用:木板一块、镜子两块、激光笔一支、分光器外壳一个(用于固定激光笔)制作了此微小形变演示器学具,如图 2-52。操作如下:未挤压木板时,用铅笔记下激光笔光点位置 a(如图 2-53);用力挤压木板,发现光点位置下移至位置 b(如图 2-54),并用铅笔标记出来;不断下压抬起时,可明显观察到光点在上下波动。

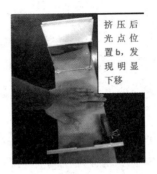

图 2-53　　　　　　　　　　　图 2-54

通过"体验"加"感悟"才能将知识转化为观念建构，要感受到微小形变的形变过程，必须让学生在"实验探究"加"理性探究"中突破思维障碍后形成清晰的认知，自制学具是"体验"加"感悟"的最好载体，不需要复杂的过程、冗长的讲解，用学生熟悉的小物件制作学具，向学生展示了一个可亲可近的而不是高深莫测的物理世界，并且让学生看到意料之外的实验现象，使学生对物理概念和规律的形成过程有感性的认识，在加深学生对教材内容的深入理解的过程中建构了学生物理观念、科学思维、科学探究等物理核心素养。

指导学生在学习"流体压强与流速关系"后，用矿泉水瓶、吸管构成制作了此井中喷泉学具。（图 2-55）操作如下：先在瓶中加入适量带颜色的水（淹没瓶内吸管的下端 5~8cm）；再用嘴给瓶外较粗的吸管吹气。可看到：瓶内吸管中的水上升直到从吸管上端喷出。此学具与常规实验相比，喷出的水仍然在瓶内，避免被水淋湿。矿泉水瓶、吸管都是学生非常容易获得的材料，且简单、熟悉、常见。用它们

图 2-55

来加工学具，也体现了对废品的"再创造"，培养学生节约资源、热爱自

然、关心社会的可持续发展的科学素养。也让学生认识物理与生活的关系，发现生活中的物理知识，将物理知识用于生活中，是引导学生活学活用、培养学生热爱科学的情感、提高分析问题和解决实际问题的能力、建构物理核心素养的鲜活源泉。

自制仪器是历代科学家的优良传统，学具的结构和使用方法简单、直观，学生可以通过它观察到整个实验过程，让物理概念、规律更直观地展现在学生面前，让看似遥不可及的科学世界解开自己的神秘面纱。制作学具的过程是学生得到全面发展的过程，能够使物理核心素养的培养事半功倍，这样会使学生作为一个完整的自然人在成长，而不仅仅是知识的积累与完善，所以学生自制学具的研究很有必要。

（二十二）聚焦自制教具的过程，提高实验教学的质量

《教育部关于加强和改进中小学实验教学的意见》（教基〔2019〕16号）中就加强和改进中小学实验教学工作提出的主要举措二中强调：创新实验教学方式，切实增强实验教学的趣味性和吸引力，提高实验教学质量和效果。主要举措七中强调：加强实验教学研究与探索，开展优秀自制教具评选，鼓励教师自制实验教具。物理现象是生动立体的，我们应尽量多做实验，引导学生从不同角度用不同思路去认识物理世界。而做好实验的关键是实验器材，由于国家配备的器材数量有限，很多学生基本上是旁观没机会动手，有机会动手的学生怕损坏器材（损坏器材需赔偿），使用时非常小心，不敢越雷池一步，处于按方抓药的被动实验状态，且部分器材实验现象不明显、效果不好、成功率低、操作复杂、有安全隐患，远远不能满足实验教学的需要，且长期使用会使学生对实验产生神秘感甚至敬畏感，从而拉大了学生与实验的距离。自制教具一般都是就地取材，易制易修安全，数量可以满足学生需要，不会出现学生旁观的情况，都能动手实验，也可以放心地让学生按自己的想法去探究，使学生的思维能力、动手能力、创造能力都得到培养。自制教具能通过呈现新奇的物理现象激发学生的探究热情，自制教具使原本现象不明显的实验一目了然，巧妙地放大

125

了实验效果，其蕴含的创新思路潜移默化地启发学生进行探索创造。自制教具利用的是生活中的一些废弃物，既降低了实验成本，又培养了学生勤俭节约的良好品质，也能消除神秘感。

1. 通过自制教具让学生体验真实的物理探究过程，培养学生物理核心素养

教师要重在引导和帮助学生去感悟物理概念、规律和原理的深刻内涵，培养学生科学思维，让学生从"雾里"状态升华到"悟理"状态。

在"两种电荷"一节中，课本通过图 15.1 - 4、15.1 - 5 的演示实验让学生从现象进行推理从而引出导体和绝缘体的概念，此实验现象变化微弱，无法面向全体学生，部分物体大地、水是导体该实验无法进行。上完第十五章后老师带着学生自制了导体绝缘体鉴别实验器：该教具通过点亮小灯泡和微小的电流都可以点亮 LED 灯的方式，让学生更进一步认识导体与绝缘体，并学会鉴别导体与绝缘体的其他方法。用木板、导线、金属、开关、小灯泡、小功率 LED 灯、鳄鱼夹制作教具且鉴别过程如下：

（1）连接电路，把待测金属与电路两端连接，闭合电路开关，可观察到灯亮。由此可得实验结论——金属是导体。

（2）连接电路，把水接入电路中，闭合开关小灯泡不亮，此时学生会认为水不是导体，把水与有 LED 灯的电路连接，闭合开关，LED 灯点亮。由此可得实验结论：水是导体，导电性能没有金属的好。

（3）将玻璃与电路两端连接，闭合开关，把塑料与电路两端连接，闭合开关，可观察到 LED 灯均不亮。由此可得实验结论：塑料、玻璃是绝缘体。

（4）将玻璃与电路两端连接，闭合开关，LED 灯不亮。在玻璃下方点燃一支蜡烛，加热一段时间后 LED 点亮。由此可得实验结论：说明绝缘体在一定环境下可以转变成导体。

麦克斯韦曾说：一项实验使用的材料越简单，学生就越熟悉，就越想彻底地获得所验证的结果，这种实验的教育价值往往与仪器复杂程度成反比。教学就是为了促进学生学习而对学习过程和学习资源所作的安排，像

这样通过自制直观具体、形象生动的教具创设与疑难问题相同或相近的物理实验展示实际的情景，再进行分析讨论得到正确的结论。在学生感悟实验的过程中，达到从感性到理性，从具体到抽象，从简单到复杂，能很好地突破教学的重难点，这是探究活动的升华与拓展，扩展了教学的实验内容，提升了实验教学的广度和深度，使学生的知识得到有效的延伸，从更深层次上激发他们的想象力、创造力，提高了实验教学的质量。

2. 通过自制教具培养学生分析解决问题的能力，培养学生物理核心素养

有些知识离学生的生活是有一定距离的，学生在理解时就会感到很抽象，我们可以不拘一格地从家里的电器设备（吸尘器）中寻找素材，设计一些有趣的实验，设计实验营造问题，通过实验诱发问题，通过实验解释问题，让学生看到仪器的内部构造，使学生的理解从平面过渡到立体，以物明理，帮助学生经历一个感性认识过程，一个成功的实验往往比"千言万语"更能说明问题，更具说服力。

为了培养学生分析解决问题的能力和认识流体压强与流速的关系，老师动手制作一个小小吸尘器。如图 2-56 所示，准备一些小碎纸片放在桌面上，将小小吸尘器的管口对准碎纸片放置好，然后闭合开关，将看到碎纸片被吸进塑料瓶中。

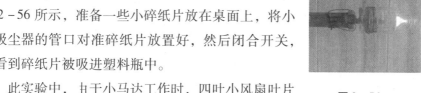

图 2-56

此实验中，由于小马达工作时，四叶小风扇叶片转起来使得塑料瓶内及瓶口的空气流动速度变大，从现象可以得出：空气流动速度越大的地方，压强越小。通过边演示边分析，帮助学生理解在流体中流速越大的地方，压强越小，同时使物理课堂更加贴近生活，帮助学生理解生活中吸尘器能吸取垃圾的原理，可供学生课后观察研究加深对生活中的电器了解，学生兴趣盎然，促使学生动手去自制一些家庭小电器，有利于提高学生动手能力。

用创新的自制教具展示生动、有趣、明了、简洁的应用实例，通过演示来唤醒沉睡在学生头脑中对自然现象的记忆，可以很好地解决学生在生

产、生活经历和经验上的不足，可以很好地帮助学生将抽象的知识变为直观知识，使其直接地观察和思考，从而较好地突破知识重难点。此教具化繁为简、以简驭繁，在教学应用方面有很大推广价值，通过老师的创造实例激发学生的创造热情，渗透了能源意识、环保意识和创新教育并促进物理观念形成，提高了实验教学的质量。

3. 通过自制教具使学生由被动学习转化为"科学探究"学习模式培养学生物理核心素养

"今天的物理学，就是明天的科学技术。"教育不是送货，学习不是装货，学生不是收货。物理知识的抽象性和理解难度，必须凭借实验的直观性和说服力来加强学生对理论知识的理解及把握，从而突破理论知识消化的瓶颈。通过"就物说理"启发形成感性认知，通过"以物论理"有效启发学生理解和掌握基本的物理原理和方法。即通过生动直观的启发达到科学的抽象，通过教师的参与引领，让凝固在书本上的知识在学生心中和手中鲜活起来。让学生把理解知识的过程提升为进行创造的过程，是培养学生科学素养，养成终身探索习惯的最佳方式。

在"电流和电路"一节的教学中，动手制作一个用电器短路演示器，并进行如下探究。

（1）如图 2 - 57 所示，将接线头 2 与 9、6 与 10 连接上，闭合开关，串联的红、黄、绿三颗二极管均发光。

（2）若将接线头 1 与 3 连接上（即绿色二极管两端导线直接相连了），发现红色与黄色二极管仍发光，而绿色二极管不发光。

（3）断开接线头 1 与 3，若将接线头 3 与 4 连接上（即黄色二极管两端导线直接相连了），发现红色与绿色二极管仍发光，而黄色二极管不发光。

（4）断开接线头 3 与 4，若将接线

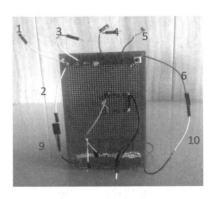

图 2 - 57

头4与5连接上（即红色二极管两端导线直接相连了），发现黄色与绿色二极管仍发光，而红色二极管不发光。

（5）断开开关同时断开接线头4与5，然后分别将接线头4与7、5与8相连接起来。然后闭合开关，混联电路中五颗二极管均发光。

（6）若再将接线头7与8连接上（即三颗红色二极管两端都存在导线直接相连了），发现黄色与绿色二极管仍发光，而三颗红色二极管均不发光。

（7）断开接线头7与8，若将1与7相连接起来（即绿色和黄色二极管两颗串联后两端存在导线直接相连了），发现三颗红色二极管均发光，而黄色与绿色二极管不发光。

通过此教具不但能使学生认识串联、并联中的短路现象，还能让学生了解混联电路中短路现象，利用发光二极管代替小灯泡发光便于学生观察现象，同时也体现节能，变废为宝，体现环保，部分导线事先焊接好装置上并预留了一些接线头，便于研究用电器短路或电源短路现象，可为教学节约连接导线的时间，灵活性较好。

此教具没有华丽的外表，但实验的全过程学生都能一一体验，且其适用性正好符合学生心理的简化水平，从而使学生能更好地认识物理现象的本质并在现场对学生进行了安全教育，充分体现出教学价值。把学生从接受式学习转向探究式、体验式、发现式、创新式学习。与科学知识相比，闪耀着人类理性和智慧光辉的科学思维，具有更为持久而广泛的迁移效应，对学生能产生更大的吸引力和影响力。像这样在解决物理观念的建构时，促进学生科学思维的发展，更重要的是培养学生的探索精神，提高了实验教学的质量。

4. 通过自制教具让学生经历知识的形成过程，使学生成为真正的探索者培养学生物理核心素养

学生是意义的主动建构者，教师是学生意义建构的帮助者、促进者和指导者。把教学活动变成"模拟的科学发现过程"，容易让学生产生感性认识，便于引发学生的深入思考，深化物理规律，利于培养学生的物理思

想方法。

教材中介绍的是活塞式抽水机，学生对于离心式抽水机了解较少，甚至没有见过，同时又好奇我们喝的水是如何从井中抽出来的，基于此老师利用身边的器材自制教具，同时要求同学们仿照类似的过程自己制作。力争通过该实验培养学生的动手能力，激发学生对科学探索的欲望，同时为学生了解生活、认识生活打下一定的基础。用矿泉水瓶盖 2 个（一大一小）、小电动机 1 个、502 胶水、透明软管 1 根、干电池 2 个制作了教具，制作过程如下：

（1）取两个大小不同的瓶盖，两个大小不同的瓶盖的目的是当两个瓶盖合在一起时，可以形成一个密闭的空间，该密闭的空间就是离心式抽水机的负压区，在大气压强的作用下，水可以源源不断地补充到该区域。

（2）在两个瓶盖上开孔。具体做法是在大瓶盖上开两个孔，小瓶盖上开一个孔，大瓶盖的两个孔其中一个是作为排水孔，另一个是为安置电动机叶片，小瓶盖上的一个孔是为了作为进水孔。

（3）将小电动机插入大瓶盖的孔中，并在电动机的转子处加一个叶片，该叶片可以用塑料软管制作，起到叶片的旋转作用，用 502 胶水粘牢，同时进行大小瓶盖的密封。

（4）在大小瓶盖的密闭空间内注满水，此处注满水的目的是为了排尽密封区域的空气，使得内部的气压远远低于大气压强，保证水槽中的水会源源不断地补充到该区域。最后给电动机通电，可以观察到大瓶盖上的排水孔会有水不断被抽出。

通过离心式抽水机的制作过程，学生更容易明白生活中的水泵是如何工作的，明白该仪器是在哪个地方利用了大气压强。利用随手可得的日常用品，经过巧妙的加工设计出简单、生动有趣的教具，解决了实验室仪器不足的难题，可以使学生感受到物理就在身边，鲜活的实验现象胜过空洞的语言说教，教材的结论无须刻意地记忆便可以留下深刻的印记而经久难忘，可以满足学生自主探究的欲望，让学生进行制作，学生真正动了起来，课堂就活了，就能提升学生的智慧，凸显生命的灵动，努力促进学生在实验中理解科学真谛，养成科学习惯，训练科学思维，习得科学方法。

5. 通过自制教具进行演示实验增强学生的视觉思维，体验教师的设计和演示过程，从而培养学生的物理核心素养

物理知识的抽象性和理解难度，必须凭借实验的直观性和说服力来加强学生对理论知识的理解及把握，从而突破理论知识消化的瓶颈。通过"就物说理"启发形成感性认知和观念，通过"以物论理"有效启发学生理解和掌握基本的物理原理和方法。即通过生动直观的启发达到科学的抽象。

课本在"液体的压强"这一节分析了船闸工作原理，仅以课本上的船闸工作示意图和文字说明，学生并不能完全理解其船闸工作原理。为了更加震撼学生的心灵，课题老师动手制作了一个船闸模拟演示器。用大泡沫箱 2 个、玻璃 3 块（1 块大、2 块小的）、水管 3 段（1 粗、2 细）、橡皮塞 3 个（需与对应水管内径适合）、可充电的遥控船 1 艘、玻璃胶大约 3 支、贴纸适量、蜡烛 1 支，制作了此教具，并进行了实验过程的演示。

（1）向船闸中注入水，如图 2 - 58 所示，把遥控船放入最左边（即上游处）。

（2）取下阀门 A 处橡皮塞（即打开阀门 A），关闭阀门 B，直到上游与闸室的水位相平。

（3）提起上游与闸室之间的玻璃闸门（即打开闸门 A），利用遥控器控制遥控船从上游驶入闸室中。

图 2 - 58

（4）放下上游与闸室之间的玻璃闸门（即关闭闸门 A）、塞紧阀门 A 处橡皮塞（即关闭阀门 A），同时取下阀门 B 处的橡皮塞（即打开阀门 B），让水从闸室流入下游。

（5）提起闸室与下游之间的玻璃闸门（即打开闸门 B），利用遥控器控制遥控船从闸室驶入下游中。

　　像这样把船通过船闸的情景搬到教学中，让学生直观生动地学习船闸的工作原理。可激发学生学习物理的兴趣。利用随手可得的日常用品，经过巧妙的加工设计出简单、生动有趣的教具，这不但解决了实验室仪器不足的难题，而且可以使学生感受到物理就在身边，鲜活的实验现象胜过空洞的语言说教，教材的结论无须刻意地记忆便可以留下深刻的印记而经久难忘，努力促进学生在实验中理解科学真谛，养成科学习惯，训练科学思维，习得科学方法。

　　艾伦·柯林斯曾说：为什么要进行探究式教学？这是一种费时的教学，但如果我们的目标是培养学生能创造性地解决问题和发现理论，那么这是我们所拥有的唯一方法。用自制教具进行教学为学生学习设置了新情境，使学生主动解决新问题的习惯逐渐养成。用自制教具进行创新实验，在点燃智慧和不断丰富智慧过程中提升实验教学的质量。

（二十三）通过自制教具体验真实的物理探究过程并培养学生科学探究能力

　　例如，我发现很多学生在理解选修3－1"电场"中静电感应时总是存在一些问题，同时教师就书本演示实验常用视频或动画代替，似乎避之不及。为了增强学生的切身感受，我组织和启发学生利用两个易拉罐把验电计稍加改装，辅以橡胶棒、毛皮来模拟书本实验，如图2－59所示，取得了非常好的演示效果，而且普遍能结合实验现象轻松说出其中的内在机理。后来，班上学生见到静电感应的习题显得特别有信心。

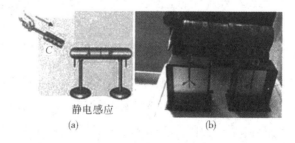

静电感应
(a)　　　　　　　　　　　(b)

图 2－59

再如，传感器知识点是高中物理教材的新增内容，受到必修 1 和必修 2 中介绍的 DIS 传感器实验系统的影响，很多高一学生产生了对传感器的高科技迷信，认为凡是传感器就一定会联系电脑，还有很多复杂的集成电路。为克服学生以上心理，我带领几个学生制作了两款成本不到 2 元的传感器。如图 2 - 60 所示，一款是最简单的磁传感器，由 3 节干电池、干簧管、白色发光二极管组成 1 节串联回路，当干簧管靠近磁铁，内部小金属片会被磁化而相互吸合，电路导通，二极管发光。另一款是温度报警器，由一节干电池、直流电子喇叭、启辉器铝制外壳（内用白蜡固封一个钢珠）组成一个串联回路，当环境温度足够高时蜡烛开始融化，钢珠落下和铝外壳接触就会报警。每一款自制传感器成本价均不超过 10 元，但无论是实验效果，还是学生的体验价值和教学意义都是深远的。

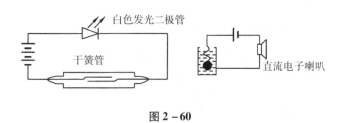

图 2 - 60

（二十四）通过自制教学具实现了寓教于学，且有效地培养了学生的科学探究能力

虽然现在不少城市和学校财力雄厚，几乎每年都添置物理实验教学器材，但即使是这样，仍然有不少教学盲点，或者说器材的生产厂家遗漏或不易突破的实验展示点，而这常常正是教学重、难点，是学生期待教师讲透、讲明白的知识突破点。

在学生学完选修 3 - 2 "互感和自感"后，有学生提出对书本上"变压器、电动机等设备中有匝数很多的线圈，当电路中的开关断开时会产生很大的自感电动势，使得开关中的金属片之间产生电火花"不理解，于是我组织学生一起自制了"开关点火"实验，如图 2 - 61 所示。

图 2 - 61

实验器材：线圈（1000 匝左右）1 个、电池盒 1 个、干电池 4 节、导线 4 根、脱脂棉少许、打火机油少许、镊子 1 把。

实验过程如下：

（1）按照实验电路将 4 节干电池、线圈、小灯泡、电键用导线连接好，并闭合电键，小灯泡发发光。

（2）断开电键，有电火花放出。

（3）用镊子取少量脱脂棉，滴上少许打火机油，创设易燃易爆的环境，靠近电键。

（4）断开电键，电火花将脱脂棉点燃。

（5）告诫在易燃易爆环境中正确用电。

这样一个简易的自制教学具，不仅仅让学生理解了为何大功率用电器的开关应装在金属壳中，以及不能让油靠近开关，更为重要的是填补了实验室器材的空白，教师和学生内心都会充满了成就感。

再如，动量守恒中的人车模型是个核心知识点，实验室没有现成的相关器材，学生更是缺少相关的生活体验。我指导学生对几个玩具小车的滚轮轴承进行了润滑处理，再让学生根据习题中的一些人车模型进行学具制作并演示，都获得了明显演示效果，如图 2 - 62 所示。在课上交流了以上自制教学具后，还有几个学生利用双休日在滑板上验证了车上踢腿、车上扔球、车上单摆、车上互推，并拍摄了照片和录像在课上进行展示，可谓自我实现了寓教于学。

(a)小球摆动，小车会反向振动　(b)车上敲车，小车不会前进　(c)重锤滚下，小车反向运动

图 2 - 62

（二十五）通过自制教学具过程增强学生的视觉思维，体验教师的设计和演示过程，并培养学生的科学探究能力

成功的自制教学具一定有着更为清晰展现实验的可见度的特征，而让学生自制教学具在教师的帮助下也实现这一功能，可以让学生体会教师演示实验的诸多良苦用心，还能增强学生的视觉思维。

例如，在必修 2 "曲线运动" 之 "曲线运动的速度方向是轨迹切线方向" 的理解中，我启发学生可以用约束轨道的脱离瞬间来观察小球的运动方向特征，有学生想到了用两根弯曲的钢丝组成轨道，有学生说用硬纸板，有学生说用泡沫板，我均予以了肯定。后来，学生采用泡沫塑料薄板和美工刀切割光滑曲线轨道（轨道上无突出点即可），并从中分成 4 段，另辅以铁球、斜槽、平整木板、红色印泥等器材，并用双面胶粘贴在平整木板上，小球由斜槽上释放后滚下进入该一般曲线轨道就可做一般曲线轨道运动，在轨道的下方放一张白纸，蘸有红色印泥的钢珠离开轨道后在白纸上留下一条运动的痕迹，它记录了钢珠在该点的运动方向（如图 2 - 63 中 A 点和 B 点）。这一设计和演示过程如果完全可以教师代劳，那么就失去了自制教学具过程中的思辨，学生也体会不到实验演示的视觉意义和功能。

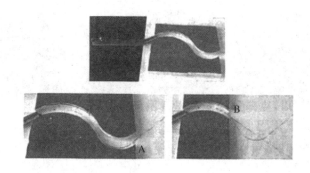

图 2 - 63

再如，选修 3 - 3 "表面张力" 中演示 "玻璃离开水面" 实验，我发现破液时普通测力计上的数值和弹簧形变量欠视觉冲击，于是启发学生可以用白纸做个纸弹簧，实验效果明显放大。这是因为纸质弹簧劲度系数非常小，反应很灵敏。虽然是极其简单的自制教学具（图 2 - 64），但其中蕴含的放大思想和视觉思维也应是我们物理教学重视的。

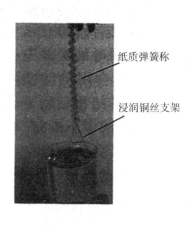

纸质弹簧称

浸润铜丝支架

图 2 - 64

图 2 - 65

"伽利略对自由落体运动的研究" 中 "伽利略斜槽实验"，课堂上由于时间限制，我让学生课后自己找器材探讨。后来，我见到了有一组学生使用了很长的钢质斜槽和一个钢球模拟伽利略的斜槽实验，如图 2 - 65 所示，的确获得了从静止开始等时间位移比约为 1∶3∶5∶7 的结论。

（二十六）自制教学具有利于培养学生的创造精神和发挥学生的个性

在"瓶瓶罐罐"器具中，很多物品本身不是用来做物理实验的，将它们组合、设计成实验器材，这体现了学生的创新能力；同时，教师除了在学生面前展现自制教学具巧妙的设计、独到的构思，还应鼓励学生发现其不完美、不理想之处，并敦促学生也来动手做一做、改一改，发挥自己的个性。

例如，在学习了选修 3 - 2 "交变电流"一章后，我提议发挥聪明才智和个性，应用学过的知识设计一个简易发电机，一周后，两个比较成功的发电机呈现在眼前，其中一个利用了传送带带动连有一块磁铁的滑竿在线圈内来回运动来驱动两二极管交替点亮，现象明显，结构清晰，如图 2 - 66 所示。另外一个则是把一带孔绕有线圈的小塑料瓶、小磁铁、二极管、发光二极管转轴等组装成一个旋转磁极式交流发电机模型，从而驱动二极管间隙点亮，如图 2 - 67 所示。

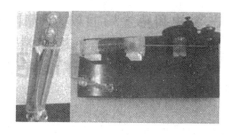

图 2 - 66

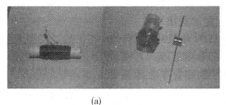

(a)　　　　　　　　　　　　　　　　　(b)

图 2 - 67

两个再简单不过的小发电机，但对于学生而言是智慧和创新成果，也是个性得到发挥的体现，从内心深处体会到了物理学科的魅力。

（二十七）物理实验室建设、管理及实验教师队伍建设建议及对策

在《课标》（2011 版）的"课程内容"中，我们常常可以看到"通过实验探究""通过实验了解""通过实验认识"等文字，不仅让学生学习相关知识，还明确要求经历实验研究过程。在《课标》（2011 版）的"评价建议"中也提出："应重视评价学生的实验技能"，"应着重评价学生能否尊重实验事实并实事求是地记录实验现象和数据""应着重评价学生能否拟定简单的研究方案并进行实验"等。实验室是进行实验教学重要的、基础的场所。有了符合标准的规范的实验室，才能很好地保证实验教学工作的顺利开展。建设合格的实验室，为学生提供实验平台，是提高学生能力创新的一个重要手段，也是增加学生学习兴趣的方法之一。在大力实施班班通、信息化的同时，要认识到物理的实验教学是培养学生科学探究能力的重要渠道，是实施素质教育的重要环节，特别是学校的领导，一定要改变重网络计算机装备，轻常规化物理实验室及仪器装备的错误认识，在当前学校教学用房基本能满足需要、大力实施班班通、信息化的情况下，调整一定比例的经费用于破旧实验室的翻新及增设、购进符合新课程的新仪器、常规仪器的添置及低值易耗品的补充，加大实验设备购买、更新力度。尽量达到实验室数与班级数之比为 1：6，分组实验保证 2 人一套仪器，对于演示实验所需的仪器，不仅应保证教师教学的需要，而且对于能改为边教边实验的，也应保证每 2 人一套仪器。对于课外实验和学具制作所用的基本仪器和部件，学校也应尽可能地为学生配备，以保证其顺利开展。尽最大努力开放实验室。因为开放实验室实际上是新课程方案实施的一种必然趋势，它可以从课内和课外两个渠道来培养学生的科学探究精神和能力。新课程要求学生以实验室的活动为手段，通过探究，自己去设计实验，选择仪器，收集实验数据，归纳总结规律。为此，实验室应向学生开放，让学生随时熟悉并接触各种实验仪器，以便选择适当的仪器和器材

进行科学探究。

　　实验室管理不是一般的财产管理，它有财产保管，更有教学目的、教学任务、教学方法、教育思想等教学管理，管理好仪器设备不是目的，管理的最终目的是为了用好，通过管理给师生提供良好的仪器装备，随时给师生的教学研究、教学活动提供方便、支持，提倡帮助师生使用仪器设备，并要起到督促作用和保证作用。总之，要做好服务，使实验室最大限度地发挥作用。教师和学生都是实验教学的直接参与者，实验教学同样是以教师为主导，学生为主体的教学活动，实验室管理要研究老师如何教、学生如何学，还要研究人的行为，所以，实验室管理不能单靠管理人员，领导、教师、学生都要参与。这也是现代化管理的一个重要特征。因此，要加强实验室内外环境建设和各项工作环节的教育作用，重视发挥它的教育职能，让师生在做实验的整个过程都受到教育。从上到下转变"重配轻管"的观念，加强对配备的实验仪器的使用管理，不仅要管好实验仪器，而且要加强对实验开设情况的督促检查，切实保证按新课程标准开齐开足所有的实验，最大限度满足学生动手的需要。编制新课程标准实验仪器目录更好地为教学服务，设置专职人员对实验室实验器材进行管理和日常维护，专职实验教师要有明确的职责范围，必须增强责任感。对实验室实行正规化管理，对仪器登记造册，分类放存。经常检查维修，清除灰尘，防腐通风，除锈注油，使仪器始终保持在良好状态。对缺少的仪器可逐年提出购置计划。学校教务处对老师实验教学的开展进行监管，做了哪些实验、哪些实验没有做、为什么不做，都要详细记录。督促实验管理员做到：会管理，会准备实验，会协助任课教师辅助实验，会维修、保养仪器设备，会自制一般的低成本实验仪器、教具。可以采取如下的管理办法。①学校应确定一名分管校长具体负责实验室工作，学校领导要关心实验教师的工作和生活，合理规定实验教师的工作量标准，制定劳动保护用品和营养费的发放标准，并督促执行，在工资待遇、职务评定等方面与其他学科教师一视同仁，保证实验教师队伍相对稳定。分管教学的校长每学期至少听 4 节实验课，及时解决工作中的问题，安排并保证日常实验经费。健全考核评估机制，有一套完整的实验教学质量考核办法，定期对实验教学进行评估检查，能有效地保证实验教学质量。②建立必需的管理制度：实验管理员职责、实验教师职责、实验室管理制度、器材损坏赔偿制度、仪器设备保管使用制度、实验预约准备制度、仪器交接制度、仪器借用制度、实验教学管理制度、安全防护及危险品管理制度、实验室档案资料管理制度等规章制度，明确实验员、实验教师的职责。③仪器及环境管理：1）根据仪器用途分类存放。2）各类仪器做到柜内有清单（包括仪器名称、规格、数量等信息），柜外有标签，电脑内有资料存档。3）大型精密仪器由专人保管，科学管理。4）剧毒药品和易燃药品必须入危险品柜，严格执行对危险品和剧毒品的管理和领用制度（双人双锁）。每一台仪器要有名称、编号、分类号、型号、仪器账目表、运行记录卡片等，做到账、物、卡相符。在使用时要规范操作，使用后记录运行情况，定期检修，确保其性能良好，提高仪器的使用率，实验结束应对使用过的仪器进行必要的检查，保养后入厨。5）实验室、仪器室、准备室要经常保持整洁，注意通风换气，妥善处理"三废"。在物理实验室内由于使用的仪器设备、操作过程的复杂性，致使其中隐藏着不安全的因素，如触电、燃烧等，因此物理实验员应始终坚持安全第一、预防为主的思想，把防护工作放在首位，定期检查更新消防设施，检查用电是否安全，检查实验过程中是否存有安全隐患，并采取相应防范措施。④做好各种登记：教学仪器总账、教学仪器明细账、教学仪器领用借还登记簿、教学仪器损坏赔偿登记簿、新增教学仪器登记簿、演示实验统计表、分组实验统计表、实验通知单、定期维护保养记录、按教育部教学仪器配备目录分类编号、实验室危险品登记簿、实验室危险品领用记录、仪器设备维修保养记录、低值易耗品登记簿、低值易耗品消耗记录表、仪器设备减少报告单、教学仪器使用说明书、自制教具登记表。⑤信息化管理后的中学实验室是集实验教学、实验教务管理、实验室设备管理、实验室仪器药品管理、实验室资料管理、实验室开放管理为一体的管理系统。它的优点是：改变了传统实验室繁杂的管理方法，引进了现代化的管理手段，使实验室达到了自动化运行、信息化管理和无纸化办公的目的，可以大大改善原有的一成不变的老的管理方法，充分提高实验室管理的工作效率。⑥督促实验教师和任课教师的实验教学要适应新课标"演示向分组、验证向探究、课内向课外、共性向个性、结果向过程"转变的理念。⑦不定期地开放实验室，给学生创造更多的动手机会。学校应尽快改变实验室的封闭式管理状态，制定开放管理办法，鼓励学生主动做课外实验。这样，学生就可以利用课余时间，结合课堂上所学理论，边学习边实践。

对所有物理老师进行定期全员培训。素质教育形式下的实验教学不再是过去的以"验证"为目的的实验，而是让学生通过参与实验的全过程、会做实验、理解概念、发现规律外，还要学会改进、设计和创新，做到体验，所以对任课教师、实验教师、实验管理员的要求提高了。实验教学水平不仅要看它具有先进仪器设备的数量，更重要的是看它是否具有一支操作技术水平高、工作作风好的教师队伍。要适应新的要求，必须不断充电，学校要强化教师实验技能培训力度。加大对教师岗前培训和岗中定期培训、进修的投入，创造提高教师实验教学能力的环境。长期以来，教师队伍基本没有去进修与提高，一直在吃老本，新购实验仪器重复购置后，使用有限，不能充分发挥其效能，如果让教师多走出去，学习一些新的实验教学模式与汲取新的学科发展前沿性的知识，将会大大提高实验教学质量和仪器设备的使用率。可做如下培训：①进行实验设计思想方面的培训。很多物理实验的设计是很巧妙的，蕴含了丰富的物理思想和方法，换用其他的方案就会使实验效果大打折扣。但是，有些教师只知道怎么操作却不知道为什么要这样设计。教师在设计实验时应明确三个问题，一是怎么做？二是为什么这么做？三是还可以怎样做？"怎么做"解决的是知其然；"为什么要这么做"解决的是知其所以然；"还可以怎么做"解决的是知其尽然。教师在设计实验时不仅要关注实验现象，由实验现象这种感性认识得出结论，还要在实验教学中关注物理思维方法的渗透，让学生在观察现象得出结论的过程中领略物理学的思维之美。实验的设计应遵循科学性、可操作性、简洁性三个基本原则。教师的实验设计反映了教师对物理学科、物理教学和物理教育的理解，也能间接反映教师的教育理念。②进行实验过程中出现的突发问题的处理能力方面的培训。③进行教师设计综合实验的能力和开发创新实验的能力方面的培训。④进行科学探究实验方面的培训。课程标准把科学探究视为一种重要的教学方式，但不是唯一的课堂教学方式，并不是每一节教学内容都适合科学探究。科学探究教学承载着科学知识的传承、科学探究能力的发展、科学精神和科学思维习惯的培养等多重任务。所以，教师需要合理设计科学探究活动，对于科学探究活动的预设、规划与分布实施、课题的选取等进行充分的思考和精心的设计。探究性学习是学习者自己理解和发现自然规律的过程，教师应该是这一过程的促进者和引导者。⑤对初中物理中的疑难实验进行专题培训。⑥对怎样对实验故障进行排除的专题培训。⑦对老师进行怎样使用新型先进仪器的专题培训。近些年来出现一些较先进的仪器，教师们未曾见过更不会使用，一般的仪器说明书往往过于简单，不能满足实验教学的需要。对实验仪器的使用应该用先进的操作方法，因而很有必要对教师进行业务培训。随着社会的发展，新技术、新设备、新方法不断涌现，社会和学生对实验的要求也越来越高，如何使用现代化设备，发挥仪器的功能作用，对物理老师提出了新的挑战和要求。所以希望实验教师队伍建设也列入学校的工作议事日程，健全实验技术人员的培养机制，通过引进专业技术人才和在职培训等措施，加强实验技术人员的专业化训练，并根据实验教学的要求，积极参加新知识、新技术的培训教育。并且组织他们到条件好的学校进行参观学习，最好都能够把常用的仪器用来进行实际操作，学习技能，开阔眼界。

按学校的规模配置相应比例的专职实验教师、实验管理员。专职实验教师由于专门从事实验教学和实验仪器管理，就有足够的时间和精力去熟悉研究仪器的性能和操作方法。在提高实验课教学上下功夫，定能收到事半功倍的效果。上好一堂实验课有相当大的难度，并非轻而易举。特别是通过一些数据来验证某个定律，如果误差太大，实验就不能成功，这就需要实验教师本身有良好的素质。课前进行精心的准备，自己先操作几次，从中找到规律，提高实验成功率。一堂实验课结束后，实验教师还得忙于检查，维修各组的仪器，以保证下节实验课得以顺利进行。待一个年段全上完后，实验教师还得及时清点、维修、擦拭、保养、归位以减少仪器的自然损耗。如果不配备专职实验教师，由任课教师自己上实验课，对于提高实验课质量就有很多困难。他们要备课、讲课、辅导、批改作业，工作量很大，没有足够的时间去研究实验。有的教师甚至对仪器不熟悉，这样就很难做好实验。实验室工作人员必须具备丰富的专业知识，较高的业务水平；有一定的利用教育技术进行教学的理论技能，并懂得运用一定的教学规律；具备运用教育技术器材进行信息传播的技能，并掌握设备的工作原理和一般维护知识。此外，还要求能根据新课标要求，具备选择器材的基本能力，尽量用最简单的器材，收到最好的效果。实验室管理人员，不只是仪器设备和药品的管理人员，还应是实验的研究人员、仪器设备的维修改进人员、实验操作的改进和实验创新人员。在学生分组实验时，实验员还应是教师指导学生实验的辅助者，同样负有指导学生的义务和责任。这就要求学科实验员具有本学科的相关理论知识和实验操作能力。因此，实验室必须配备专职人员，做到专职专用且实验教师应具有大专以上学历，并应专业对口，必须通过本地教育主管部门组织的培训并通过市级及市级以上考核，获得相应的资格，持证上岗。

对专职实验员、保管员进行定期专项培训。由于新课程中，物理实验内容的增加、实验要求和方式的变化，对实验员也就相应地提出了新要求：实验员要熟悉新课程的理念，掌握新教材的内容，不仅仅是一个实验的准备员、管理员，更应是一个实验的研究员、新实验的开发者，发展自己成为物理实验的专家；要努力学习现代信息技术，能运用计算机及其他的新的实验设备开展创新的实验研究，建立一套严格的物理实验仪器，实验材料的发放、监察、使用和管理制度；对开放实验室，不仅要高度关注学生的安全问题，而且要具备如高压电源、危险性物品、放射性材料的管理以及发生伤害的应急性措施等方面知识。"实验员除了要对损坏的器材进行简单维修，还要能对现有实验根据教学实际优化改进。"在教学实践中，经常会发现，仅靠课程配置的实验满足不了教学的需求，不少老师会设计一些更切合学生实际、效果更好的实验，但这些创新的点子要付诸实践，需要实验员既能动手又会动脑。有些实验按照课本要求做，效果不明显，实验员要与任课教师一起分析该实验的目的和原理，采取相应办法，反复实验，选择合适的实验材料，以便顺利完成实验，所以需加强实验室工作人员的培训，使之具备较高的专业知识和实际操作能力。

（二十八）提高初中物理教师科学探究教学质量的建议与对策

1. 加强教师培训

物理教师的科学探究教学意识及其积极性直接影响着其教学的风格，影响着其所培养学生的物理核心素养的形成情况。让每位物理教师从超越学科本位的理念出发，将科学探究教学的实践付诸行动，成为积极的实验者，是当前物理教师教育培训的首要任务。为了加强宏观的理论指导和对科学探究教学的整体把握，不但教育行政部门要加强物理教学理论和教学法的培训，而且老师们自己也要学习这类书籍，这关系到科学探究教学质量是否能够提高的问题。除了训练物理教师对仪器的熟悉和操作能力外，还应培养他们的有效实验教学能力、实验教学评价能力和开发适合学生认知发展的实验资源的能力。

2. 培养教师的科学探究教学观

爱因斯坦曾说过：知识是死的，而学校是为活人服务的，它应该在青年人身上培养那种有益于公众福利的品质和能力。但这并不意味着消灭个性，把个人仅仅作为蜜蜂或蚂蚁那样的社会工具。因为由一个没有个人独创性和个人目标的标准化的个人所组成的社会，将是毫无发展可能的、可怜的社会，相反，学校的目标必须是培养能独立活动和思考的个人，而这些个人又把为社会服务视为最高的生活问题。教师的教学观主宰其教学行为并对学生产生不可逆转的结果，教师应让每一节课成为撬动学生学科整体素养和人生素养发展的全息概念。应在教师的指导下，让学生去揭示并感受物理知识发生的原因、物理知识形成的经过以及物理知识发展的方向，并借此培育学生的科学探究能力。教师可以针对所要学习的内容设计出具有思考价值的、有意义的问题，首先让学生去思考、去尝试解决，在此过程中，教师可以提供一定的支持和引导，组织学生讨论、合作。在问题解决中，学习者要综合运用原有的知识经验，并查阅有关的资料，从而做出合理的综合和推论，分析、解释当前的问题，形成自己的假设和解决方案，而在此过程中，学习者便可以建构起与此相应的知识经验。比如在"磁现象"一节的教学中：（1）将一节课的内容划分成几个环环相扣的小问题：①磁铁能吸引物质吗？能吸引哪些物质？②磁铁上各部分吸力的强弱一样吗？③观察到什么现象与第一个玩具的现象类似？④是什么力量托起了第二个玩具中的地球仪使其悬浮在空中？⑤为什么把磁铁放在课桌的左端，其他物品放在课桌的右端？从而，把一节课设计成由一系列首尾相连的小问题组成的教学过程。（2）在每一个小问题中，都是先让学生独立探究，然后再汇报总结。通过整个教学过程中不断地讨论与总结，使学生的思维呈现出发散与聚合的不断交替状态。其实，所谓科学探究教学，就是通过上述形式将《标准》中科学探究的"提出问题""猜想与假设""设计实验与制定计划""进行实验与收集证据""分析与论证""评估""交流与合作"要素贯穿在教学的整个过程中。

3. 改变对教师的评价方式

马云说："在一个把机器变成人的社会，如果教学还在把人变成机器是没有出路的。"教育部长陈宝生说："要把教育评价改革作为"最硬的一仗"来推进。""唯分数、唯升学、唯文凭、唯论文、唯帽子"，这"五唯"是当前教育评价指挥棒方面存在的根本问题，是当前教育改革中最难啃的"硬骨头"，但再难也要啃下来。"五唯"问题解决了，才能从根本上扭转功利化倾向、从根本上祛除浮躁之弊，还教育清静、清爽、清新之风。当前我们义务教育阶段全体学生一边倒拼命刷题现象非常可怕，教育主管部门应思考制定对科学探究教学可操作性强的实施方案和评价手段，尤其是对物理教师的评价更是重要环节。这种实施方案和评价手段的相对滞后，必然导致中学教师对这方面的探索失去信心和兴趣。应尽快建立和完善教学评价体系，使科学探究教学的实施有名有实。一是在评价方式上，过程性评价和真实性评价必须越来越重视。二是在终结性评价方面更加关注老师在真实情景下运用学科知识处理科学探究教学的能力。以新的评价方式来倒逼课程与教学新范式的形成才是适应当前改革潮流的正确之途。在评价体系建构上，要将老师培养学生科学探究能力的落实情况作为老师目标达成的重要依据，从而为科学探究教学情况提供诊断信息，要克服非此即彼的对立思维和极端思想，不能以"现实骨感"为由一味消极地抵制"理想丰满"；最后，要落到终端，落到评价。正视利益驱动，发挥以考试招生制度改革为重点的利益倒逼与导向功能，形成全社会对地方教育行政部门和学校落实科学探究教学的评价机制，端正教育政绩观，进而从根本上改良教育生态。

4. 教研员要加强专业引领

提升教研员专业领导力是关键要素。在教育教学中，教研员扮演了亦师亦友的重要角色。教研员只有对科学探究教学的理解更深入，对承载科学探究教学的途径挖掘得更丰富，对基于科学探究教学的课程、教学、评价一体化研究更专业，才能和教师一起更快地接受并实践科学探究教学，从而使科学探究教学深入每次教学活动中。

教研员必须做好"传播者"的角色，以传播先进理念，营造良好改革氛围为己任，及时将先进的教学理念与教学经验向一线教师传播。通过各项培训、研讨或其他教研活动，将科学探究理念传播给广大基层教师，让一线教师能了解、认同科学探究的内涵和功能，从而使科学探究落地有最广泛的"群众基础"。教研员应该主动承担起促进教师专业发展的重要任务，规划教师从认识、理解科学探究教学，到实践、创造新的教学经验的专业发展新路径，并为路径中的每一个阶段制定符合当前需求的教研培训项目，通过搭建脚手架的方式帮助教师顺利完成科学探究教学导向下的专业发展。物理教学通常是以知识为线索展开的，这就容易导致教师把教学的重点放在知识的落实上，而忽视了物理课程的育人功能。为了防止出现这种倾向，我们在设计和开展教学时应把科学探究教学自始至终贯穿在教学活动之中，使物理教学过程成为学生科学探究能力的形成过程。

5. 发挥教研组的作用

通过教研组的教研活动来解决教师教学中遇到的共性问题，每次教研活动要围绕确定的问题进行，通过教研活动达到解决问题的目的。教研组围绕科学探究教学中需要解决的问题进行课题申报并进行课题研究。例如，我区有大多数学校的物理教研组围绕课题"在初中物理教学中培养学生科学探究能力的实践研究""在课外实验中培养学生的科学探究能力""在科学探究中培养学生物理科学探究能力的策略研究"等在进行课题研究。教研组在每天的课外活动中组织学生上科技课，在老师们的指导下完成发明创造和科学探究，学生们纷纷提出自己的想法和创意。在"瓶瓶罐罐"器具中，很多物品本身不是用来做物理实验的，将它们组合、设计成实验器材，这体现了学生的创新能力；同时，教师除了在学生面前展现自制教学具巧妙的设计、独到的构思，还应鼓励学生发现其不完美、不理想之处，并敦促学生也来动手做一做、改一改，发挥自己的个性。学生的想象力和创造力非常丰富，时刻迸发着灵感的火花。要充分发挥学生的主观能动性，多让学生参与其中，使他们充分体验科学的乐趣，并同时努力培养自己的创新能力。

6. 改变家长的育人观

很多家长受到"不能输在起跑线上"的蛊惑，不让孩子享受童年，逼迫学生进各种应试教育的培训班。所以需要家长改变旧观念。从教育教学过程看，教师是沟通家校的桥梁，不仅是学生的教师，也是家长教育思想的引领者。教师应逐步引导家长走出"唯分数"的误区，实现家校教育的一致。例如，家长们都知道阅读对于孩子成长的重要性，但不知道创新能力的培养对学生的重要性。如何引导孩子产生浓厚的科学探究热情需要教师指导家长和孩子在实践活动中达成。家庭与学校环境的一致性有利于学生科学探究能力的培养。家长会上渗透先进的育人理念：每一棵树都有开花的时候，只不过有的早，有的晚。我们要做的，就是等待，静候花开。

接受教育是一项"慢"事业的观点；人生是一场长跑，开头的快慢对长跑来说不算什么。所以，家庭教育不需要急于求成、揠苗助长。对家长来说，"立起身来，环顾四周"更代表一种优雅、不功利、循序渐进的家庭教育方式。孩子需要家校合作共育，毕竟孩子成长的大部分时间是在家中，学习态度、学习习惯的养成更多依靠父母。

第三部分

03

教学实践

　　作为专职教研员，要真正发挥对教学业务的指导和引领作用，既必须具有一定的教学实践经验，还必须对课标、教材、教法、学法有较深入的研究。随着课程改革的深入推进展开，面对新时期、新课程、新教材，我们究竟应该怎样去听课、评课。对我们来说，都是全新的课题，课程改革使我们与所有的新老教师又重新站到了同一起跑线上。如果不学习、不钻研、不实践，我们不但会落后于教师，我们的听课、评课，我们对教师的指导不但是没有底气和苍白无力的，而且我们还有可能会被时代所淘汰。所以作为基层物理教研员，不论是做课题，还是在一线教学视导，都需要边研究边实践。本专辑中的教学设计，一是从研读教材、提炼教学目标的角度，解决"教什么"的问题；二是从设计教学、凝练教学艺术的角度，解决"怎么教"的问题。

　　"长度和时间的测量""牛顿第一定律""串、并联电路中电流的规律"的教学设计将转化前概念、建构科学概念的策略落实到了每一个教学设计中，这些教学设计突破了长期以来我区物理教学固有的设计思路，展现了植根教学一线、务实求真、积极进取、大胆创新的研究风格，为初中物理教师的教学提供了新的研究思路，为促进教师专业化发展提供了经验和借鉴。

　　一是在教学设计中落实了充分利用前概念的正迁移强化科学概念的学习的方法与策略。这些策略建立了新旧知识之间的联结，为学生顺利地学习新知识乃至建立新的认知结构"架桥铺路"。对于提高初中物理教学的效率和质量，有着积极的现实意义。

　　二是在教学设计中落实了合理转化前概念的负迁移促进科学概念的学习的方法与策略。这些策略引导教师改变传统的教学方法，在教学中充分重视学生已有的前概念，不再简单强硬地从学生的知识经验体系和概念体系"外部"对学生实施概念的"填灌"，而是更多地走进学生的内心世界，触及学生的心灵，拨动学生的心弦，分析学生产生这些错误前概念的原因，在此基础上使学生真正形成科学概念。有效地避免了学生身披两张皮（一张皮是老师在课堂中传授的知识，另一张皮是学生在日常生活中长期积累的观念、思维方式）的现象。

　　"升华和凝华""磁现象　磁场""水的三态变化及水循环""质量"的教学设计从学生怎样学会来设计，有一条精心设计的主线，将物理知识悄悄放入学生的脑袋，舍得在"过程"上花时间，注重培养学生真实情景中的问题解决能力。设计几个问题将活动串起来，让学生自己动脑思考、动口表述、动笔书画，让学生像科学家一样，体验物理结论产生的过程。从激发兴趣到学以致用再到发展思维，让学生真正掌握物理思维，学会科学探究方法，具有物理学习能力，能将物理运用于生活。

　　物理教师应该回归物理的本真：在实践中反思，在反思中探究，不断学习、不断实践，为着心中的目标，为着学科核心素养在学生成长过程中的养成，不断努力、不断追求、一直向前。

一、"长度和时间的测量"教学设计

（一）教材分析

《长度和时间的测量》是人教版初中物理八年级上册教材，本节课需 2 课时，这节课是第一课时：长度的测量。长度的测量是学生经常耳闻目睹的，并且初中物理实验的大多数测量都要转化为长度测量，因此可以说，长度测量是许多其他物理测量的基础。学习长度测量，是学生接触到物理之后，最先学习到的物理技能，关于长度的理解，影响到学生对于物理学科的认知。因此，在课程中灌输正确的物理思想，显得尤为重要。《物理课程标准（2011 版）》对长度的要求属于会"独立操作"的水平。要求学生既会估测，又会选用工具进行测量，要求会恰当选择和正确使用刻度尺测量物体的长度，对估测提出了明确的要求，减弱了对于误差的学习要求，去掉了对于刻度尺最小分度值的考察，在减轻学生学习负担的同时，增加了学生实际测量的操作技能的要求。掌握测量长度的基本技能，为正确进行其他物理量的测量提供可迁移的能力与知识基础。

（二）学情分析（含前概念分析）

引入新课时，设置有震撼作用的"物理问题情境"，引发学生"认知冲突"，从而引发学生对于长度测量的好奇心。并在此基础上，引入什么是测量、测量的单位、单位的换算、测量的工具、刻度尺的使用等。让学生带着好奇心进行物理学习，达到比较理想的学习效果。学生具备了一定的实际操作能力，为本课的学习做好了能力方面的准备。学生具有一定协作学习的能力和意识，为本课的学习做好了思想意识上的准备。

前概念分析如下：

有促进作用的前概念：在小学学过长度的单位及简单换算。

有阻碍作用的前概念：在标单位时有汉字符号混用的现象，单位换算格式五花八门，测量长度时刻度尺的摆放位置不对、读数时视线的位置不对，只读数据不带单位，只读准确值忘读估计值。

（三）教学目标

1. 知识与技能

（1）知道国际单位制中长度的单位。

（2）能根据日常经验估测长度，能正确使用刻度尺测量长度。

（3）知道长度测量的结果由数值和单位组成，知道测量有误差。

2. 过程与方法

（1）体会和感悟我们在进行测量时，必须有统一的测量标准、恰当的测量工具和正确的测量方法。

（2）探究长度的测量标准在历史发展中的演变，获得对国际单位的初步认识。

3. 情感与价值

（1）鼓励学生积极参与探究活动。

（2）密切联系实际，渗透物理教学应从生活走向物理，从物理走向社会的理念。

（四）教学重难点

教学重点：长度的单位、长度的测量。

教学难点：长度单位概念的具体化测量中的读数。

（五）教学方法

创设情景分析，矛盾冲突法、引导启发式教法与分组实验教法相结合。

（六）学习方法

观察、体验情景，小组合作。

（七）教学准备

直尺、米尺、小木块、多媒体课件、刻度尺、小木块。

（八）教学过程

表 3 - 1

教学环节	教学内容	教师活动	学生活动	转变前概念策略
环节一	准确测量的重要性	提出问题：左图中的帽檐直径 AB 与帽子高度 CD 哪个较长？右图中，中心的两个圆哪个面积较大？	（1）先看看。（2）再想办法量：有用尺、线、笔等工具量。（3）通过比较两种方法认识到视觉不可靠	激发学生学习的欲望和好奇心。培养学生发现问题的能力，体现从生活走向物理的教学观念。让学生明确长度测量的本质，就是用单位长度与被测物体进行比对
环节二	长度的单位	想一想在小学学过的长度单位有哪些？它们之间的换算关系是怎样的？要求学生阅读课本 P10 - P11 并了解还有哪些新的单位及换算关系？学生回忆并写下长度的单位及其换算关系	学生通过阅读总结如下：在国际单位制中，长度的基本单位是米（m），比米大的单位有千米（km），比米小的单位有分米（dm）、厘米（cm）、毫米（mm）、微米（um）、纳米（nm）$1km = 1000m = 10^3\,m$ $1dm = 0.1m = 10^{-1}\,m$ $1cm = 0.01m = 10^{-2}\,m$ $1mm = 0.001m = 10^{-3}\,m$ $1um = 0.000001m = 10^{-6}\,m$ $1nm = 0.000000001m = 10^{-9}\,m$	这是对科学概念起促进作用的前概念，利用已有的前概念帮助学生建构科学概念。在学生的前概念中，也有一些物理前概念与科学概念非常接近，只是略欠全面、严谨，是学生进一步学习的良好基础和铺垫，可成为与此有关的新科学概念学习的原材料和增长点，可把前概念这种"资源"作为让学生理解新科学概念的"生长点"，引导学生从前概念中"生长"出新的科学概念

续表

教学环节	教学内容	教师活动	学生活动	转变前概念策略
环节二	长度的单位	学生进行单位换算 认识 1m、1dm、1cm 	学生活动一：练习单位换算。 （1）9.8m = __ cm （2）2.5 × 10^6 μm = __ m （3）72 μm = __ nm 学生活动二：巩固对 1m、1dm、1cm 的掌握。 在下列数据后面填上适当的单位： 某同学的身高是 1.67 _____ 物理书的长度是 2.52 _____ 一支铅笔的长度是 17.5 _____ 一元硬币的厚度是 1.5 _____	通过学生的换算过程暴露学生的错误前概念比如：（1）9.8m = 9.8m × 100cm = 980cm （2）2.5 × 10^6 μm = 2.5 × 10^6 × 10^{-6} = 2.5m （3）72 μm = 72 μm × 1000 = 36000nm 在此基础上让学生知道：正确的格式是数字不变，把相应的单位作等量代换。 对 m、dm、cm 等常用的长度单位形成具体观念，对长度单位的大小有感性认识，培养其估测能力
环节三	长度的测量	认识刻度尺、米尺、卷尺 观察刻度尺 学习使用方法	学生观察刻度尺，了解分度值、量程概念。 学生动手操作后把学生的做法展示在 PPT 上。 学生讨论后得：紧靠、放正、对齐。 学生动手操作后把学生的做法展示在 PPT 上。 学生讨论后得结论：视线与尺面垂直	运用刻度尺进行长度测量，在实际操作过程中掌握长度测量本质。 通过学生的动手操作并思考，破除错误前概念。像这样用自己的双手、双眼去亲自经历，用自己的心灵去亲自感悟，错误前概念就自发消失，科学概念也就能正常建构了

续表

教学环节	教学内容	教师活动	学生活动	转变前概念策略
环节四	长度的测量	要求通过对学生三种刻度尺放法的辨析，让学生了解刻度尺的摆放方法 要求学生通过判断了解视线的位置 通过读数，了解长度的正确读取方法 估读到分度值的下一位 测量结果如何记录 提问：同学们有什么收获？	学生练习： 刻度尺的分度值是：1cm 木块 A 的读数是：2.4cm 刻度尺的分度值是：1mm 木块 A 的读数是：2.35cm 刻度尺的分度值是：1mm 木块的读数是：1.10cm 数字和单位 学生回答自己的收获	运用刻度尺进行长度测量，在实际操作过程中掌握长度测量本质 通过学生的动手操作并思考，破除错误前概念。像这样用自己的双手、双眼去亲自经历，用自己的心灵去亲自感悟，错误前概念就自发消失，科学概念也就能正常建构了 增加让学生自己动手做实验的机会，通过实验为学生提供必要的感性材料，只有当实验演示的情境与学生原有认知结构紧密相连，并相互作用，新实验所要观察的现象、探索的规律、验证的结论，才能牢牢拴在原有认知结构的锚链上，才能转化为知识和能力

（九）板书设计

第一节　长度和时间的测量（第 1 课时）

一、测量的重要性

二、长度的单位

在国际单位制中：米（m）、千米（km）、分米（dm）、厘米（cm）、毫米（mm）、微米（μm）、纳米（nm）。

三、长度的测量：放对、看对、读对

四、正确记录数据：准确值＋估计值＋单位

（十）教学反思（重点谈实施转变前概念的策略时达到的效果）

利用前概念正迁移的策略：

前科学概念的正迁移作用是物理概念学习的优势基础和铺垫，通过让学生回忆小学所学的长度单位及换算关系，充分了解和挖掘那些存在于学生头脑中与将学的新知识相似度高的原有知识与经验作为新知识学习的同化固定点，在新旧知识间搭建桥梁，充分利用它可以使学生尽快地掌握新概念从而扩充图示。

转化前概念负迁移的策略：

通过学生的换算过程暴露学生的错误前概念，比如：

（1）$9.8m = 9.8 \times 100cm = 980cm$

（2）$2.5 \times 10^6 \mu m = 2.5 \mu m \times 10^6 \times 10^{-6} = 2.5m$

（3）$72 \mu m = 72 \times 1000nm = 36000nm$

在此基础上让学生知道：正确的格式是数字不变，把相应的单位作等量代换。

通过学生用刻度尺测长度的活动，暴露错误做法并通过展示讨论这些通病让学生建构正确做法，像这样用自己的双手、双眼去亲自经历，用自己的心灵去亲自感悟，错误前概念就自发消失，科学概念也就能正常建构了。

（2017 年 7 月获省二等奖）

二、《牛顿第一定律》教学设计

（一）教材分析

牛顿第一定律是经典力学中三大定律之一，是整个力学中的基础。而且牛顿第一定律还是初高中知识的结合部位，是他们到高中进一步学习运动学和动力学的重要基础，我们应该为学生的高中学习做好铺垫。本章是在第一章——机械运动、第七章——力的基础上，讨论力和物体运动状态变化的关系。牛顿第一定律正是在此基础上将运动和力联系起来的一座桥梁，也是进一步学习本章第 2 节二力平衡、第十章第 3 节物体的浮沉条件及应用、第十二章杠杆平衡条件的基础，在初中阶段整个力学中起到了承上启下的作用。是本册书中的一个重要内容，也是本章、本节的重点。本节内容由"阻力对运动的影响""牛顿第一定律""惯性"三部分内容构成。《课标》（2011 年版）要求：通过实验，认识牛顿第一定律；能用物体的惯性解释生活和自然中的有关现象。对这个三级主题既有过程性要求，又有对知识的终结性要求，鉴于学生是第一次接触理想实验，因此，对过程的要求是"通过实验"；对牛顿第一定律的教学要求都是"认识"水平；对惯性的教学要求是"能用物体的惯性解释生活和自然中的有关现象"，属于"理解"水平。

（二）学情分析（含前概念分析）

1. 认知能力分析

牛顿第一定律是由部分实验结果、部分外推假设、部分定义所构成的一个复合体，就其定义本身的表述学生不难记住，但八年级学生由于接触物理时间比较短，学生平均年龄比较低，抽象思维能力及认知结构上尚不成熟，因此在接受牛顿第一定律上有一定的难度。

2. 学生前概念分析

有促进作用的前概念：

（1）以前做过的"真空不能传声"的实验：把玻璃罩中的空气抽出，我们听到的铃声越来越小，这说明真空不能传声。

（2）生活中的惯性现象的体验是对建立科学概念起促进作用的前概念。

（3）公交车急刹车时速度一样，胖的人比瘦的人不容易前倾。

有阻碍作用的前概念：

（1）"力是使物体运动的原因""物体的运动需要力来维持"。

（2）在学习惯性的概念时，由于教材中只列举了固体的惯性现象，学生误以为只有固体才有惯性，而对液体、气体具有惯性不易接受。

（3）因为先学习了力的概念后学习的是惯性概念，所以"物体受到力的作用"的思维定式导致"物体受到惯性"的负迁移，过山车下坡时惯力很大，上坡时有惯力就能冲上去，下坡的坡度越大，惯力就越大，惯性是一种力。

（4）速度大的物体惯性大，惯性会随速度减小而减小。

（5）运动的物体才会有惯性，静止的物体没有惯性。

（三）教学目标

1. 知识与技能

（1）认识牛顿第一定律。

（2）认识一切物体都具有惯性，能用物体的惯性解释生活和自然中的有关现象。

2. 过程与方法

（1）通过实验，探究并确认阻力对物体运动的影响。

（2）经历建立牛顿第一定律的科学推理过程。

（3）能通过生活经验和大量事实认识一切物体都具有惯性。

3. 情感与价值

（1）通过建立牛顿第一定律的科学推理过程学习科学思维方法。

（2）通过惯性现象的认识，树立交通安全意识。

（3）体会物理与生活的密切联系。

（四）教学重难点

教学重点：探究阻力对物体运动的影响、建立牛顿第一定律、惯性。

教学难点：建立牛顿第一定律的科学推理过程、惯性的理解。

（五）教学方法

创设情景分析，矛盾冲突法、引导启发式教法与分组实验教法相结合。

（六）学习方法

观察、体验情景，小组合作。

（七）教学准备

斜面、长木板、木块、小车、小球、园铅笔、棉布、毛巾、文具盒、纸条、装满水的杯子、吸管、肥皂泡沫。

表 3 - 2

教学环节	教学内容	教师活动	学生活动	转变前概念策略
环节一	牛顿第一定律	展示亚洲飞人柯受良驾车飞越黄河图片。 亚洲飞人柯受良驾车飞越黄河，他凭什么有这种胆识去飞越气势磅礴的黄河？ 师：要解决这个问题，我们首先来研究有关"牛顿第一定律"的知识。 板书课题：牛顿第一定律 老师提出要求让学生动手活动并观察现象，要求学生举出生活中类似的现象并要求学生找出共同特征 得出结论：力是维持物体运动的原因。 与亚式观点不谋而合	学生观看图片 学生活动一：用手推文具盒，然后停止用手推 学生活动二：用手推铅笔、小球、小车，然后停止用手推	 通过这个活动暴露学生的错误前概念 形成与学生原有观念的矛盾冲突

教学环节	教学内容	教师活动	学生活动	转变前概念策略
环节二	牛顿第一定律	老师提出要求让学生动手活动并观察现象，要求学生找出共同特征：停止推后铅笔、小球、小车还要继续运动一段距离后才停下来。 老师提问：为什么还要运动一段距离？为什么最终又停了下来？ 接着教师设问："抛力"或"惯性力"的施力物体又是谁呢？ 在此基础上，教师要求学生继续讨论：不受"抛力"或"惯性力"作用的物体为何能继续前进？顺势提出为何最后又停止运动了，物体不受力时能否继续运动需要实验来验证，如何设计实验来探究这个问题。 教师引导学生回忆前面的知识，回忆以前做过的"真空不能传声"的实验：把玻璃罩中的空气抽出，我们听到的铃声越来越小，这说明真空不能传声。并思考以下问题： （1）在这个实验中，我们能使玻璃罩内达到"绝对真空"吗？	学生分析受力情况并交流观点：在讨论中除谈到重力、摩擦阻力外，不少学生还会说受到"抛力"或"惯性力"的作用。让学生找"抛力""惯性力"的施力物体，由于找不到施力物体，从而让学生否定"物体受到'抛力'或'惯性力'的作用"这个观点 学生活动三：设计实验、表格并进行探究活动，在探究活动中记录现象。对现象进行分析：让学生分析小车在水平方向上只受到阻力的作用，并且阻力越小，小球滑行越远。	通过让学生找施力物体的活动让学生真实感受到这些力不存在，自动放弃错误前概念，为建立科学概念做好铺垫。 这是对科学概念起促进作用的前概念，利用已有的前概念帮助学生设计实验探究物体不受力时能否继续运动。

续表

教学环节	教学内容	教师活动	学生活动	转变前概念策略
环节二	牛顿第一定律	（2）既然做不到"绝对真空"，你是根据什么现象推断出真空不能传声的？当玻璃罩中的空气越来越少时，我们听到的铃声越来越小。由此推测：假如玻璃罩内没有空气，我们就会听不到声音，这说明真空不能传声。 （3）受这种方法的启示，你能否设计实验，探究运动物体"没有阻力作用"时怎样运动？ 教师因势利导："假设接触面极其光滑，以至于这个摩擦阻力为零，那么小车会怎样运动？" 归纳结论已得出牛顿第一定律	学生讨论后认为："小车会永远运动下去"。这样，学生就会自然而然地得出"物体不受外力作用时，将保持原来的匀速直线运动状态"的结论，从而否定原有的错误观点	以形成与学生原有观念的矛盾冲突，让学生自己发现不受力还能运动的现象
环节三	惯性	教师引导学生分析牛顿第一定律的内容，征询学生对牛顿第一定律中"一切""不受外力"和"总保持"的含义的理解意见后得出：静者恒静，动者恒动，即物体有保持原来运动状态不变的性质。并由此引出惯性概念。让学生用桌上的器材设计实验，证明惯性的存在 引导学生重温生活中的惯性现象	学生交流讨论 学生活动四： （1）用文具盒和纸做抽纸实验； （2）手拿装满水的杯子突然向前，在向前运动中突然停止运动； （3）用吸管吹肥皂泡。 学生讨论交流回答	通过学生的动手操作并思考，破除错误前概念，比如：（1）固体才有惯性，而液体、气体不具有惯性；（2）运动的物体才有惯性，静止的物体没有惯性。 从而让学生认识惯性的本质。生活中的惯性现象是对科学概念起促进作用的前概念，利用已有的前概念帮助学生在实验的体验下认识惯性。

续表

教学环节	教学内容	教师活动	学生活动	转变前概念策略
环节三	惯性	教师提问：举例说明惯性的利弊。 破除"速度越大，惯性越大"的错误前概念 老师反问学生：高速飞行的子弹与慢速行驶的公交车比较，哪个物体的运动状态相对不容易改变？ 老师点拨：把"惯性大小表示物体运动状态改变的难易程度"错解成"公交车的惯性大小表现为公交车从某运动速度变成静止，或从静止变成某运动速度的难易程度"，公交车开得快时不容易刹住是因为需要有一个"慢下来"的过程才能停住。 比如：同一辆公交车从20m/s的速度开始刹车与从10m/s的速度开始刹车相比较，前一种情况就要多一个速度从20m/s到10m/s的过程，然后再从10m/s到0，这必然多花时间，就给学生造成了"速度越大、惯性越大"的错觉。 最后通过反例：公交车急刹车时速度一样，胖的人比瘦的人不容易前倾等例子来强化学生科学概念：惯性与速度无关，只与质量有关。	学生讨论得出利用惯性的实例：（1）跳高、跳远先助跑；（2）拍打衣服上的灰尘；（3）倒水、吐痰。 防止惯性的实例：安全带、安全气囊、头枕。 学生回答：慢速行驶的公交车的运动状态相对不容易改变。	通过学生的回答过程暴露学生的错误前概念，比如：（1）速度越大，惯性越大；（2）惯性力、惯性作用。 这时与学生原有的前概念发生矛盾冲突，于是学生自发对头脑中的那种根深蒂固的前概念进行反思和批评。接着指出错误的根源。 充分利用"公交车急刹车时速度一样，胖的人比瘦的人不容易前倾"这个前概念帮助学生理解科学概念惯性与速度无关，只与质量有关。

续表

教学环节	教学内容	教师活动	学生活动	转变前概念策略
环节三	惯性	破除：惯性力、惯性作用。 老师让学生找产生"力""作用"的施力物体，引导学生分析："惯性"与"力"的区别：（1）物理意义不同，惯性是指物体保持原状态不变的性质，力是指物体对物体的作用；（2）构成要素不同，惯性只有大小，没有方向和作用点，力由大小、方向、作用点三要素构成	学生活动：找施力物体	再次通过让学生找施力物体的活动让学生真实感受到这些力不存在，自动放弃错误前概念，从而建立科学概念

（九）板书

第八章第1节　牛顿第一定律

牛顿第一定律：一切物体在没有受到力的作用时，总保持静止状态或匀速直线运动状态。

惯性：物体保持原运动状态不变的性质。

惯性的应用，利用惯性：

（1）跳高、跳远先助跑；（2）拍打衣服上的灰尘；（3）倒水、吐痰。

防止惯性：安全带、安全气囊、头枕。

（十）教学反思（重点谈实施转变前概念的策略时达到的效果）

前概念正迁移的策略：

（1）回忆以前做过的"真空不能传声"的实验：把玻璃罩中的空气抽出，我们听到的铃声越来越小，这说明真空不能传声。并思考以下问题：①在这个实验中，我们能使玻璃罩内达到"绝对真空"吗？②既然做不到"绝对真空"，你是根据什么现象推断出真空不能传声的？③受这种方法的启示，你能否设计实验，探究运动物体"没有阻力作用"时怎样运

164

动？利用已有的前概念帮助学生设计实验探究物体不受力时能否继续运动。

（2）生活中的惯性现象是对科学概念起促进作用的前概念，引导学生重温生活中的惯性现象，这是利用已有的前概念帮助学生在实验的体验下认识惯性。

（3）充分利用"公交车急刹车时速度一样，胖的人比瘦的人不容易前倾"这个前概念帮助学生理解科学概念：惯性与速度无关，只与质量有关。

转化前概念负迁移的策略：

（1）通过"学生活动一：用手推文具盒，然后停止用手推"，暴露学生的错误前概念，然后通过"学生活动二：用手推铅笔、小球、小车，然后停止用手推"，形成矛盾冲突，再通过让学生找施力物体的活动让学生真实感受到这些力不存在，自动放弃错误前概念，为建立科学概念做好铺垫。

（2）在学生活动四中：①用文具盒和纸做抽纸实验；②手拿装满水的杯子突然向前，在向前运动中突然停止运动；③用吸管吹肥皂泡。通过学生的动手操作并思考，破除错误前概念，比如：①固体才有惯性，而液体、气体不具有惯性；②运动的物体才会有惯性，静止的物体没有惯性。从而让学生认识惯性的本质。

（刊在 2017 年 5 月《小作家选刊》

165

三、"串、并联电路中电流的规律"教学设计

（一）教材分析

课标要求：了解串并联电路电流的特点。属于"了解"水平。教学中可以采用科学探究的教学方式，让学生通过实验测出串并联电路的电流，然后分析实验数据得到结论，培养学生的实验操作能力、科学探究能力，让学生体会定量研究物理问题的科学方法，即通过实验测量、分析数据得出结论的科学研究方法。

本节教材无论从知识内容还是技能训练上，在初中电学中都起到了承前启后的重要作用，从知识内容说是在学生初步了解电路和电流的概念及认识了串联电路和并联电路的特点、会正确使用电流表的基础上，对以前所学电学知识进行了一个综合性的运用，也是前面所学知识的继续与深入。串、并联电路中的电流规律是一个重要的规律，是学习欧姆定律及电功率的必备知识。从技能训练上，对整个探究过程也有一个综合体现。

（二）学情分析（含前概念分析）

通过前面的学习，学生已经知道了串、并联电路的连接，学生能够顺利连接串联电路，但部分学生对于并联电路的连接不够熟练；正确使用电流表少数学生有一定困难；大部分学生对科学探究方法有一定的认识，但根据实验的目的和要求设计实验方案有一定的困难。

学生前概念有以下两种情况。

有促进作用的前概念：初步了解电路和电流的概念；初步了解串、并联电路的连法及特点；初步了解用电流表测电流的方法。

有阻碍作用的前概念：因为电流从电源正极流向负极，越靠近正极的地方电流越大，越靠近负极的地方电流越小；灯泡亮的地方电流大，灯泡暗的地方电流小；电源正极的电流较大，负极的电流较小，因电流每经过一个小灯泡，要耗电，回到负极时就小了；导线粗的地方电流大，导线细的地方电流小，像粗水管中的水流大，细水管中水流小一样。

（三）教学目标

1. 知识与技能

通过探究实验，得出串并联电路中电流的规律，学习科学探究的方法。

在实验过程中，训练学生连接电路、正确识记、使用电流表的基本技能

2. 过程与方法

通过探究实验，探究串并联电路中电流的规律，提高学生对问题的探究能力。

科学探究全过程的切身体验，领会科学研究的方法。

3. 情感与价值

培养学生严谨的科学态度与协作精神。

（四）教学重难点

教学重点：通过实验探究得到串联电路和并联电路中电流的规律。

教学难点：设计探究串联电路中电流规律的实验方案及表格的设计；切身体验科学探究的全过程，领会科学研究的方法。

（五）教学方法

科学探究。

167

（六）学习方法

科学探究。

（七）教学准备

两种规格（2.5V 和 3.8V）的小灯泡各两只（共 4 只），开关一个，电源（3V），导线若干，学生电流表。

（八）教学过程

表 3－3

教学环节	教学内容	教师活动	学生活动	转变前概念策略
环节一	复习旧课，引入新课	要求学生画电路图并标明电路中电流的方向：用一个开关控制两盏灯同时亮、同时灭	学生画好后同桌交流其画法。 学生猜想：因为电流从电源正极流向负极，越靠近正极的地方电流越大，越靠近负极的地方电流越小；灯泡亮的地方电流大，灯泡暗的地方电流小	这是对科学概念起促进作用的前概念，利用已有的前概念帮助学生设计实验，探究串并联电路中的电流规律
环节二	串联电路中的电流规律	提出问题：串联电路中各点的电流大小关系如何？ 要求学生设计实验： （1）电路图的设计。 （2）器材的选择。	电源正极的电流较大，负极的电流较小，因电流每经过一个小灯泡，要耗电，回到负极时就小了；导线粗的地方电流大；导线细的地方电流小，像粗水管中的水流大，细水管中水流小一样。 	通过这个活动暴露学生的错误前概念

168

教学环节	教学内容	教师活动	学生活动	转变前概念策略
环节二	串联电路中的电流规律	要求学生进行实验,提示实验中应注意的问题。(1)连接电路过程中,开关的状态。(2)强调电流表在电路中的连接方法,要选择合适的量程,读数时要弄清分度值,读数要准确。(3)不同的小组尽量选择不同的灯泡,保证测量出来的数据具有普遍性,便于找到规律。(4)原始数据要如实记录,不许随意改动,实验中出现的问题要记录下来,以便查找、分析错误原因。 记录数据与分析处理	 测值A点电流 测值C点电流 测值B点电流 结论:在串联电路中电流强度处处相等	通过学生的动手操作并思考,形成与学生原有观念的矛盾冲突,自动放弃错误前概念,破除错误前概念,为建立科学概念做好铺垫

续表

教学环节	教学内容	教师活动	学生活动	转变前概念策略
环节三	并联电路中的电流规律	提出问题：串联电路中各点的电流大小关系如何？ 要求学生设计实验： （1）电路图的设计。 （2）器材的选择。 进行实验。 记录数据与分析处理。 提问：同学们有什么收获？ 作业：完成教材第52页的第3、第4两题	学生猜想： 并联电路中电流强度处处相等； 并联电路中干路电流等于各支路电流之和； 并联电路中干路电流等于各支路电流之积 	通过这个活动暴露学生的错误前概念。 这时与学生原有的前概念发生矛盾冲突，于是学生自发对头脑中的那种根深蒂固的前概念进行反思和批评。接着指出错误的根源。从而建立科学概念

（九）板书设计

第十五章第5节　串、并联电路中电流的规律

一、串联电路中各点电流处处相等。

二、并联电路中干路电流等于各支路电流之和。

170

（十）教学反思（重点谈实施转变前概念的策略时达到的效果）

前概念正迁移的策略：

回忆以前学过的相关知识：电路和电流的概念；串、并联电路的连法及特点；用电流表测电流的方法。利用已有的前概念帮助学生设计实验探究串并联电路中电流的规律。

转化前概念负迁移的策略：

通过学生科学探究活动，探究串并联电路中电流的规律，与已有的前概念形成矛盾冲突，通过学生的动手操作并思考，破除错误前概念，再通过自动放弃错误前概念，为建立科学概念做好铺垫。

（2017 年 7 月获省二等奖）

四、基于科学探究的"升华和凝华"教学设计

（一）教材分析

升华和凝华是物态变化的两种现象，是八年级第四章物态变化第四节的内容，属于物质这个一级主题下的第一个二级主题，为九年级的关于物质的结构和属性的学习做好准备，与前面讲过的四种现象构成完整的物态变化知识体系，并要求能用水的三态变化解释自然界中的一些水循环现象和培养节约用水的意识。本节教材的编排思路大体是：实验→分析→应用。强调了实验探究过程，把"观察碘的升华和凝华"这个实验作为学生活动，让学生动手实验、观察，符合《课程标准》中"通过实验探究物态变化过程"的要求；另外，教材上的"人工降雨"等内容，密切了教学内容与生活实际、现代科技的联系。

（二）学情分析

学生在小学的自然常识中已学到一些物态变化的知识，再加上通过前面的学习后对熔化、凝固、汽化、液化四种物态变化一点都不陌生，都有直观的印象，但对于实际生活中并不罕见的升华和凝华现象却没有注意。他们总以为固态和气态之间的变化必须经过液态环节。学生认为"露"凝固形成"霜"，"水"凝固形成"雪"等，对"升华和凝华"这两种物态变化缺乏认知基础。教师应在本节课注重强化学生物态变化的分析能力以及帮助学生辨清易混淆的物态变化。

八年级学生正处于发育、成长阶段，他们思维活跃，求知欲旺盛，具有强烈的操作兴趣，虽然初步知道科学探究过程，但对科学探究的基本环节掌握欠缺，在"升华和凝华"概念的建立过程中，可以培养学生的提出问题的能力、猜想与假设的能力、进行实验与收集数据的能力、分析与论证的能力。在"升华和凝华的发生条件"的探究中，可以培养学生的猜想与假设的能力、设计实验与制订计划的能力、进行实验与收集数据的能力、分析与论证的能力。在"举例、应用"环节培养学生表述自己的观点、与他人交流、自我反思和听取意见的意识、初步的信息交流能力。在"探究水的三态变化及水循环"环节培养学生关注科学技术对社会发展、自然环节及人类生活的影响，有保护环境及可持续发展的意识，能在个人力所能及的范围内对社会的可持续发展做出贡献。

（三）教法与学法

学生的探究不能由教师代替，但必须由教师保驾，学生探究的核心部分是观察和讨论，教师保驾的主要手段是启发引导，因此教法和学法就取名为教师启发引导下的学生探究学习方式。

教学设计指导思想：

一个核心：在动手动脑的体验过程中学生自己建构相关知识。

两个抓手：学生前概念分析、科学探究学习方式。

（四）教学目标

在知识与技能方面只要求学生知道升华和凝华的定义以及它们发生的最基本条件和日常生活中的有关现象就行了，旨在使物态变化的知识体系完整化。

在过程与方法方面要求经历物态变化的探究过程，认真收集证据，通过仔细观察、对比、概括、分析物态变化的条件及现象特征，提高观察能力、实验技能，对于分析论证的过程，要充分让学生交流自己探究的过程与结果，强化学生积极参与探究活动的思维深度，渗透对实验现象的"比较"方法。这其中既是动手能力的培养，也是观察能力的培养，更是对科学探究素质的培养。

在情感态度价值观方面要求用物态变化的知识说明自然界和生活中的有关现象，旨在培养学生将所学知识与生产生活相结合的应用能力，体会知识的应用价值，提高与他人协作的能力，养成实事求是的科学态度，体会科学家们研究问题的过程及方法。用水的三态变化说明自然界中的一些水循环现象，了解我国和当地的水资源状况，有关心环境和节约用水的意识，尝试对环境温度发表自己的见解。

（五）重难点

重点：认识升华和凝华现象。

难点：升华和凝华是物质的固态和气态之间的直接变化，而学生易误认为需通过液态这一过程。

（六）教具

袋装盐、固体清香剂、易拉罐、冰块、盐、搅拌器、热水、冷水、烧杯、带碘的封闭玻璃管、干冰、锥形瓶、小松枝。

七、教学过程

1. 引入新课

由学生熟悉的食用碘盐提问：（1）你家的食盐是放到开口的容器里还是有盖的容器里？（2）炒菜时放盐的最佳时间是什么时候？（3）为什么有的家庭的盐要先在锅里干炒半小时以上后用？通过今天的学习你们就能回答这些问题。

2. 进行新课教学的第一阶段：升华和凝华概念的建立

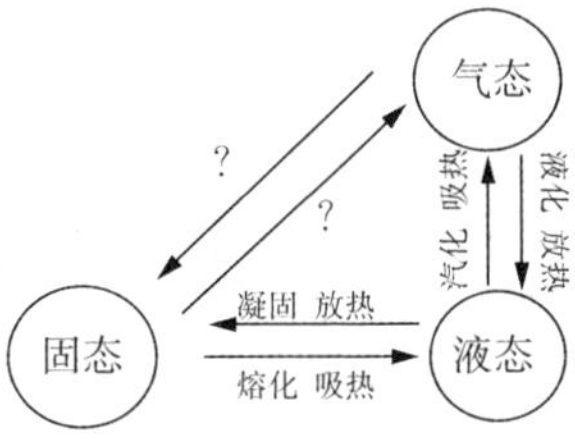

（1）复习前面已学过的四种物态变化（图3-1），并引导学生提出想研究的问题：物质能

图3-1　温故而知新

否在固、气之间直接转化？

（2）猜想：＿＿＿＿＿＿＿＿

（3）学生通过实验探究：①对固体清香剂进行眼观和鼻嗅；②分析论证得出升华概念；③用易拉罐、冰块、盐、搅拌器进行实验并注意观察罐外壁；④分析论证得出凝华概念。

3. 进行新课教学的第二阶段：升华和凝华现象发生的条件

（1）复习前面已学过的四种物态变化发生的条件，并引导学生提出想探究的问题：升华和凝华现象发生的条件是什么？（图 3 - 2）

（2）猜想：＿＿＿＿＿＿＿＿

（3）通过实验探究：碘的熔点是

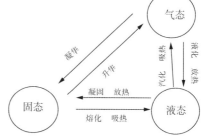

图 3 - 2　物质的三态变化

113.7 摄氏度，但是酒精灯火焰的温度可以到 500 摄氏度，怎么样能让碘在不熔化的情况下做这个实验呢？

①启发学生设计实验方案：对比实验。同桌两个同学合作。第一步：一个同学把内部带有固态碘的封闭玻璃管放入冷水中，另一个同学把内部带有固态碘的封闭玻璃管放入热水中；第二步：一个同学把内部带有气态碘的封闭玻璃管放入冷水中，另一个同学把内部带有气态碘的封闭玻璃管放入热水中。

②学生进行实验和收集数据。

③学生小组内进行讨论和交流得出升华和凝华现象发生的条件。

4. 进行新课进行的第三阶段：举出生活中升华和凝华的实例并引导学生表述形成过程

（1）升华的例子：碘盐的正确用法（与课前前后呼应）、冰冻的衣服会干、哈尔滨的冰雕会瘦一圈、灯泡的钨丝变细、固态清香剂挥发、樟脑丸挥发等。

（2）凝华的例子：霜、雾凇、雪、冰花、灯泡壁变黑。

（3）学生实验：自制雾凇、霜等。

5. 进行新课进行的第四阶段：应用及解释

（1）干冰：保鲜、人工降雨（播放视频）、舞台云雾缭绕的人间仙境（学生实验并亲自感受后描述其形成过程）、干冰灭火器。

（2）蔬菜包的制作过程：老师带领学生进行表述（利用升华。"干燥食品"是先把新鲜蔬菜放到急冻冷库里进行速冻，然后再把速冻过的蔬菜放到真空干燥机中。由于食物上的冰在低温、低压下升华，便把蔬菜中残余的水分去掉，食用时，只要把这种食品放入水中一泡，就能还原成新鲜蔬菜，并仍保留原来的味道和营养）

（3）卫生球除虫，固态清香剂使房间清新。

6. 小结及巩固练习

以水为例让学生悟出冰熔化升华的条件、水蒸气液化凝华的条件、水凝固汽化的条件，从而深层次地理解六种物态变化。

7. 布置作业

了解自然界中云、露、雾、霜、雪等的形成，写一篇科普短文。

8. 板书设计

升华和凝华

升华：物质从固态直接变成气态的过程。

凝华：物质从气态直接变成固态的过程。

条件：升华吸热（有制冷作用）。

　　　凝华放热

举例：升华：冰冻的衣服会干、哈尔滨的冰雕会瘦一圈、灯泡的钨丝变细、固态清香剂挥发、樟脑丸挥发。

凝华：霜、雾凇、雪、冰花、灯泡壁变黑。

应用：干冰：保鲜、人工降雨、舞台云雾缭绕的人间仙境、干冰灭火器、蔬菜包、卫生球除虫，固态清香剂使房间清新。

（九）课后反思

1. 成功之处

在新课教学的第一阶段：升华和凝华概念的建立中成功地培养了学生的提出问题的能力、猜想与假设的能力、进行实验与收集数据的能力、分析与论证的能力，也让学生在实验探究过程中内化了升华和凝华概念。

在新课教学的第二阶段：升华和凝华现象发生的条件中成功地培养学生的猜想与假设的能力、设计实验与制订计划的能力、进行实验与收集数据的能力、分析与论证的能力，也成功地让学生在实验探究过程中自己悟出了升华吸热和凝华放热的现象。

在"举例、应用"环节培养了学生表述自己的观点、与他人交流、自我反思和听取意见的意识、初步的信息交流能力。

2. 不足之处

在新课进行的第三、第四阶段：由于时间不够，自制雾凇、舞台云雾缭绕的人间仙境这两个实验学生没有亲自体验。在"探究水的三态变化及水循环"环节，由于时间紧，有弱化现象。

（2018 年 7 月获省二等奖）

五、"磁现象 磁场"教学设计（2课时）

（一）教材分析

从这章的知识安排来看，"磁现象 磁场"是第二十章"电与磁"的预备阶段，是让学生建立学习磁知识兴趣的第一课，也是让学生建立电磁相互联系这一观点很重要的一节课，为以后学生建立电磁联系、了解电磁现象等提供铺垫。本节课主要让学生了解一些生活中的磁现象，在了解的基础上建立磁场的概念，为以后学习磁的有关知识打下基础。故立足实验是本节课的基点。本节课内容较多、信息量较大，但是这节课的优点是知识结构上条理清晰、层次分明。

（二）学情分析

学生在平时生活中接触或观察过磁体，而且小学科学课上也学过简单的磁现象，因此对磁现象并不陌生，但这些东西在学生的头脑中只是有印象，缺乏理论系统地归纳和整理。"磁场"这一概念在小学自然中并未做介绍，对九年级的学生来说是陌生的，而且非常抽象，比较难以接受。学生对于转换法、建立模型法的科学研究方法还很不熟悉，真正理解也需要一个过程。

（三）教法与学法

本节课的特色主要是通过实验概括规律，所以应该做好学生实验和演示实验。学生的探究不能由教师代替，但必须由教师保驾，学生探究的核心部分是观察和讨论，教师保驾的主要手段是启发引导，因此教法和学法就取名为教师启发引导下的学生探究学习方式。

教学设计指导思想：

一个核心：在动手动脑的体验过程中学生自己建构相关知识。

两个抓手：学生前概念分析、科学探究学习方式。

（四）知识与技能

（1）知道磁体有吸铁（钴、镍）性和指向性以及磁化现象。

（2）知道磁体间的相互作用规律；知道磁体周围存在磁场以及地磁场的南、北极。

（3）知道磁感线可用来形象地描述磁场，知道磁感线的方向是怎样规定的。

（五）过程与方法

（1）通过五个问题的探究体验了解简单的磁现象。

（2）观察磁体间的相互作用，感知磁场的存在。

（3）观察磁体间的相互作用，提高学生的实验操作能力，观察、分析能力及概括能力。

（4）通过感知磁场的存在，提高学生分析问题的能力和抽象思维能力，使学生认识磁场的存在，渗透科学的思维方法——转换法、模型法。

（六）情感·态度·价值观

（1）通过趣味性实验，增强学生学习物理的兴趣。

（2）让学生把本节课的知识在实际生活中应用，从而体会物理知识在生活中的价值。

（3）讲解地磁场时，对学生进行爱国主义教育，增强民族自豪感。

（七）教学重难点

重点：知道磁体周围存在磁场，会用磁感线描述磁体周围的磁场状况。

难点：感知磁场，建立磁场模型并探究磁感线的形状。

（八）教具

司南、磁悬浮地球仪、磁铁、大头针、一元硬币、铁钉、铁柱、铝柱、铜柱、布、塑料、木棍、钻头、翼型磁针、小磁针、铁屑、纸板、油性笔、吹风机。

（九）教学过程

1. 由两个玩具的展示引入新课

（1）玩具司南。

（2）磁悬浮地球仪。

2. 学生小组探究实验

（1）磁铁能吸引物质吗？能吸引哪些物质？

（2）磁铁上各部分吸力的强弱一样吗？

（3）观察到什么现象与第一个玩具的现象类似？

（4）是什么力量托起了第二个玩具中的地球仪使其悬浮在空中？

（5）为什么把磁铁放在课桌的左端，其他物品放在课桌的右端？

3. 学生汇报现象并得出结论

（1）磁性：物质吸引铁、钴、镍等物质的性质。

磁体：具有磁性的物体。

（2）磁极：吸引能力最强的部位。

提问：一个磁体从中间断开，是否得到两个只有一个磁极的磁体？

学生设计实验方案并进行实验：用断头部分吸大头针，观察到断头部分能吸大头针，说明磁体一定有两个磁极。

拓展：你可以继续寻找探究是否有且只有一个磁极的磁体，如找到，我们的物理书籍将改写。

（3）由于北极和南极两个磁极的存在，我们制造出了指北针和指南针。

（4）磁极间的相互作用规律：同名磁极相斥，异名磁极相吸。

（5）磁化：使原来没有磁性的物体获得磁性的过程。

方法：磁体作用（摩擦、接触、靠近）电流作用。

4. 磁场概念的建立

（1）通过对比实验，让学生认识到磁体周围有一种特殊物质。通过手推磁针、口吹磁针、磁铁靠近磁针三种方式使磁针转动起来，从具体到抽象便于学生理解手、流动的空气、特殊物质分别对磁针产生了力的作用。

（2）由磁体间有相互作用分析得出。磁场的性质：对放入其中的磁体产生力的作用。

5. 学生探究磁场

（1）类比法：把风比作布条，把磁场比作磁针。

研究方法：转换法。

（2）研究磁场中一点的磁场情况。

实验：把不同磁针放在磁场中的同一点。

现象：不同磁针放在同一点，磁针指向同一方向。

说明磁场中的这一点很有个性，它把放在该点的磁针像风一样推向同一方向，所以磁针北极的指向反映了该点的磁场方向。

磁场方向的规定：小磁针北极所指的方向。

（3）研究磁场中所有点的磁场方向。

实验：把同一磁针放在磁场中的不同点。

现象：指向不同。

说明：不同点的磁场方向不同。

怎么研究磁场中所有点的磁场方向：在磁场中所有点都放入小磁针，所有点小磁针静止时北极所指的方向就是所有点的磁场方向。既然要在所有点都同时放上磁针，那么磁针必须小到铁屑这么小，怎么办？用铁屑放在磁体周围就磁化成小磁针了。

（4）实验探究磁场的方向及强弱分布：

实验：用细铁屑。

方法：撒、敲、画、标。

磁感线：按照铁屑的排列画出的有方向的曲线，形象方便地描述了磁场方向。

特点：假想的、北出南进、立体不交叉、疏密反应强弱。

6. 地磁场

现象：世界各地的小磁针静止时都是指南北方向。

分析：说明他们受到同一个大磁场的作用，这个大磁场是谁产生的呢？答案是地球。

地磁场：地球周围存在磁场。

在地球表面及空中的不同位置测量地磁场的方向，可以画出地磁场的磁感线，结果发现：地磁场的形状跟条形磁体的磁场相似。

地理的两极和地磁场的两极并不重合，有一个夹角，叫磁偏角。

7. 布置作业

作业是第 123 页动手动脑学物理第 2 题、第 3 题。

（十）课后反思

1. 成功之处

（1）用玩具司南、悬在空中的地球仪两个小游戏导入新课大大激发了学生的学习兴趣。

（2）提出 5 个问题，并给学生时间让学生玩磁体找出 5 个问题的答案，让学生轻松地学到知识，使学生的科学探究能力提高，促进学生物理核心素养的养成。

（3）通过课堂生成问题——"一个磁体从中间断开，是否得到两个只有一个磁极的磁体"。这个问题的探究成功培养了学生的猜想、设计实验方案、进行实验和收集数据、分析归纳能力，并培养了学生的今后的研究方向及浓浓的探究热情。

（4）在磁场的教学中成功渗透了科学研究方法：转换法、建立模型法、对比实验法、类比法。培养了学生从物理现象和实验中归纳物理规律的抽象思维能力，对学生的后续学习能力的提高起到了很大的作用，将初中物理科学思想和科学研究方法通过课堂教学很好地衔接起来了。

2. 不足之处

由于班班通的展示屏模糊，学生通过实验画出的各种磁场的磁感线展示效果打了折扣。

（2018 年 7 月获省一等奖）

六、"水的三态变化及水循环"教学设计

（一）中考考点及学情分析

八年级第三章"物态变化"是初中物理的基础知识，属于中考中较容易的内容，近几年本市中考每年都要考查填空、选择，偶尔还出现实验考查，本章内容所考分值最少3分，最多5分。2019年铜仁市中考说明考查要求："经历物态变化的实验探究过程，知道物质的熔点、凝固点和沸点，了解物态变化过程中的吸热和放热现象。用物态变化的知识说明自然界和生活中的有关现象，用水的物态变化说明自然界中的一些水循环现象。了解我国和当地的水资源状况，有关心环境和节约用水的意识。"物态变化是我们日常生活、自然界中普遍存在的现象，学生本身有一定的感性认识，作为九年级的复习课考虑到学生学完这部分知识很久了，对于比较基础的部分知识学生已经遗忘，并且对"白气与水蒸气""冰块与小冰晶""水蒸气液化与凝华""冰块的熔化与升华"等混淆不清且错误认为"露"凝固形成"霜"，"水"凝固形成"雪"，"冰冻的衣服变干是先熔化成水再变成水蒸气"等。所以我预设要通过对物态变化的认识，能较深刻地了解自然界的雨、雪、雾、霜等自然现象并要求能用水的三态变化解释自然界中的一些水循环现象和培养节约用水的意识。同时，由于九年级学生具有怕枯燥的特点，对重复知识具有一定的厌倦心理，我给这节课的定义是一节贴近生活的趣味复习课，因此，课堂中采用了形式多样、内容新颖的演示实验、学生实验、视频、图片等。

（二）教法与学法

教法：教师启发引导下的科学探究教学方式。

学法：在动手动脑的体验过程中学生自己建构相关知识。

（三）教学目标

在知识与技能方面只要求学生知道六种物态变化的定义以及它们发生的最基本条件和日常生活中的有关现象就行了，旨在使物态变化的知识体系完整化。

在过程与方法方面要求经历物态变化的探究过程，认真收集证据，通过仔细观察、对比、概括、分析物态变化的条件及现象特征，提高观察能力、实验技能，对于分析论证的过程，要充分让学生交流自己探究的过程与结果，强化学生积极参与探究活动的思维深度。这其中既是动手能力的培养，也是观察能力的培养，更是对科学探究素质的培养。

在情感态度价值观方面要求用物态变化的知识说明自然界和生活中的有关现象，旨在培养学生将所学知识与生产生活相结合的应用能力，体会知识的应用价值，提高与他人协作的能力，养成实事求是的科学态度，体会科学家们研究问题的过程及方法。用水的三态变化说明自然界中的一些水循环现象，了解我国和当地的水资源状况，有关心环境和节约用水的意识，能在个人力所能及的范围内对社会的可持续发展做出贡献。

（四）教学重难点

教学重点：探究各种物态变化的过程，思考各种物态变化过程的区别及联系，用物态变化的知识说明自然界和生活中的有关现象。

教学难点：实验数据的图像转换方法，水循环中的物态变化。

（五）教具

铁架台、酒精灯、试管、玻管、玻璃片、易拉罐、冰块、食盐水饱和溶液、小烧杯、固体清香剂、樟脑丸、酒精、滴管、盐、搅拌器、热水、冷水、带碘的封闭玻璃管、干冰、锥形瓶、小松枝、水槽、温度计、石棉网、纸盖。

(六) 教学过程

1. 引入新课

展示"国家节水标志""世界水日"图片。

"国家节水标志"由水滴、人手和地球变形而成。绿色的圆形代表地球，象征节约用水是保护地球生态的重要措施。标志留白部分像一只手托起一滴水，手是拼音字母"J、S"的变形，寓意节水，表示节水需要公众参与，鼓励人们从我做起，人人动手节约每一滴水；手又像一条蜿蜒的河流，象征滴水汇成江河。

为满足人们日常生活、商业和农业对水资源的需求，联合国长期以来致力于解决因水资源需求上升而引起的全球性水危机。1977 年召开的"联合国水事会议"，向全世界发出严重警告：水不久将成为一个深刻的社会危机，石油危机之后的下一个危机便是水。1993 年 1 月 18 日，第四十七届联合国大会做出决议，确定每年的 3 月 22 日为"世界水日"。世界水日宗旨是唤起公众的节水意识，加强水资源保护。

今天我们就以水为载体，复习有关物态变化的知识。

2. 通过演示实验现象对六种物态变化进行回顾

器材：铁架台、酒精灯、试管、玻管、玻璃片、易拉罐、冰块、食盐水饱和溶液、小烧杯。

学生边观察现象边回忆六种物态变化，并在此过程中区分"白气与水蒸气""冰块与小冰晶""水蒸气液化与凝华""冰块的熔化与升华"。(图 3 - 3)

图 3 - 3

3. 学生实验及分析论证：探究水沸腾时温度的变化规律

（1）同学思考并学会正确选择所需要的器材：
酒精灯（加热）、加盖烧杯（盛水、防止热散失）、
铁架台（支撑烧杯）、温度计（测水温）、石棉网
（烧杯受热均匀）。（图3-4）

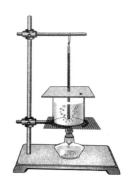

（2）优化设计实验方案。

教师：要想缩短水沸腾前加热的时间，用什么
方法可以做到这一点呢？

学生讨论提出方案：烧杯小一些，加热水少一
些，水温尽量高一些，烧杯上加一带孔的纸盖。

图3-4

（3）进行实验记录数据并分析论证。

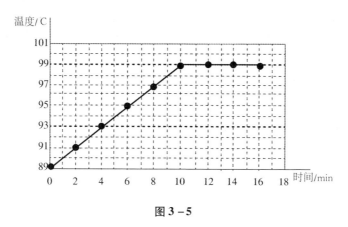

图3-5

请小组总结各阶段观察到的现象，描绘出水沸腾时的温度和时间曲线
图（图3-5）并展示，向全班交流（上台汇报、展示图表）。

4. 讨论

让学生回顾自己的操作，评估探究的各个环节，你认为这些探究还有
哪些不足和疏漏的地方，请提出来，最好能说出改进的措施。

学生甲：水沸腾时的温度为什么不是100℃而是99℃？各组水沸腾时
的温度为什么不同？

讨论结果：在一个标准大气压下纯水沸腾时的温度是100℃。水不太

纯，气压的高低，温度计不太标准等都可以影响水沸腾时的温度。

学生乙：当酒精灯熄灭，停止加热，沸腾并没有立刻停止。

讨论结果：沸水吸收了石棉网的余热，所以水沸腾还能继续一段时间。

4. 播放水循环视频并引导学生探究露、雾、云、雨、雪、霜的形成及认识水在自然界中的循环变化过程，并认识到水循环对人类的影响

表3-3 云计算相对于传统的服务模式的优势

水的形态	变化的过程	变化的条件
霜	水蒸气在物体上凝固的冰晶	温度降到0℃以下
雪	高空水蒸气变成的冰晶	温度降到0℃以下
冰	水变成冰	温度降到0℃以下
露	水蒸气遇冷在物体上凝结成小水珠	温度下降（0℃以上）
云	水蒸气受冷凝结成漂浮在高空中的小水珠	温度下降（0℃以上）
雾	水蒸气受冷凝结成漂浮在低空中的小水珠	温度下降（0℃以上）

江、河、湖、海以及大地表层中的水不断蒸发变成水蒸气。当含有很多水蒸气的空气升入高空时，水蒸气的温度降低凝成小水滴或凝成小冰晶，这就是云。在一定条件下，云中的小水滴和小冰晶越来越大，就会下落。在下落过程中，小冰晶又变成小水滴，与原来的水滴一起落到地面，这就形成了雨。

5. 应用

熔化：冷冻车间用冰块保鲜食品（熔化吸热）。

凝固：在北方的冬天，为了很好地保存蔬菜，人们通常会在菜窖里放几桶水，这样可以利用水结冰时放出的热使窖内的温度不会太低。

汽化和液化：夏天在地面上洒水会感到凉快，是利用水在蒸发时吸热来降低温度。

电冰箱的降温原理，液化石油气、打火机（丁烷气体液化），晒盐场利用蒸发制盐，利用蒸发晒衣服。

升华凝华：人工降雪、人工降雨、舞台效果的人间仙境、蔬菜包。

学生人工造"雨""雪""霜""云雾缭绕的仙境"。

小结

6. 作业

阅读第 65 页"STS 水循环"并完成以下作业：

梵净山国际天然饮用水博览会已举行了两届，第三届在 2020 年下半年举行。为在第三届水博会期间当好义务宣传员做好准备，将按以下主题整理信息，准备交流和讨论。

①水能为人类做些什么？

②水为什么是宝贵的资源？

③破坏水资源会给人类带来哪些危害？我们应该怎么办？

④铜仁水资源的利用状况如何？对铜仁水资源的利用提出自己的见解。

（七）板书

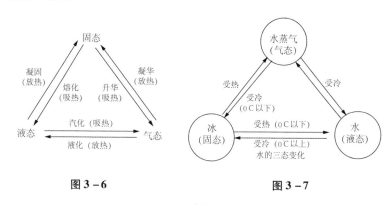

图 3－6　　　　　　　　图 3－7

（八）教学反思

1. 成功之处

在新课教学的第一阶段：通过演示实验使学生在现象中重拾六种物态变化，在愉快的情景中加深对概念的记忆。

在新课教学的第二阶段：通过学生实验，对科学探究中实验设计方法进行训练，对用图像法来直观表达实验现象进行训练。并通过评价实验结论—水的沸点不是 100℃ 而是 98℃，进一步认识到沸点跟大气压有关，并不是我们实验本身的问题，增强了学生对评价的重要性的认识，教育学生要尊重实验事实。

在新课教学的第三阶段：在引导学生探究露、雾、云、雨、雪、霜的形成中对"白气与水蒸气""冰块与小冰晶""水蒸气液化与凝华""冰块的熔化与升华""露凝固形成霜""水凝固形成雪""冰冻的衣服变干是先熔化成水再变成水蒸气"等这些错误前概念进行了有效的转化并认识到水循环对人类的影响。

在新课教学的第四阶段：充分发动学生举例和解释，最大化利用了培养学生学以致用的时机。

2. 不足之处

在新课教学的第五阶段：由于时间紧，学生没有做好人工造"雨""雪""霜""云雾缭绕的仙境"的实验。

［2019 年 5 月获国家级一等奖且刊在《中学物理教学参考》2019 年 11 月（上半月刊）］

七、"质量"教学设计

（一）学情分析

学生对日常生活中的质量有一定的了解，可以总结出质量的概念，但易与生活中的"质量""重量"混淆；由于学生的生活经验不足，对质量的估测有一定的难度。已经学习了刻度尺、停表等测量工具，但面对天平这种较为复杂的测量工具，在使用中可能会出现"不会调平""砝码如何加减"的困难，学生对说明书的用途了解较少，对阅读的理解没能和学习技能联系起来，容易出现游码未调零，物体与砝码放反，读数时看成游码的右侧，看错分度值。从本质上看是因为学生对各个元件的作用不清楚造成的。所以从学生的视角出发，引领学生初步了解天平的测量原理，了解各个元件作用，对掌握天平的使用很有帮助。

（二）教材分析

本节是人教版八年级物理第六章第一节，是本章的第一节，是全章的引入与基础，质量概念贯穿全章，起着承前启后的作用，质量是中考常考内容，天平的使用是高频考点，只有掌握了质量与天平的相关知识，才能学好后续知识，因此它是本章的重点，也是整个教材的重要内容之一。属于一级主题物质下面二级主题物质的属性下面的三级主题的内容，课标要求：知道质量的含义，会测量固体和液体的质量。本节包括三个知识点和一个活动，三个知识点是质量的概念、质量的单位以及质量的测量工具；

一个活动是探究物体的形状、物质的状态以及地理位置的变化对质量大小的影响。其中质量的概念是定性的，要求不高，重点在质量的单位和质量的测量。

（三）教学目标

（1）用"异中求同""同中求异"的科学方法通过对教室里一些物品的分析推出质量的含义，体会科学定义的重要性。知道质量的单位及换算。建构物理观念、培养科学思维。

（2）通过阅读说明书和实际操作，了解天平的构造和正确使用方法，体会两次调平的意义。培养科学思维、科学探究能力。

（3）通过使用天平测量物体质量的探究活动，用多次测量寻找普遍规律的科学方法认识质量是不随物体的形状、物态、位置而变化的物理量，有估测意识。培养科学思维、科学探究能力。

（4）通过使用天平的技能训练，培养学生严谨的科学态度与协作精神。

（四）教学重难点

教学重点：质量概念及天平正确使用。

教学难点：天平正确使用。

（五）教法与学法

遵从从生活走向物理的理念，本节课从学生的生活感受出发建立质量的初步概念，天平是要求学生掌握的重要的测量器材，使用规则比较烦琐且要求比较严格。为了降低难度，让学生通过阅读说明书去尝试使用天平，并把使用过程中学生出现的错误展示在屏幕上让学生自己纠错，从而促进学生对天平使用规则的掌握。通过学生自主测量一些物体的质量引导学生分析得出物体的质量不随位置、形状、温度、状态的变化而变化。实施策略上力求通过情境的创设充分调动学生的思维，引导学生在合理、顺

畅的思维活动中，去感悟、去探索物理本质，从而有效地由物理走向
社会。

（六）教学过程

1. 出示"光秤"图片并由此引入新课（图 3 - 6）

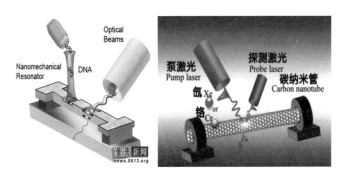

图 3 - 6

2. 要求学生观察教室环境寻找物体、物质并建构质量概念

提问：同学们生活在干净舒适的教室里，你们仔细观察过教室的设施
吗？有哪些物品？

学生：桌、凳、门、窗、桶、盆、杯子。

提问：你们能从这些不同的物品中找到其中的相同之处吗？

门		桶	
桌	木料	盆	塑料
凳		杯	
物体	物质	物体	物质

提问：你们能从相同之处找到其中的不同之处吗？

门所含的物质多、凳所含的物质少；桶所含的物质多、杯所含的物质
少；不同物体所含物质的多少不同。

质量：物体所含物质的多少。

3. 要求学生观察桌上物品上的文字找有用信息：单位

国际单位制：

基本单位：kg。

常用单位：t、g、mg。

换算关系：1t = 1000kg、1kg = 1000g、1g = 1000mg。

感受 50g 钩码质量并估测笔的质量。

4. 测量

（1）测量工具：托盘天平。

让学生阅读使用说明书并尝试用天平测铝柱的质量，并及时把数据写在黑板上要求数据相差最大、数据相差最小的学生分别汇报测量过程，并把他们测量过程中的图片展示在屏幕上。引导学生分析对比总结正确的测量方法，简单讲解天平的测量原理，让学生理解为什么要这样测量以及注意事项。

小结：_____

使用方法：放、归、调（空载调平、载物调平）、测、读、回。

注意事项：不超量程、移动游码加减砝码均需用镊子、轻拿轻放、潮湿或化学药品及液体均不能直接放在盘上。

（2）科学探究活动

1、4 组同学测铝柱的质量；2 组同学先测量橡皮泥的质量，然后捏成不同形状再次测量质量；3 组同学先测内有碘的封闭玻璃管的质量，然后让碘升华成气体后再测质量。

将记录数据在表格中，引导学生对比分析数据寻找规律。

结论：质量不随形状、状态、位置的改变而改变；质量是物体的一种属性。

（3）常用测量工具：略。

电子精密天平：可测红细胞的质量。

（4）介绍新科技："光秤"。

朱卡的教授团队正在研究通过"光秤"来对单个质子或中子进行测量。他们还希望把"光秤"应用到生物 DNA 分子的研究中去。据介绍，传统的癌变 DNA 分子的质量应与正常的 DNA 分子不完全一样，利用高精度"光秤"称重，或许可以更早更准地检测到癌细胞的存在。"光称"还只处于理论研究阶段，并不是应用发明。

5. 小结：收获与疑惑

（1）为什么先空载调平，后载物调平测物体的质量？

（2）为什么空载调平时游码必须归零，且只能调平衡螺母？

（3）为什么载物调平时平衡螺母不能动，只能加减砝码和移动游码？

6. 布置作业

P112 动手动脑学物理第 4 题、第 5 题，阅读第 111 页科学世界。

（七）教学反思

1. 成功之处

（1）引导学生用"异中求同""同中求异"的科学方法通过对教室里一些物品的分析推出质量的含义，注重了学生科学思维的培养，且在此过程中成功地让学生建构了质量的概念。

（2）首先让学生阅读说明书（图 3-7）和在学生的指导下进行操作，与学生一起归纳正确的使用方法、体会两次调平的意义，然后让学生亲自体验测质量的过程，把实验过程中发现的问题有的放矢地进行讨论、点拨从而掌握正确的测量方法，在课堂上把学习主动权、思考权、发现问题权还给学生，这样有利于学生的发展。

（3）通过使用天平测量物体质量的探究活动，引导学生用多次测量寻找普遍规律的科学方法，体会到质量是物体的一种属性。

2. 不足之处

（1）由于这节课需要学生进行测量体验，造成时间有点紧张，有点赶。

（2）学生没有完全放开。

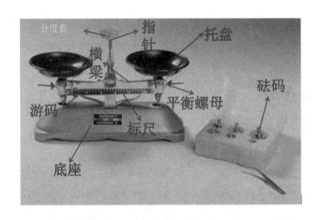

图 3-7 托盘天平使用说明书

（1）使用托盘天平时，应放在水平的工作台上。

（2）把托盘天平放在水平台面上之后，应把游码移到游码标尺最左端的"0"刻线处，调节平衡螺母使指针对准中线，整个横梁水平。

（3）判定横梁是否水平的方法有两个。一个是静态的，即指针必须和分度盘的中央刻线对齐；另一个是动态的，即指针在分度盘的中央刻线的左右两侧摆动的幅度相等（摆过分度盘中央刻线两侧的最大格子数相等）。

（4）称量物品时，被测物体必须放在左盘，而砝码必须在右盘增加或减少，尽量把物品及砝码放在盛物盘的中央位置。

（5）增减砝码必须用镊子，并配合移动游码，使天平出现第二次平衡时才可以读数。

（6）读数时，被测物体的质量 = 右盘中砝码的质量 + 游码在其标尺上所指示的质量。

测量任务

首先测量铝柱的质量，然后到邻组去测其质量，并记录下来。

第四部分

04

初中物理学生前概念一览表

　　"凡事预则立，不预则废。"在我们课题研究中发现，对于学生头脑这个容器，不是一张白纸，而是一个有着各种生活经验和知识的大脑，即前概念。

　　有的前概念有正面影响，是物理学习的良好基础和铺垫，它的正迁移作用可成为物理概念学习的资源和概念学习的新的增长点，可使学生尽快地掌握新的概念和知识结构。但是我们要注意到，前概念大多是负面的影响。苏霍姆林斯基指出学习的一条重要规律：在学生的意识中，不明确的、模糊的、肤浅的表象越少，压在他肩上的学业落后的负担就越轻，他的思想对于以后在第一次学习新教材的准备就越充分，他在课堂上的脑力劳动的效果就越好。常听老师抱怨学生不能正确理解其反复强调的知识，事实上众多先入为主的"前概念"是学生"屡教不改"的根源之一。

　　基于此，我们整理了第四部分的四个表格，以便于老师和学生在教学中查询，起到一个预警的作用。

一、人教版初中物理学生前
概念一览表（八年级上册）

研究者：黄剑　　审核：黄剑

表 4-1

序号	课标要求	教学内容	存在的前概念及成因	促进作用/阻碍作用	解决策略和措施	备注
1	会根据生活经验估测长度	长度的单位	在小学学过长度的单位及简单换算	促进作用	此前概念可成为新科学概念学习的原材料和增长点，可把前概念这种"资源"作为让学生理解新科学概念的"生长点"，引导学生从前概念中"生长"出新的科学概念	
2	会单位换算	单位换算	在标单位时有汉字符号混用的现象，单位换算格式五花八门	阻碍作用	通过学生的换算过程暴露学生的错误前概念，在此基础上让学生知道：正确的格式是数字不变，把相应的单位作等量代换	
3	会选用适当的工具测量长度	长度的测量	测量长度时刻度尺的摆放位置不对、读数时视线的位置不对，只读数据不带单位，只读准确值忘读估计值	阻碍作用	通过学生用刻度尺测长度的活动，暴露错误做法并通过展示讨论这些通病让学生建构正确做法，像这样用自己的双手、双眼去亲自经历，用自己的心灵去亲自感悟，错误前概念就自发消失，科学概念也就能正常建构了	
4	举例说明自然界存在多种多样的运动形式，知道机械运动	机械运动	学生以为所有的运动都是机械运动，不知道生物运动、分子运动、电磁运动等不是机械运动	阻碍作用	通过播放视频和观看图片，让学生明白，运动的形式多种多样。同时通过生活中的实例分析让学生知道只有"位置的变化"才是机械运动，这个运动与其他运动是有区别的	

续表

序号	课标要求	教学内容	存在的前概念及成因	促进作用/阻碍作用	解决策略和措施	备注
5	举例说明机械运动的相对性	参照物	学生以为运动的描述不需要选取参照物，并认为参照物的选择是任意的	阻碍作用	首先让学生进行小组讨论看学生是否会发现没有参照物，在判断物体运动时会不会产生歧义。这种歧义的产生源于什么，让学生交流，从而突破学生前概念	
6	举例说明机械运动的相对性	参照物	学生误认为静止和运动都是绝对的，不知道静止是相对于参照物而言的	阻碍作用	让学生观察生活中的机械运动现象，采用对事例的分析，让学生感知，静止也是相对参照物而言的，并说明这些现象表现出的相对性	
7	知道世界处于不停的运动中	参照物	地面、房屋、树木总是静止的，汽车、火车、飞鸟、行人总是运动的，这是默认地面为参照物造成的	阻碍作用	引导学生分析卫星、行星、恒星的运动，从而理解地面、房屋、树木等随地球一起在运动	
8	用速度描述物体运动的快慢	速度	兔子跑得快，兔子之所以输掉比赛是因为兔子轻敌，没有耐心，没有毅力	阻碍作用	通过学生运动会的实例分析让学生学会并理解这两种比较快慢的方法：1.相同的路程比较所用时间的长短。2.相同的时间比较路程的长短	
9	用速度公式进行简单计算，知道速度的单位	速度	认为 km/h 是两个大单位合成，比 m/s 要大得多	阻碍作用	让学生亲自进行单位演算，从而理解 km/h 比 m/s 要小，$1m/s=3.6km/h$	
10	知道曲线运动的概念	匀速直线运动	某同学投铅球的成绩是8.24米，则铅球运动的路程是8.24米，对吗？学生认为这是对的，没有认真观察铅球的运动轨迹	阻碍作用	通过播放铅球运动的轨迹图片，并分析。让学生理解铅球做的是曲线运动，而我们测量的是铅球运动的水平距离	

200

续表

序号	课标要求	教学内容	存在的前概念及成因	促进作用/阻碍作用	解决策略和措施	备注
11	知道匀速直线运动的概念，学读汽车上的速度表	匀速直线运动	物体先10s内走4m，接着5s内走2m，最后15s内走6m，此物体做了什么运动？学生认为做了匀速直线运动，因为在这三段时间内的速度是相等的	阻碍作用	通过引导学生分析每1s、每0.1s、每0.01s、每0.0001s时运动的路程让学生明确物体做直线运动时，必须在任意相等时间里通过的路程相等，即每个时刻速度保持不变的运动，才能叫作匀速直线运动。做文字研究，让学生深刻理会匀速直线运动，从而理会变速直线运动和曲线运动	
12	知道匀速直线运动的概念，学读汽车上的速度表	匀速直线运动	匀速直线运动中速度与路程成正比，与时间成反比；混用公式中的数学关系来替代物理意义	阻碍作用	讲清速度的物理意义	
13	通过实验测量物体运动的速度	平均速度的概念	部分学生由上几节课的学习知道了速度，这对平均速度的概念是有意义的，但是要注意平均速度和速度的区别	促进作用	学生进行讨论对比，分析速度和平均速度的不同点。教师引导给出科学的定义及速度和平均速度的区别，进一步认识速度公式的同一性原则	
14	通过实验测量物体运动的速度，估测走路的平均速度	测量平均速度	学生对平均速度适用于匀速直线运动还是变速直线运动分得不是太清楚，对平均速度的计算容易出错	阻碍作用	通过学生自己动手操作实验并得出正确结论，让学生自我发现问题。同时可以通过实验对问题进行验证	
15	通过实验测量物体运动的速度，估测走路的平均速度	测量平均速度	平均速度是速度的平均值，根据平均速度字面含义想当然地认为平均速度就是速度的平均值，从而出现错误	阻碍作用	讲清平均速度的物理意义然后通过计算具体情景的平均速度破除错误前概念	

序号	课标要求	教学内容	存在的前概念及成因	促进作用/阻碍作用	解决策略和措施	备注
16	通过实验测量物体运动的速度	超声波测距	用往返的时间计算距离	阻碍作用	学生阅读"科学世界"中的内容，了解怎样进行超声波测距。在进行测距时，让学生发现其中一个关键点，"时间"应该怎样选择	
17	通过实验，认识声的产生	声音的产生	对自己发声时"喉咙"（声带）在振动有体验，认为敲、打、吹、弹能够发声	促进作用	通过实验让学生认真观察和体验，进一步引导他们得出声音是发声体振动而产生的	
18	通过实验，认识声的产生	声音的产生	在日常生活中，学生对声音早就有感性认识：人的耳朵就是声音的接收装置，人的嘴巴就是声音的发生装置	促进作用	体验感知嘴发声、耳听声、手摸喉，从而认识声的产生	
19	通过实验，认识声的产生	声音的产生	发声的物体不一定都在振动，视觉的局限性	阻碍作用	转换放大法：将发声的音叉插入水里，水花飞溅即可以说明发声的音叉在振动	
20	通过实验，认识声的产生	声音的产生	手的摆动不发声，只要物体振动就能听到声音，听觉的局限性	阻碍作用	讨论法：告知学生人耳听觉频率范围在 20~20000Hz，有的振动是听不见的，让学生对比手摆动时的频率和人的听觉的频率范围。通过这样一比，学生就清晰地认识到手摆动的频率低于人的听觉的频率范围，手的摆动确确实实发声，只是我们听不见而已	
21	通过实验，认识声传播条件	声音的传播	声音随处可听，不需要传播声音的介质。由于日常生活中传播声音的介质空气看不见、摸不着，所以对空气的作用熟视无睹，再加上生活经验让学生觉得声音随处可听	阻碍作用	演示实验法。用真空罩做实验，逐渐将真空罩内空气抽出，学生听到铃声越来越小。使学生体验到没有空气，声音就不能在空中传播	

202

续表

序号	课标要求	教学内容	存在的前概念及成因	促进作用/阻碍作用	解决策略和措施	备注
22	通过实验，认识声传播条件	声音的传播	声音只在空气中传播	阻碍作用	演示实验法：把老师手机包好放入水中，让学生给老师手机打电话，感知液体可以传声。学生实验法：学生制作"土电话"，感知固体可以传声	
23	通过实验，认识声传播条件	声音的传播	声音的传播不需要时间，认为声音在不同物质中传播的速度相同	阻碍作用	通过追本溯源，让学生认识声是通过介质以声波的形式传播且与传播介质的弹性大小有关从而认识声音传播需要时间，在不同介质中传播速度不一样	
24	通过实验，认识声传播条件	阻碍作用	教室里讲话没有回声，到空旷的山谷大喊才有回声；听觉的局限性	阻碍作用	告知：回声到达人耳比原声到达人耳晚0.1 s以上时，才能将回声与原声分开，听见回声。然后让学生计算教室里、山谷里回声到达人耳所需的时间，并自发放弃错误前概念	
25	了解乐音的特性	响度与音调区别	生活经验："高低"形容的声音特征是指音调；"大小"形容的声音特征是指响度。日常用语的随意性	阻碍作用	将生活语言与物理语言进行对比，寻找错误原因，并用物理语言进行规范，建立新概念	
26	了解乐音的特性	响度及其影响因素	生活中敲鼓的经验。敲鼓的力气越大，鼓声就越响，是对响度及振幅的科学概念起促进作用的前概念	促进作用	正确引导，在学生现有认知水平上，完善学生科学概念体系	
27	了解乐音的特性	响度与音调区别	生活中牛的声音大，却不烦人，蚊子的声音小却很烦人	促进作用	基于学生生活经验，解释现象产生原因，体现物理来源于生活，服务于生活	

续表

序号	课标要求	教学内容	存在的前概念及成因	促进作用/阻碍作用	解决策略和措施	备注
28	了解乐音的特性	声音的定义	对声音和声混淆不清，认为只有人耳听见的才能称为声音	阻碍作用	教师可拿某些动物来举例，如某些动物在自然灾害来临之前会有反常表现，是因为它们能够听见我们听不见的声音，对于它们来讲，那也是声波。这样既激起学生兴趣，又解决问题了	
29	了解现代技术中声学知识的一些应用	声与信息	认为声只能用来说话交流，而不知道它广泛的应用	阻碍作用	通过声的实际应用实例让学生明白声的利用不仅仅局限于说话交流。如瓜农们总是用敲西瓜的办法判断西瓜是否成熟等	
30	了解现代技术中声学知识的一些应用	动物对声的利用	多数学生认为只有人才能利用声来传递信息，而动物不能利用声来获得信息	阻碍作用	以狗的听觉灵敏为例说明动物也能利用声来获得信息，再进一步分析大象利用次声波，海豚利用超声波来获得信息等，纠正学生在此方面的学前认识误区	
31	了解现代技术中声学知识的一些应用	声与能量	学生无法理解声可以传递能量，认为声是看不见的物质，是不可以传递能量的	阻碍作用	利用水波传递能量的实例，结合生活实例直观纠正错误前概念	
32	知道噪声的危害和控制的方法	噪声的来源	知道生活中对噪声的定义	促进作用	观察分析生活现象，进一步了解物理中对噪声的科学定义	
33	知道噪声的危害和控制的方法	知道减弱噪声的途径	知道小声说话、降低电视音量、关门窗、在耳朵里塞上棉花都可以减弱噪声的危害	促进作用	观察分析生活现象从物理角度总结出减弱噪声的途径	

续表

序号	课标要求	教学内容	存在的前概念及成因	促进作用/阻碍作用	解决策略和措施	备注
34	说出生活环境中常见的温度值	温度	学生认为对温度的感觉是对的	阻碍作用	通过实验去验证,引出矛盾,得出学生的感觉不一定正确	
35	了解液体温度计的工作原理	温度计	学生认为液体体积不变	阻碍作用	液体热胀冷缩很难观察,学生不易发现,用自制温度计让学生观察可以解决学生疑惑	
36	会用常见温度计测量温度,尝试对环境温度问题发表自己的见解	温度计	温度计刻度为什么要这么划分	阻碍作用	在对自制温度计进行改良的过程中认识温度计刻度这样划分的好处	
37	知道物态变化	物态变化	冰变水、水变水蒸气等生活经验丰富	促进作用	学生举例,然后引导学生建构物态变化这个概念	
38	经历熔化和凝固的实验探究过程	熔化和凝固	吸热一定升温	阻碍作用	通过学生实验探究其过程,观察现象记录数据并画出熔化和凝固图像这三个过程,让学生放弃错误前概念,从而加深对熔化和凝固现象的认识	
39	知道物质的熔点和凝固点	熔点和凝固点	学生往往从字面意思去了解晶体,因此使学生产生错误的前概念	阻碍作用	对实验数据和图像进行分析并看图举例,展示许多晶莹的不是晶体的物体,让学生分清晶体和非晶体	
40	了解物态变化过程中的吸热和放热现象	熔化吸热凝固放热	生活中大部分水的温度都比冰的温度高,冰放入水中自然会熔化,自然中的现象让学生进入了这一误区	阻碍作用	对实验数据和图像进行分析让学生认清熔化和凝固的条件并提示学生,吸收或放出热量需要有温度差,没有温度差是无法吸收或放出热量的	

续表

序号	课标要求	教学内容	存在的前概念及成因	促进作用/阻碍作用	解决策略和措施	备注
41	经历汽化和液化的实验探究过程	汽化和液化	学生在生活中，都观察过蒸发和沸腾的现象	促进作用	由生活实例和学生的经验引导学生分析并得出汽化和液化的概念	
42	知道物质的沸点，了解物态变化过程中的吸热和放热现象	知道沸点沸腾的条件	知道沸腾的发生需要条件：吸热	促进作用	通过探究水沸腾时温度变化的特点感知沸腾的条件	
43	经历升华和凝华的探究过程	升华的理解	认为"樟脑丸消失"是先熔化再汽化的现象	阻碍作用	拿一颗樟脑丸给学生。首先观察为固态，然后放入事先准备好的密闭的烧瓶中加热进行观察	
44	经历升华和凝华的探究过程	凝华的理解	冬天，草上的霜，在农村大家都认为是露珠"冻"成的冰	阻碍作用	在教室里用易拉罐、冰和水、食盐模拟霜的形成：A罐内冰上加少许水，B罐内冰上撒上30%的食盐，观察两金属罐的壁上各出现什么情况（B罐外壁下部有霜，而A罐外壁没有），同时测量一下两罐内的温度（A罐内温度是零摄氏度，B罐内温度是零下几摄氏度）。讨论得结论：空气中的水蒸气遇冷会凝结成水，当遇冷在0℃以下时便会直接凝华成小冰晶	
45	经历升华和凝华的探究过程	升华和凝华	冰冻的衣服变干是因为先熔化成水后蒸发成水蒸气离开衣服	阻碍作用	课前查阅资料后课内小组辩论：课前提出问题（冰冻衣服变干时，哈尔滨的冰雕瘦一圈时的环境温度是多少；冰熔化的条件是什么），在课堂中学生辩论冰冻衣服变干（因为环境温度是零下十几摄氏度，冰的熔点是零摄氏度，所以冰不可能熔化，是直接升华了）	

续表

序号	课标要求	教学内容	存在的前概念及成因	促进作用/阻碍作用	解决策略和措施	备注
46	通过实验了解光的直线传播	光的传播速度	学生认为光的传播不需要时间，由于看到光年中有个年字，所以认为光年是时间单位	阻碍作用	通过学生阅读《科学世界》并交流讨论转化错误前概念	
47	通过实验了解光的直线传播	光的直线传播	认为生活中的光都是太阳提供的	阻碍作用	让学生举出能提供光的一些实例从而认识各种光源	
48	通过实验了解光的直线传播	光的直线传播	月亮是光源，人眼不能够区分入射光还是反射光	阻碍作用	强调：正在发光的物体才是光源，并引导学生辨识入射光和反射光	
49	通过实验了解光的直线传播	光的直线传播	熄灭的灯泡和蜡烛是光源	阻碍作用	强调：正在发光的物体才是光源	
50	通过实验了解光的直线传播	光的直线传播	光线是实际存在的，看到过光从狭小缝隙中穿过形成较细的光束，认为就是光线	阻碍作用	模型法：帮助学生建构光线模型	
51	通过实验了解光的直线传播	光的直线传播	光传播需要介质。由于学生学过声音传播需要介质，所以就认为光传播也需要介质	阻碍作用	追本溯源和例证：先引导学生分析光传播的本质是通过电磁场传播。再例证：恒星发出的光可以通过遥远的宇宙到达地球，其中很长一段距离是真空	
52	通过实验了解光的直线传播	光的直线传播	光总是沿直线传播的生活经验：穿过树丛的光是直的	阻碍作用	自制教具巧设演示实验：用果冻调制了密度均匀和密度不均匀的两种液体，用激光笔发出的光通过密度均匀和密度不均匀的两种液体，让学生观察光线并真实感受到其传播的路径的不同，从而放弃前概念，建构了科学概念	

续表

序号	课标要求	教学内容	存在的前概念及成因	促进作用/阻碍作用	解决策略和措施	备注
53	通过实验了解光的直线传播	光的直线传播	太阳通过树叶的缝隙形成的光斑形状，随缝隙形状的不同而不同	阻碍作用	让学生用点燃的蜡烛、有小圆孔的硬纸板、光屏通过实验探究小孔成像现象，重点观察物体和像的形状，然后改变孔的形状和大小。用控制变量法进行探究，最终消除了错误前概念，建立科学概念	
54	通过实验，探究并了解光的反射定律	光的反射	知道能看见不发光物体的原因	促进作用	通过播放视频和观看图片，让学生观察、分析、讨论	
55	通过实验，探究并了解光的反射定律	光的反射定律及光路可逆	认为反射角等于入射角和入射角等于反射角是一样的	阻碍作用	学生合作探究进行小组实验，用实验来进行验证，让学生体验得更深刻	
56	通过实验，探究并了解光的反射定律	镜面反射和漫反射	误认为只有镜面反射遵守光的反射定律，漫反射不遵守光的反射定律	阻碍作用	教师在黑板作图示范镜面反射和漫反射时反射情况，看清漫反射时虽然反射光线射向四面八方但每一条反射光线都遵守光的反射定律	
57	通过实验，探究并了解光的反射定律	镜面反射和漫反射	我们看到物体是人眼的光射到物体上。生活经验使学生认为看是一个主动的动作：人看什么物体，人眼的眼光就射向什么物体	阻碍作用	注意示范引导，边画光路图边分析解释：人眼看到物体是该物体射出的光进入人眼，而且人眼的生理功能只能感觉光是沿直线进入人的	
58	通过实验，探究并了解光的反射定律	镜面反射和漫反射	自行车尾灯是人造光源	阻碍作用	让学生用两块平面镜成90°放置，用点光源斜射一块平面镜并适当调整入射光线的入射方向，可观察到出射光线平行于入射光线射出，通过学生亲身体验就知道了自行车尾灯的工作原理	

208

续表

序号	课标要求	教学内容	存在的前概念及成因	促进作用/阻碍作用	解决策略和措施	备注
59	通过实验探究平面镜成像时像与物的关系	平面镜成像的特点	学生根据生活经验认为物体离平面镜越远像越小	阻碍作用	强调有关"视角"产生的误差影响。这样进行追本溯源式的教学后学生就能抓住本质:是"视角"造成"远小近大"的视觉效应	
60	知道平面镜成像的特点及应用	像与物到平面镜的距离规律	学生根据所学知识误认为像到平面镜的距离和平面镜后面的空间距离有关	阻碍作用	通过实验探究像与物到平面镜的距离关系,然后把平面镜挂在墙上观察镜中的像	
61	知道平面镜成像特点及应用	平面镜成像的特点	倒影就是影子,日常用语欠规范	阻碍作用	通过画光路图让学生看透"倒影""影子"形成原因	
62	通过实验探究并了解光的折射现象及其特点	光的折射	部分学生认为折射光线是远离法线的,部分学生认为折射光线是靠近法线的	阻碍作用	首先让学生知道光传播的本质是通过电磁波传播,不需要介质,且介质会阻碍光的传播,介质越密阻碍作用越大且光传播时遵守最短时间原理。再分析实例:沙滩上的人要快速救起落入水中的小孩走什么路径及水中的人要快速到达沙滩走什么路径。最后通过对比让学生自己得出折射特点	
63	了解光的折射	光的折射	学生有"潭清疑水浅"的感觉	阻碍作用	通过画图分析	
64	了解光的折射	光的折射	清晰的像是实像,如平面镜成的像。不清晰的像是虚像,如透过茂密的树叶的狭缝在地面形成的圆形的光斑	阻碍作用	通过画图让学生明了:实际光线会聚而成的像叫实像,实际光线的反向延长线会聚而成的像叫虚像	

续表

序号	课标要求	教学内容	存在的前概念及成因	促进作用/阻碍作用	解决策略和措施	备注
65	通过实验了解白光的组成	光的色散	激光是复色光	阻碍作用	让一束太阳光照射到三棱镜上,在出射光线方向放一张白纸,在白纸上形成一条彩色的光带,然后分别让激光(发出红光、蓝光、绿光等)重复做实验,观察白纸上的光带,学生通过实验来探究自己的想法,既让学生"自己"信服地否定了自己的错误前概念,又对科学概念有了较为深刻的理解	
66	通过实验了解白光的组成	光的色散	学生根据生活经验认为色散就是光的散发,颜色的散发	阻碍作用	通过实验探究光的色散现象及光路轨迹	
67	红外线及紫外线	红外线、紫外线及其特点	学生根据生活中现象认为红/紫外线其实就是沿直线传播的红/紫光	阻碍作用	根据人眼能识别的可见光范围反推红/紫外线是不可见光,在人眼识别下是没有颜色的	
68	通过实验了解不同色光混合的现象	光的三原色	学生可以从字面意义上理解为三种颜色的光	促进作用	通过PPT动画及三原色光片的展示,理解三原色的作用	
69	认识凸透镜的会聚作用和凹透镜的发散作用	凹、凸透镜的概念及作用	把凹、凸透透镜与凹、凸面镜概念混淆,凹、凸透镜与凹、凸面镜对光的会聚、发散作用弄反	阻碍作用	把实物发给学生,让学生自己辨认其本质区别从而破除错误前概念;让学生通过实验观察这四种镜对光的作用且在此过程中自发破除错误前概念	
70	认识凸透镜的会聚作用、凹透镜的发散作用	透镜的识别	学生总认为镜面凸出的叫凸透镜,镜面凹陷的叫凹面镜	阻碍作用	给出一些透镜实物,引导学生观察关键部位(中央与边缘的厚薄),结合定义认识凸透镜与凹透镜	

续表

序号	课标要求	教学内容	存在的前概念及成因	促进作用/阻碍作用	解决策略和措施	备注
71	认识凸透镜对光起会聚作用，凹透镜对光起发散作用	凸透镜与凹透镜的作用	学生在生活中对凸透镜有一定的了解，也有用凸透镜聚光的活动经历	促进作用	通过实验让学生观察，使学生更深刻地知道凸透镜对光有汇聚作用，凹透镜对光有发散作用	
72	了解凸透镜成像规律的应用	照相机	生活中照片是正立的，而实际照相机成像是倒立的。存在前概念与学科概念理解的冲突	阻碍作用	通过学生自制模型照相机，利用多媒体演示讲解照相机原理，突破学前存在的误区	
73	了解凸透镜成像规律的应用	实像与虚像	生活中经常接触到放大镜及照相机，这些实实在在的东西对学生理解像的虚实有很大的帮助	促进作用	演示常见的照相机成实像，投影仪成实像，可以用光屏来接收，而放大镜成虚像不能直接用光屏接收，突破实像和虚像的本质区别，正确引导学生形成科学概念	
74	了解人眼成像的原理	眼睛	学生对透镜成像规律理解不透彻	阻碍作用	首先自制教具模拟人眼成像过程，然后引导学生画成像光路图	
75	了解近视眼和远视眼的成因与矫正办法	近、远视眼及其矫正	学生认为年轻时是近视眼的到老年时就不会得远视眼	阻碍作用	首先自制教具模拟近视眼和远视眼的成因与矫正办法，然后引导学生画成像光路图从而破除错误前概念	
76	了解凸透镜成像规律的应用	凸透镜成像规律	像距不同，成像性质不同。学生在刚刚接触凸透镜时，格外关注的是人眼到凸透镜的距离，而非物体到凸透镜的距离	阻碍作用	讲清因果关系，正是由于物体到凸透镜距离的不同，才会在不同的位置成像	

续表

序号	课标要求	教学内容	存在的前概念及成因	促进作用/阻碍作用	解决策略和措施	备注
77	了解凸透镜成像规律的应用	显微镜	生物课对显微镜有一定的认识，学生并不陌生	促进作用	展示显微镜，学生观察加深对显微镜的认识	
78	了解凸透镜成像规律的应用	显微镜望远镜	实验中，拆开显微镜的目镜观察到的物体是较小的，对学生学习起到促进作用	促进作用	拆下显微镜、望远镜的目镜观察，再安装目镜对比观察	
79	知道质量的含义	质量	物理学中的"质量"与日常生活中"质量"分不清	阻碍作用	首先用"异中求同""同中求异"的科学方法分析教室里的物品得出质量概念，然后引导学生抓住关键字—物理学中的质量，重在"量"，"生活中的质量"重在"质"进行区别	
80	会测量固体和液体的质量	质量的测量	使用中可能出现"不会调平""砝码如何加减"的困难，容易出现游码未调零，物体与砝码放反，读数时看成游码的右侧，看错分度值	阻碍作用	首先让学生阅读说明书和在老师的指导下进行操作。与学生一起归纳正确的使用方法，体会两次调平的意义。然后让学生亲自体验测质量的过程，把实验过程中发现的问题有的放矢地进行讨论、点拨，从而掌握正确的测量方法，在课堂上把学习主动权、思考权、发现问题权还给学生，这样有利于学生的发展	
81	通过实验，理解密度	密度	很多学生不太明白"密度是物质的一种基本属性"，与物体的质量和体积无关	阻碍作用	学生通过分组实验测量不同体积蜡块的质量和体积，记录数据，绘制表格和图像，分析质量与对应体积比值的特征	
82	通过实验，理解密度	密度	同种物质密度任何情况下都不变，认为特性和属性差不多，都不随外界条件的改变而改变，机械记忆造成错误	阻碍作用	引导学生分析冰、水、水蒸气在相互变化过程中的密度变化情况，以点带面使学生理解同种物质由于状态的变化其密度也随着变化	

续表

序号	课标要求	教学内容	存在的前概念及成因	促进作用/阻碍作用	解决策略和措施	备注
83	通过实验，理解密度	密度	固体的密度一定大于液体的密度。日常生活中积累了很多固体密度大于液体密度的生活经验，所以产生了以偏概全的错误	阻碍作用	让学生观察固体、液体、气体的密度表，找特例从而放弃错误前概念	
84	通过实验，理解密度	密度	同一种物质，它的密度跟它的质量成正比，跟体积成反比；把密度公式 $\rho = m/v$ 从数学角度进行理解，而不考虑其被赋予的物理意义	阻碍作用	讲清密度的物理意义	
85	通过实验，理解密度	密度	物体轻所以密度小，物体重所以密度大；颠倒了因果关系且表达不严密	阻碍作用	引导学生理清因果关系：体积一定时，密度小导致质量小进而导致物体轻	
86	会测量固体和液体的密度	测量固体和液体的密度	学生根据生活习惯认为砝码可以直接用手拿取	阻碍作用	给学生解释用手拿取砝码会使砝码生锈，导致测量物体的质量不准确	
87 88	会测量固体和液体的密度	测量固体和液体的密度	学生根据所学知识误认为在测量过程中调节平衡螺母来使天平平衡	阻碍作用	让学生对比实验，比较调节平衡螺母和不调节平衡螺母所测物体质量的大小关系	
89	解释生活中一些与密度有关的物理现象	密度与温度	根据热胀冷缩，知道温度能影响物质的体积	促进作用	引导学生根据生活中的实例分析认识温度对密度的影响	
90	解释生活中一些与密度有关的物理现象	密度与温度	学生根据热胀冷缩，误以为水的密度总是随着温度的升高而变小	阻碍作用	强调水的反涨特性并在此基础上分析水的密度变化	

二、人教版初中物理学生前概念一览表（八年级下册）

研究者：黄剑　审核：黄剑

表4-2

序号	课标要求	教学内容	存在的前概念及成因	促进作用/阻碍作用	解决策略和措施	备注
1	通过常见事例或实验了解力	力的概念	学生认为力是单独来自一个物体	阻碍作用	通过讲解物体对物体的作用的实际实例让学生明白力是物体对物体的作用，如人推车、马拉车	
2	认识力的作用效果，用示意图描述力	力的作用效果	同学们知道力可以使物体形变，可以改变物体运动的速度和运动轨迹	促进作用	通过实例来讲解力的作用效果，如捏橡皮泥改变形状。通过播放足球比赛视频的过程来讲解力可以改变物体的运动状态	
3	认识力的作用效果，用示意图描述力	力的作用效果	当物体受到挤压的时候，硬的物体不会发生形变	阻碍作用	用一个稍扁的玻璃瓶装满红色水，用插有细玻管的橡胶塞子塞紧瓶口，让学生用手挤压玻璃瓶并观察细玻管中红色液面的变化情况，从细玻管中液面的变化情况体会到硬的玻璃瓶在受到挤压时也会发生形变	
4	通过常见事例或实验了解弹力	区别塑性形变和弹性形变	学生以为只要物体发生形变都可以产生弹力	阻碍作用	通过对直尺、弹簧、橡皮泥、纸等受力分析，区别塑性形变和弹性形变	

214

续表

序号	课标要求	教学内容	存在的前概念及成因	促进作用/阻碍作用	解决策略和措施	备注
5	会测量力的大小	理解弹簧测力计的工作原理	学生以为拉力与形变量成正比和形变量和拉力成正比是一回事	阻碍作用	学生交流进行小组讨论,让学生体验得更深刻	
6	会测量力的大小	弹簧测力计的使用	学生认为在使用弹簧测力计时,弹簧测力计必须竖直放置	促进作用	通过学生动手实验学会弹簧测力计的使用方法	
7	通过常见事例或实验,了解重力	重力的方向	学生认为重力的方向总是垂直于接触面的,如将物体放在斜面上,学生认为重力的方向垂直于斜面	阻碍作用	做研究重力方向的演示实验,让学生亲身感受到重力的方向是竖直向下的	
8	通过常见事例或实验,了解重力	重力的作用点	学生认为物体的重心总是在物体上的	阻碍作用	根据规则物体重心在物体的几何中心上,比较铅球和篮球的重心	
9	通过常见事例或实验,了解重力	重力	1kg＝9.8N 质量与重力两概念间的混淆	阻碍作用	运用对比的方法,让学生从定义、单位、符号、性质等方面认清重力和质量两个概念本质上的区别	
10	通过实验认识牛顿第一定律	牛顿第一定律	学生认为受力的物体运动,不受力的物体不运动	阻碍作用	重做伽利略实验,让学生自己发现接触面越光滑,物体运动得越远,推测假如接触面绝对光滑时,物体将会一直运动下去,从而得出运动不需要力来维持,从而纠正前概念	
11	用物体的惯性解释自然界和生活中的有关现象	牛顿第一定律	学生认为运动的物体失去推力以后,由于受到摩擦力最终会停下来	促进作用	通过对木块施加推力使木块运动,撤去推力以后木块最终停下来,设计问题,引发学生对力与运动关系进行思考	

续表

序号	课标要求	教学内容	存在的前概念及成因	促进作用/阻碍作用	解决策略和措施	备注
12	用物体的惯性解释自然界和生活中的有关现象	牛顿第一定律	以前做过的"真空不能传声"的实验	促进作用	调动已有知识同化前概念并设计出方案探究运动与力的关系	
13	用物体的惯性解释自然界和生活中的有关现象	惯性	公交车急刹车时速度一样,胖的人比瘦的人不容易前倾	促进作用	调动已有知识同化前概念进一步认识到惯性只与质量有关	
14	用物体的惯性解释自然界和生活中的有关现象	惯性	物体速度越大,惯性越大。生活经验:超速行驶的汽车刹车后要滑行更长的距离才能停下来	阻碍作用	运用归谬法进行纠正。继续按学生的思路进行推理,速度越大惯性越大,那么静止的物体岂不是没有惯性?这一结论与一切物体都有惯性的知识相矛盾,从而引发学生思考	
15	用物体的惯性解释自然界和生活中的有关现象	惯性	认为惯性是一种力,潜意识中有:受到惯性,或惯性的作用。说明学生还是认为惯性是力(惯性力)	阻碍作用	利用"矛盾冲突法"转化错误概念	
16	通过实验认识牛顿第一定律	牛顿第一定律	物体运动是由于受到了力的作用,日常经验对物理概念的形成产生负迁移作用	阻碍作用	让学生经历"暴、破、立"三个阶段	
17	通过实验认识牛顿第一定律	牛顿第一定律	物体受力运动状态一定发生改变,没有融会贯通地理解初中力学体系间的关系	阻碍作用	让学生经历"暴、破、立"三个阶段	
18	通过实验认识牛顿第一定律	牛顿第一定律	做匀速圆周运动的物体运动状态没有发生改变。分析物体运动状态时往往忽略方向的变化	阻碍作用	通过画图让学生观察匀速圆周运动时,运动方向时刻在改变	

序号	课标要求	教学内容	存在的前概念及成因	促进作用/阻碍作用	解决策略和措施	备注
19	知道二力平衡条件	二力平衡的条件	鸡蛋撞石头时，鸡蛋破了，学生会自然而然地认为鸡蛋给石头的力比较小，而石头给鸡蛋的力很大	阻碍作用	运用实验：两个弹簧秤的挂钩互相钩住，两个同学各拉着一个弹簧秤的圆环水平向外拉，其他全体学生看两只弹簧秤显示的示数，让学生实实在在地感受到作用力和反作用力大小相等，纠正错误的前概念	
20	知道二力平衡条件	二力平衡的条件	忘记或没记全二力平衡的条件，总是想当然地认为二力只要等大、反向就平衡了	阻碍作用	需要学生自己设计实验体验四个条件缺一不可，进而转化前概念负迁移作用	
21	知道二力平衡条件	二力平衡定义	在教学中发现，有的同学对"二力平衡"和"牛顿第一定律"的关系一直不能理解	阻碍作用	引导学生分清：相同点：都使物体保持静止或匀速直线运动状态。不同点："二力平衡"是现实中存在的一种状态，而"牛顿第一定律"是对一种理想情况的描述。联系：两种情况都能使物体处于静止或匀速直线运动状态	
22	知道二力平衡条件	二力平衡定义	桌子没有被推动，是因为摩擦力大于小明对桌子的推力。人体感觉系统的局限性	阻碍作用	归谬法：通过师生对话暴露学生认知缺陷，使学生主动建构知识	
23	知道二力平衡条件	二力平衡定义	合力一定大于分力，认为合力就是两个力之和，并形成强烈的心理倾向	阻碍作用	通过具体数据的分析打碎错误前概念	
24	知道二力平衡条件	二力平衡定义	线拉着钩码匀速上升时，拉力大于重力	阻碍作用	通过"磨难体验"自动否定错误概念并建构科学概念	

续表

序号	课标要求	教学内容	存在的前概念及成因	促进作用/阻碍作用	解决策略和措施	备注
25	通过常见事例或实验了解摩擦力	滑动摩擦力的测量	认为拉动木块的速度越大，滑动摩擦力就越大	阻碍作用	让学生分别用不同的速度拉动弹簧测力计多做几组实验，比较摩擦力的大小，进而起到转化前概念负迁移作用	
26	通过常见事例或实验了解摩擦力	滑动摩擦力的测量	认为接触面越大，滑动摩擦力越大，想当然地进行推断从而造成错误	阻碍作用	采用探究实验法：让学生在探究实验中亲身体验到滑动摩擦力与接触面积无关	
27	通过常见事例或实验了解摩擦力	摩擦力的认识	不能正确认识摩擦力是阻碍物体相对运动或相对运动趋势，总认为摩擦力对物体的运动有阻碍作用	阻碍作用	基于生活中的一些例子，如人走路、传送带刚开始传送物体时等分析这些摩擦力的方向与物体的运动方向的关系	
28	通过实验理解压强	压力的定义	学生认为压力的方向和重力的方向是一样的	阻碍作用	根据生活实例分析和观察思考，改变学生的错误观念	
29	通过实验理解压强	压力的定义	物体的重力越大，产生的压力越大。教材呈现的都是放在水平面上的物体对水平面的压力的例子，此时物体对水平面的压力大小等于物体重力的大小，这也就帮助学生促成了"压力是重力"的前科学概念	阻碍作用	呈现放在斜面上、竖直墙壁的物体，并分别画出压力、重力方向，错误前概念也就不攻自破	
30	通过实验理解压强	压力的定义	相互接触的物体间一定产生压力。初中生还不知道压力是弹性力，更无法深入分析压力产生的条件	阻碍作用	在分析压力时用归谬法进行推理	

续表

序号	课标要求	教学内容	存在的前概念及成因	促进作用/阻碍作用	解决策略和措施	备注
31	通过实验理解压强	压强的概念及公式的运用	知道压强是压力的作用效果	促进作用	让学生通过小实验亲身感受压强的存在，理清压强的概念及公式的运用	
32	通过实验理解压强	压强的概念及公式的运用	认为压力和压强是一回事，压力大压强一定大	阻碍作用	通过分析让学生明白压强是反映压力作用效果的	
33	压强的概念及公式的运用	压强的概念及公式的运用	压强公式 $p = F/S$ 只适用于固体，液体气体不适用。课程呈现先后次序造成学生的误解	阻碍作用	强调基本公式与导出公式的关系与区别	
34	知道日常生活中增大和减小压强的方法	减小或增大压强的方法	坐沙发比坐凳子舒服	促进作用	通过实验的分析和总结得出减小或增大压强的方法	
35	通过实验，探究并了解液体压强与哪些因数有关	水对容器底部有压强	容器底部受到水的重力作用，所以水对容器底部有压强	促进作用	实验演示，圆形容器底扎上橡皮膜	
36	通过实验，探究并了解液体压强与哪些因数有关	水对容器底部有压强	液体只对它的下方有向下的压强，液体对容器底的压力等于液体的重力	阻碍作用	通过画图分析不同形状容器盛满液体时对底部压力与液体重力的关系	
37	通过实验，探究并了解液体压强与哪些因数有关	影响液体压强的因素	液体压强与液体体积、质量、重力、容器形状均有关	阻碍作用	追本溯源	

序号	课标要求	教学内容	存在的前概念及成因	促进作用/阻碍作用	解决策略和措施	备注
38	通过实验，探究并了解液体压强与哪些因数有关	水对容器壁没有压强	学生意识到，容器壁不受到水的重力作用，没有受到水对容器壁的力，则水对容器壁没有压强	阻碍作用	实验演示，容器侧壁上扎橡皮膜	
39	通过实验，探究并了解液体压强与哪些因数有关	影响液体压强的因素	学生认为水的压强可能和水的多与少有关	阻碍作用	演示实验：在一大一小容器里装满水，用压强计测量容器底部的压强。用事实说话破除错误前概念	
40	通过实验，探究并了解液体压强与哪些因数有关	液体内部压强的特点	液体压强对人体作用较为微妙，人无法感知，因此无法判断	阻碍作用	用微小压强计进行实验探究。了解水内部压强的特点	
41	知道大气压强及其与人类生活的关系	认识生活中大气压存在的现象	生活中学生用过塑料吸盘，知道塑料吸盘的使用方法	促进作用	通过实验现象引导学生分析大气压的存在	
42	知道大气压强及其与人类生活的关系	认识生活中大气压存在的现象	认为空气轻飘飘的，没有质量、没有重力	阻碍作用	让学生通过估测教室的长、宽、高算出教室里空气的质量，当学生亲自算出教室里空气的质量有几百千克时震惊了并自动放弃了以前的经验错误	
43	知道大气压强及其与人类生活的关系	认识生活中大气压存在的现象	学生都知道在山上呼吸较困难，是因为高山上空气少	促进作用	教师讲解"海拔越高气压越低"这个知识的正迁移	
44	知道大气压强及其与人类生活的关系	水的沸点与大气压有关	根据生活中的高压锅、高原地区有煮不熟饭的现象认为水的沸点与大气压有关	促进作用	通过讲解高压锅的工作原理，让学生认识水沸点与大气压的关系	

续表

序号	课标要求	教学内容	存在的前概念及成因	促进作用/阻碍作用	解决策略和措施	备注
45	知道大气压强及其与人类生活的关系	掌握一个标准大气压的值	学生认为大气压存在但人感知不到，所以很小	阻碍作用	通过对托里拆利实验的学习和认识，掌握一个标准大气压的值	
46	知道大气压强及其与人类生活的关系	水的沸点与大气压有关	大气压强是不变的	阻碍作用	从大气压强产生的原因及大气层密度的变化特点处深入分析	
47	知道大气压强及其与人类生活的关系	认识生活中大气压存在的现象	吸饮料、吸药液、吸墨水等依靠的是吸力而非大气压强	阻碍作用	亲身体验感悟	
48	了解流体的压强与流速的关系及其在生活中的应用	流体压强	学生已经知道气体和液体有压强及静止时压强的特点	促进作用	复习液体和气体压强的特点	
49	了解流体的压强与流速的关系及其在生活中的应用	流体压强与流速的关系	学生无法理解"流速大的地方，压强小"	阻碍作用	用两张纸竖直放置，对着中间吹气，让学生观察现象。（对着纸条的上方平行吹气；倒置的漏斗里放乒乓球，用嘴对着漏斗口吹气观察现象）	
50	了解流体的压强与流速的关系及其在生活中的应用	飞机的升力	学生无法理解飞机是怎么升空的	阻碍作用	利用飞机升力模型进行演示	
51	通过实验，认识浮力	浮力定义	学生前概念中知道浮力，这对浮力给出有利，但就是表述不准。抓不住被定义事物的本质特征	促进作用	在学生给出定义后，教师进行逐步完善	

续表

序号	课标要求	教学内容	存在的前概念及成因	促进作用/阻碍作用	解决策略和措施	备注
52	通过实验，认识浮力	浮力方向	学生对浮力的方向认识不正确	阻碍作用	学生自己动手通过实验现象认识浮力方向	
53	通过实验，认识浮力，探究浮力大小与哪些因素有关	物体受浮力情况及浮力产生原因	认为轻的物体有浮力，重的物体没有浮力，大的物体有浮力，小的物体没有浮力，漂浮物体有浮力，下沉的物体没有浮力，只有浮体才有浮力。实心的物体会下沉，空心的物体会上浮。物体浮在水面上，因为它所受的浮力大于重力，下沉的物体受到的浮力小；上浮的物体受到的浮力大。水越多，物体在水中受到的浮力越大。同样的浮体，液体密度越大，所受浮力越大	阻碍作用	用归谬法和实验法进行纠正	
54	知道阿基米德原理	阿基米德原理	会用重力差法测浮力，知道影响浮力的因素：浮力受液体的密度和物体浸入液体的体积的影响。如果水桶的水满了，往里面如果放木块，木块会浮起来，同时也会使很多水排出	促进作用	引导学生利用前知识设计实验探究并得出阿基米德原理。学生在生活中对于排开液体体积的生活经验，直接把"物体浸入液体的体积"换成"排开液体的体积"的说法	
55	知道阿基米德原理	阿基米德原理	对于液体的密度和浸入液体的体积这两个因素为何能影响物体所受浮力大小，还是抱有怀疑态度，还是认为有其他因素来影响浮力的大小	阻碍作用	通过学生活动暴露学生错误的前概念，再通过实验让学生自动放弃之前认为浮力还有其他因素影响的前概念，建立科学概念	

222

续表

序号	课标要求	教学内容	存在的前概念及成因	促进作用/阻碍作用	解决策略和措施	备注
56	知道阿基米德原理	阿基米德原理	浮力的大小与物体所在的深度有关，物体浸没在液体中深度越深，所受浮力越大	阻碍作用	取两个金属块，中间用金属线焊牢固定，先用测力计测出重力，然后逐渐将其浸入水中，同时观察测力计的示数。当下面的金属体逐渐浸入水中时示数越来越小，但是当下面的金属体完全被水浸没后我们继续再向下浸入，测力计的示数不再变，紧接着上面的金属体也逐渐浸入到水中直至浸没，测力计示数再次出现循环变化	
57	知道阿基米德原理	阿基米德原理	一切在液体中的物体都受到浮力的作用	阻碍作用	浮力产生原因的推理和演示实验例证	
58	运用物体的浮沉条件说明生产、生活中的一些现象	气球和飞艇	学生认为气球和飞艇能飞上天是由于有风把气球吹上天	阻碍作用	分析气球和飞艇内气体密度和空气密度的大小关系，在进行分析所受浮力大小与自身重力的大小关系从而破除错误前概念	
59	运用物体的浮沉条件说明生产、生活中的一些现象	冰块漂浮在水面上，冰块融化后液面是否上升	学生认为冰块融化后液面会下降，因为冰块的体积较大，冰块融化成水后体积减小	阻碍作用	分析冰块漂浮时排开液体的体积和融化成水后体积的大小关系比较，根据：冰漂浮在水面上，$F_浮 = G_冰$ $V_排 = \dfrac{F_浮}{\rho_水 g} = \dfrac{G_冰}{\rho_水 g} = \dfrac{m_冰}{\rho_水}$ 当冰化成水后，质量不变，所以，$m_水 = m_冰$，$V_{化水} = \dfrac{m_水}{\rho_水} = \dfrac{m_冰}{\rho_水}$	
60	运用物体的浮沉条件说明生产、生活中的一些现象	轮船从江河驶入海里浮力的变化问题	学生认为从江河驶入海里轮船所受的浮力变大	阻碍作用	分析轮船从江河驶入海里的浮沉情况，根据漂浮 $F_浮 = G$ 及阿基米德原理，轮船的重力不变浮力不变，但由于海水密度大会上浮一些	

续表

序号	课标要求	教学内容	存在的前概念及成因	促进作用/阻碍作用	解决策略和措施	备注
61	认识浮力的概念，方向	浮力的概念和三要素	学生通过八年级的学习对浮力的概念有了一定的认识，但是学生容易忽略浸在气体中的物体也受到浮力的作用	促进作用和阻碍作用都有	用一个小魔术引出教学内容——浮力，用提问的方法引导学生回忆浮力的概念，发现学生忽略气体浮力时，问学生小朋友玩的氢气球放手后会怎么样，然后引导学生对其受力分析，从而得出气球还受到气体给它一个向上的力，这个就是浮力	
62	能认识浮力产生的原因，会用弹簧测力计测量物体在液体中所受浮力的大小	浮力产生的原因，称重法测浮力	学生在八年级学习时，没有细致地听讲，对浮力产生的原因认识不够清晰。①不知道浮力是两个力的合力，将其误认为是一个新的力。例如，对于漂浮在水面的物体，学生认为受到一个向上的浮力和液体对物体向上的压力。②用称重法测物体的浮力时，当物体在液体中是漂浮时，学生不会测量，并认为漂浮的物体不能用称重法，因为物体不能浸没在液体中	阻碍作用	①引导学生再次分析课本第50页水对长方体上、下表面的压力，让学生得出浮力是一个合力，而不是一个新的力。②给一杯盐水和一个会漂浮在液体表面的紫薯，让学生自己用称重法测量浮力，发现紫薯不能浸没在液体中时而引发学生存在的前概念，然后引导学生再次测量，当物体对绳子没有拉力时，测力计示数为0，故此时的浮力 F = G - 0，即 F = G	
63	会计算浮力的大小	计算浮力的大小	引导学生回忆书中计算浮力大小的方法。发现用阿基米德原理比较物体所受浮力大小时，容易忽略液体的密度，仅考虑排开液体的体积。同时学生误认为只要物体在液体内静止（即平衡状态）则物体所受浮力的大小和物体的重力相等	阻碍作用	①给出同一个紫薯在不同液体中漂浮的两幅图片，让学生分析紫薯在两种液体中所受浮力大小关系。学生观察后得出排开液体大的受到浮力大，此时问学生用哪种方法计算得出的结果，回答阿基米德公式，问学生阿基米德的公式，学生会发现他没有考虑液体的密度，所以结果不正确，再引导学生用其他的方法解决，学生发现只能用状态法，漂浮和物体重力相等。②将一个铁块放入液体中，铁块平衡后引导学生对其进行受力分析，学生得到正确的结论，物体只有在漂浮或悬浮时才有物重等于所受浮力	

续表

序号	课标要求	教学内容	存在的前概念及成因	促进作用/阻碍作用	解决策略和措施	备注
64	知道机械功，用生活中的实例说明机械功的含义	功的定义	学生在生活实践中，几乎每天都有用力就做工的感觉，于是产生"用力就做工"的观念，将做功与做工混为一谈	阻碍作用	给出生活中一些做工的图片，引导学生得出做工的意思，然后提问：物理学中的做功与生活中的做工一样吗？从而引出新课，再用一个趣味小游戏给出物理学中的做功，让学生认识到并不是用力就做功，使学生的观念发生转变	
65	知道机械功，用生活中的实例说明机械功的含义	功的定义	有力作用在物体上，则这个力一定做功；物体移动了一段距离，则一定有力对物体做了功；物体受到了力，且物体移动了距离，则此力一定对物体做功	阻碍作用	通过实例分析让学生总结出三种不做功的情形	
66	知道机械功，用生活中的实例说明机械功的含义	做功的两个必要因素	学生通过预习，查看资料、参考书等方式知道做功有两个必要因素	促进作用	以此为切入口建构科学概念	
67	知道机械功，用生活中的实例说明机械功的含义	判断力是否对物体做功	学生对部分生活中的实例是否做功理解并不透彻	阻碍作用	让学生表演一些做功和三种特殊不做功的一些情景并分析原因，提升学生判断力是否对物体做功的能力	
68	知道机械功，用生活中的实例说明机械功的含义	功的计算	学生认为对物体施加的力大，做的功就越多	阻碍作用	在班上选一个力气较小的学生和教师一起将两瓶相同的矿泉水匀速举高，利用力与运动的关系分析得出并不是力气大的对物体施加的力就大；再利用控制变量将两瓶相同矿泉水举起不同的高度，将两瓶不同的矿泉水举起相同的高度。最后将质量小的矿泉水瓶举得比另一个高。从而引出功的计算，再用课件给出早期比较做功多少的规定	

续表

序号	课标要求	教学内容	存在的前概念及成因	促进作用/阻碍作用	解决策略和措施	备注
69	知道机械功率，用生活中的实例说明机械功率的含义	功率的概念	学生认为机械做的功越多功率越大	阻碍作用	通过类比速度定义的方法让学生理解功率的概念，学会比较功率大小的方法	
70	知道机械功率，用生活中的实例说明机械功率的含义	功率的概念	学生认为汽车的功率越大获得的牵引力越大	阻碍作用	让学生进行公式推导 P = W/t，W = FS，S = Vt，即 P = FV。学会利用控制变量法，当 V 一定时，P 越大 F 越大	
71	知道机械功率，用生活中的实例说明机械功率的含义	功率的概念	做功越多，功率越大；所用时间越少，功率越大	阻碍作用	讲清功率的物理意义	
72	知道动能、势能	动能和势能	学生知道运动的物体能撞击其他物体，高空坠物能破坏地面物体，物体弹性形变越大，具有的弹性越强，能发生较强的弹力等。说明对外做功的本领也越强	促进作用	通过动画展示，实验演示和学生活动，挖掘和学生前概念一致的概念认识，提高学生的学习兴趣，加深对概念的认识和理解。为后面的阻碍概念打好基础	
73	知道动能、势能	动能和势能的相互转化	动能只与速度的大小有关。物体的重力势能与高度和重力有关，越高，越重，其重力势能就越大。弹性势能只与形变程度有关。	阻碍作用	通过实验演示和学生活动，让学生明白动能的影响因素是质量和速度，重力势能的影响因素是质量和高度，弹性势能的影响因素是弹性形变程度，分析和讨论验证，从而纠正前概念	

226

续表

序号	课标要求	教学内容	存在的前概念及成因	促进作用/阻碍作用	解决策略和措施	备注
74	知道动能、势能	动能和势能的相互转化	从空中自由下落的物体速度减小或速度不变	阻碍作用	从机械能守恒的角度引导学生分析	
75	知道动能、势能	动能和势能的相互转化	匀速下落的降落伞机械能保持不变	阻碍作用	强调对关键字"匀速"的理解	
76	举例说明机械能和其他形式能量的相互转化	机械能的概念	学生知道运动的物体有动能,被举高和发生弹性形变的物体有势能	促进作用	通过活动探究让学生观察分析:充分利用所学前概念知识,突破本节概念知识的学习	
77	举例说明机械能和其他形式能量的相互转化	机械能的转化及守恒	学生认为机械能不守恒时,是能量的消失	阻碍作用	通过实验和生活实例分析,让学生亲自体会机械能是可以相互转化成其他形式能的	
78	知道简单机械,通过实验探究并了解杠杆的平衡条件	知道什么是杠杆	知道杠杆是一根绕着固定点转动的硬棒	促进作用	通过生活实例知道什么是杠杆	
79	知道简单机械,通过实验探究并了解杠杆的平衡条件	知道什么是杠杆	杠杆一定是直的,且是根棒子	阻碍作用	模型法	
80	知道简单机械,通过实验探究并了解杠杆的平衡条件	知道什么是杠杆	力臂是从支点到力作用点的距离	阻碍作用	通过力臂的物理意义的教学顺利建构正确的概念	

序号	课标要求	教学内容	存在的前概念及成因	促进作用/阻碍作用	解决策略和措施	备注
81	知道简单机械，通过实验探究并了解杠杆的平衡条件	知道什么是杠杆	杠杆要在水平位置静止才是平衡状态，在其他位置静止不算杠杆平衡。学生实验"探究杠杆平衡条件的实验"中，要求杠杆一定要在水平位置平衡，如果杠杆倾斜，则需要通过调节平衡螺母使杠杆处于水平位置平衡。这样做的目的是为了方便测出力臂的值。但学生错误地认为只有杠杆在水平位置平衡才算是平衡状态	阻碍作用	教师通过画图分析，杠杆在任意位置的平衡与杠杆水平平衡的区别，使学生明白：杠杆水平平衡时力臂的测量将更方便，也同时明白了实验前杠杆水平调节的重要性和必要性	
82	知道简单机械，通过实验探究并了解杠杆的平衡条件	杠杆的作用	学生通过生活经验知道杠杆的使用是为了省力	阻碍作用	通过生活实例分析杠杆的种类	
83	知道简单机械，通过实验探究并了解杠杆的平衡条件	探究杠杆的平衡条件	筷子是省力杠杆。推着的独轮车是费力杠杆。经验判断：感觉用力小的就是省力杠杆，感觉用力大的就是费力杠杆	阻碍作用	引导学生分别画出杠杆示意图，用平衡条件分析是省力杠杆还是费力杠杆	
84	知道简单机械	定滑轮和动滑轮	生活中有很多的机械，这些机械上大都有杠杆和滑轮，学生对杠杆和滑轮并不陌生，对滑轮的认识相对比较容易	促进作用	给出生活中一些含有滑轮的机械，让学生找出他们的共同部分，然后看看有几种方法可以用滑轮将重物提高，观察现象得出定滑轮和动滑轮的定义	

续表

序号	课标要求	教学内容	存在的前概念及成因	促进作用/阻碍作用	解决策略和措施	备注
85	知道简单机械	定滑轮和动滑轮	认为只要是动滑轮,任意方向用力都能省一半	阻碍作用	画图帮助直观理解	
86	知道简单机械	定滑轮和动滑轮	使用动滑轮只要竖直向上提升重物,拉力大小总等于所提升物体重力的一半	阻碍作用	强调提升重物时动滑轮也随着一起提升了	
87	知道简单机械,了解机械的使用对社会发展的作用	滑轮组	通过对滑轮特点的学习和探究,容易得出滑轮组既能省力又能改变力的方向的特点,但不知道可以省多少力	促进作用	利用实验探究,让学生得出用滑轮组提升物体省力的多少与动滑轮上绳子段数的关系	
88	知道简单机械,了解机械的使用对社会发展的作用	滑轮组	在水平装配滑轮的题目中,仍然寻找拉力与重力的关系	阻碍作用	画图分析找到关系	
89	知道机械效率	有用功与无用功的区别	生活中人们所做的功都是有用的,没有用的人们不可能去做,因此把学生引入学习的误区	阻碍作用	通过举提水、挑砖的例子分析,人们需要做功的部分是水、砖,而桶和装砖的容器都是附加的,以此引导学生分析有用功与额外功	
90	了解提高机械效率的途径和意义	机械效率高低的判断	认为越省力,机械效率越高	阻碍作用	补充机械效益的相关知识	

三、人教版初中物理学生前概念一览表（九年级上册）

研究者：黄剑　　审核：黄剑

表 4－3

序号	课标要求	教学内容	存在的前概念及成因	促进作用/阻碍作用	解决策略和措施	备注
1	知道常见物质是由分子、原子构成	物质的构成	对分子的认识不清晰。部分学生将宏观和微观混淆。例如，有同学认为用手捏海绵，海绵的体积变小了，说明分子间有间隙	阻碍作用	展示电子显微镜观察物质结构的图片让学生认识到分子非常小，小到肉眼都看不到。同时用实验让学生得出分子间有间隙，最后用数据让学生知道分子既小又多	
2	知道常见物质是由分子、原子构成	物质的构成	认为原子是组成物质的最小微粒。知识面丰富一些的同学认为质子和中子是最小微粒	阻碍作用	画原子结构示意图	
3	知道常见物质是由分子、原子构成	物质的构成	原子核集中了原子的全部质量	阻碍作用	画原子结构示意图	
4	知道分子动理论的基本观点	分子间的作用力	部分学生对分子之间存在的引力和斥力都可以通过预习知道，但是分子之间什么时候表现为引力、什么时候存在斥力并不了解	阻碍作用	用自制教具—两个乒乓球之间连一根弹簧来演示分子之间什么时候表现为引力还是斥力	

续表

序号	课标要求	教学内容	存在的前概念及成因	促进作用/阻碍作用	解决策略和措施	备注
5	了解分子热运动的一些特点	分子热运动	扩散现象只发生在气体和液体之间，固体间不发生扩散现象	阻碍作用	举例：墙角堆煤，白墙变黑墙	
6	了解分子热运动的一些特点	分子热运动	花粉、灰尘、烟雾等的运动就是分子的运动	阻碍作用	展示电子显微镜观察分子的图片让学生知道分子的小，从而认识到花粉等是由大量分子汇集的颗粒的运动	
7	知道分子动理论的基本观点	分子间的作用力	分子间不存在作用力	阻碍作用	演示实验：两铅柱用力合在一起，下面能吊重物	
8	了解内能	内能的概念	部分学生将机械能和内能混淆，不能区分宏观量和微观量，他们认为："物体的运动速度越大，物体的内能就越大"	阻碍作用	通过复习、小组讨论强化复习机械能的概念、类比机械能建立内能的概念，抽学生回答分子的直径，从而区分开机械能是宏观量，内能是微观的	
9	了解内能和热量	内能与温度的关系	学生对温度与内能的关系不明确。部分学生认为0℃的冰不具有内能。还有部分学生认为温度越高的物体内能越大	阻碍作用	引导学生回忆上节课的知识，一切物质的分子都在不停地做无规则运动，再结合内能的定义得出所有的物质都具有内能，从而让学生理解到0℃的冰也具有内能。举例一滴90℃的水和一桶60℃的水让学生对比，引导学生意识到并不是温度高的物体内能就越大	
10	了解内能和热量	内能与温度、热量的关系	部分学生认为既然物体温度升高，内能增加，温度降低内能减少，那么温度不变，内能也不变	阻碍作用	引导学生回忆八年级做冰熔化的实验，学生回忆起熔化的过程中吸收热量，温度保持不变。也就是说晶体熔化的过程，虽然温度不变，但是内能是增加的	

续表

序号	课标要求	教学内容	存在的前概念及成因	促进作用/阻碍作用	解决策略和措施	备注
11	了解内能和热量	内能与温度、热量的关系	物体的温度不变,物体的内能就一定不变;物体吸收热量,温度一定升高	阻碍作用	反例证明:熔化、沸腾过程中吸收热量,温度不变,但内能增加	
12	了解内能和热量	内能与温度、热量的关系	物体温度升高,一定是吸收了热量。生活中积累了大量吸收热量温度升高的例子	阻碍作用	例证:两手相互摩擦后,温度升高,但没有吸收热量	
13	了解内能和热量	内能与温度、热量的关系	温度高的物体内能一定比温度低的物体大	阻碍作用	提醒注意控制变量	
14	了解内能和热量	内能与温度、热量的关系	发生热传递的两个物体必须相互接触	阻碍作用	生活实例:烤火时没有接触,但有热传递	
15	了解内能和热量	内能与温度、热量的关系	热传递是由内能大的物体传给内能小的物体	阻碍作用	讲清内能与温度、热量的含义	
16	了解内能和热量	内能与温度、热量的关系	热的物体比冷的物体的热量多,内能大的物体含有的热量多,等等。混淆了温度、热量、内能这三个有本质区别的概念	阻碍作用	运用对比的方法,让学生认清它们本质上的区别	

续表

序号	课标要求	教学内容	存在的前概念及成因	促进作用/阻碍作用	解决策略和措施	备注
17	通过实验，了解比热容	比较不同物质吸热的情况	学生能通过生活经验判断不同的物质吸收相同的热量与温度变化的关系，但对于具体原因不能解释	阻碍作用	通过演示实验观察分析，突破理解	
18	通过实验，了解比热容	比热容	学生对比热容的概念比较陌生，又因比热容的概念涉及热量、质量和温度的变化，这么多物理量一起讨论，对比热容感到茫然	阻碍作用	引导学生做好实验和做好对实验数据的分析，从分析物理事实到抽象物理概念的过程，加强物理思维能力的训练，从而能更好地理解比热容的内涵。用类比法引导学生与密度对比，加强对比热容的更好理解	
19	通过实验，了解比热容	比热容	物体吸收热量越多比热容越大，比热容与质量和温度变化量有关。用量度公式代替物理意义	阻碍作用	讲清比热容的物理意义	
20	尝试用比热容说明简单的自然现象	水的比热容较大性质的应用	学生知道有水的地方温差变化不大，同时也知道水可以降温，但不能科学地解释这种现象	促进作用	通过对比热容概念含义的理解、分析，具体对比水和沙石比热容的数值的含义让学生分析，这样学生就能更好解释生活中与比热容有关的现象	
21	了解热机的工作原理	柴油机和汽油机	学生从生活经验得到柴油机和汽油机的点火方式一样的前概念	阻碍作用	通过模型对比分析他们的吸气冲程，改正这样的前概念	

续表

序号	课标要求	教学内容	存在的前概念及成因	促进作用/阻碍作用	解决策略和措施	备注
22	了解四冲程内燃机工作过程中的能量转化	四冲程内燃机工作过程	学生从生活中知道，汽车是将内能转化为机械能的装置的概念	促进作用	通过对汽油机和柴油机的工作过程分析，让学生准确地把握热机的概念和工作原理	
23	从能量的转化和转移的角度认识效率	燃料的热值	知道燃料的种类、多少及燃烧程度都会影响其放出的热量	促进作用	通过提问的方式将前概念引出，在这基础上进行延伸，把热值提出来、总结出来	
24	从能量的转化和转移的角度认识效率	热机的效率	知道燃料无法完全燃烧及燃烧释放的能量无法完全利用	促进作用	通过生活例子回归燃料及使用情况，再讨论其利用率，得出热机的效率	
25	从能量的转化和转移的角度认识效率	热机的效率	知道部分提高热机效率的方法	促进作用	通过对机械效率的回顾，对比总结热机的效率	
26	知道能量守恒定律，列举日常生活中能量守恒的实例	能量的转化	在实际生活中有很多例子说明能不是恒定不变的，造成学生认为能量是在逐渐减少的	阻碍作用	首先按学生的前概念进行实验，将乒乓球扔向地面，逐步分析能量的转化，转化中是否存在其他形式的能量转化，进而得出能量并不是消失了，而是转化为其他形式了	

续表

序号	课标要求	教学内容	存在的前概念及成因	促进作用/阻碍作用	解决策略和措施	备注
27	有用能量转化与守恒的观点分析问题的意识	能量守恒定律	在热机的学习中学生已经知道机械能和内能可以相互转化	促进作用	复习热机的四冲程，着重分析二三冲程的能量转化，并分析生活中秋千和小球的运动从而引出能量可以相互转化且总能量守恒	
28	知道原子是由原子核和电子构成的，了解原子的核式模型。了解人类探索微观世界的历程，关注人类探索微观世界的新进展	原子及其结构	只是知道物质由分子组成	有促进也有阻碍	学生已经知道物质由分子、原子组成，在此基础上引导学生画原子的结构图就容易得出原子的结构	
29	观察摩擦起电现象，探究并了解同种电荷相互排斥，异种电荷相互吸引	两种电荷	有相关生活体验，但未构建相关科学概念	促进作用	学生实验和由科学小故事引入电荷的发现与命名及相互作用规律	
30	观察摩擦起电现象，探究并了解同种电荷相互排斥，异种电荷相互吸引	两种电荷	两个物体相互吸引一定都带有电荷	阻碍作用	演示：带电体能吸引轻小物体	

续表

序号	课标要求	教学内容	存在的前概念及成因	促进作用/阻碍作用	解决策略和措施	备注
31	通过实验了解物质导电性，比较导体、半导体、绝缘体导电性能的不同	绝缘体与导体	通过生活经验，能区别出生活中的部分导体与绝缘体	有促进也有阻碍	通过实验，利用认知冲突，解释导体与绝缘体之间没有绝对的界限	
32	通过实验了解物质导电性，比较导体、半导体、绝缘体导电性能的不同	绝缘体与导体	导体就是导体，绝缘体就是绝缘体	阻碍作用	演示：绝缘体变成导体的实验	
33	从能量转化的角度认识电源和用电器的作用	电源	学生会马上想到第一节的知识——带电体，大部分同学会认为带电体也是电源	阻碍作用	利用提问结合实验的方式引导学生思考被丝绸摩擦过的玻璃棒是带电体，让这个玻璃棒接触一下人体，然后再接触验电器，你会观察到什么现象？这个现象说明玻璃棒这个带电体能否持续提供稳定的电能	
34	正确理解电流，包括电流的形成原因、方向和有持续电流的条件	电流方向	对于电流方向和电荷定向移动方向，很多同学认为这两个方向是一致的，理由是水的定向移动形成水流，水流方向和水定向移动的方向相同。那么电荷的定向移动形成电流，电流方向和电荷定向移动方向也应该一致	阻碍作用	讲解电荷有正电荷和负电荷两种，并且两种电荷都能定向移动，当时规定正电荷定向移动的方向为电流的方向。即正电荷定向移动的方向和它形成的电流方向相同，而负电荷定向移动的方向和它形成的电流方向刚好相反	

续表

序号	课标要求	教学内容	存在的前概念及成因	促进作用/阻碍作用	解决策略和措施	备注
35	正确理解电流，包括电流的形成原因、方向和有持续电流的条件	电流方向	只有电子定向移动形成电流	阻碍作用	分析电解质溶液导电情况	
36	会看、会画简单的电路图，会连接简单的串联电路和并联电路，说出生产、生活中采用简单串联或并联电路的实例	串联和并联	学生总是认为教室的灯总是同时亮同时灭，再加上接线时工人"好像"是顺次连接，误以为家庭电路是串联	阻碍作用	①提出问题让学生思考：如果教室里的灯坏了一个，其他的还亮？②制作一个家庭线路分布的走势图，让学生进入情景地了解家庭电路的组成原理，从而达到转化前概念的负迁移目的	
37	会看、会画简单的电路图，会连接简单的串联电路和并联电路，说出生产、生活中采用简单串联或并联电路的实例	串联和并联	认为开关能控制两盏灯一定是串联，串联电路中开关能控制整个电路，没有考虑到并联电路中干路上的开关也能控制各个支路	阻碍作用	演示实验：用干路上的开关去控制所有支路的灯泡	
38	会看、会画简单的电路图，会连接简单的串联电路和并联电路	串联和并联	短路即是电源短路	阻碍作用	演示实验：用电器被短路情形	

237

续表

序号	课标要求	教学内容	存在的前概念及成因	促进作用/阻碍作用	解决策略和措施	备注
39	知道电流	电流的强弱	学生对电学测量工具感到陌生，生活中很少能接触到电学测量工具，也很少有同学仔细观察身边用电器铭牌	阻碍作用	学生现场观察教室用电器的铭牌，注意观察铭牌上的一些信息，特别是正常工作时的电流，从而引出电流的单位、测量工具等	
40	会使用电流表	电流的测量，电流表的使用方法	因第二节学过电流具有方向，因此学生认为使用测量工具是应该顺着电流的方向接入电路	促进作用	观察清楚电流表接线柱特点，分为正接线柱、负接线柱，以此为契机，引导学生应该让电流"正"进"负"出	
41	会使用电流表	电流表的使用方法	学生明白所有的电学测量工具都不可随便使用，需要弄清楚使用方法和注意事项，了解电学实验中的注意事项，如电源不能被短路等	促进作用	学生自学电流表的使用方法，教师演示若不按说明书使用会造成什么影响	
42	会使用电流表	电流表的读数方法	学生基本没有使用过双量程的测量工具，更不知道如何选择量程，如何读数	阻碍作用	学生观察电流表的构造，老师先讲解清楚电流表的接线柱与量程的关系，再让学生发现刻度盘上的标注与分度值，学生已具有单量程的读数，引导学生只要注意量程的选择，就容易读数了	
43	了解串并联电路电流的特点	串联电路中电流的特点	初步了解电路和电流的概念；初步了解串、并联电路的连法及特点；初步了解用电流表测电流的方法	促进作用	回忆以前学过的相关知识，帮助学生设计实验探究串并联电路中电流的规律	

238

续表

序号	课标要求	教学内容	存在的前概念及成因	促进作用/阻碍作用	解决策略和措施	备注
44	了解串并联电路电流的特点	串并联电路中电流的特点	因为电流从电源正极流向负极，越靠近正极的地方电流越大，越靠近负极的地方电流越小；灯泡亮的地方电流大，灯泡暗的地方电流小；因电流每经过一个小灯泡，要耗电，回到负极时小了；导线粗的地方电流大，导线细的地方电流小，像粗水管中的水流大，细水管中水流小一样。电流流到断路处停止，断路之前的电路是有电流的	阻碍作用	通过学生猜想暴露学生的错误前概念并通过学生科学探究活动探究串并联电路中电流的特点，与已有的前概念形成矛盾冲突，通过学生思考，破除错误前概念，为建立科学概念做好铺垫。科学概念也就能正常建构了	
45	知道电压	电压定义	学生在八年级学习了压力后，当接触电压的概念时潜意识中会认为这是正负电荷之间的相互作用力	有阻碍作用	利用实验水压引起水流类比得出电压是电路中形成电流的原因	
46	知道电压	电压定义	有电流就有电压，因果关系搞错。电压是电荷定向移动形成电流的原因	阻碍作用	讲清电压的作用及形成电流的因果关系	
47	会使用电压表	电压表的使用	前面已经学习了电流，以及电流表的使用方法，这对学生的学习产生了促进作用。但是，部分同学在使用电压表时容易与电流表混淆	既有促进作用，又有阻碍作用	学生自己动手，参考电压表使用说明书学会正确使用电压表	

续表

序号	课标要求	教学内容	存在的前概念及成因	促进作用/阻碍作用	解决策略和措施	备注
48	会使用电压表	电压表的读数	前面学习了电流表的读数方法，依照电流表的读数方法，让学生通过观察电压表表盘上的刻度和数值，小组进行讨论，总结出电压表的读数方法	促进作用	让学生自己总结，培养其语言表达能力和对知识的归纳能力。最后老师加以总结	
49	了解串并联电路电压的特点	串联电路的电压特点	前概念：串联电路中电压处处相等。成因：串联电路中电流处处相等。前概念：并联电路中，总电压等于各部分电压之和。成因：并联电路中，总电流等于各部分电流之和	阻碍作用	设计实验先观察，后读取数据，找出规律	
50	知道电阻	电阻	学生在前面已经学习电流和电压的相关知识，在理解电阻的概念时也比较容易	促进作用	在原有前概念的基础上加以引导	
51	知道电阻大小与导体的材料、长度、横截面积及温度的关系	影响电阻大小的因素	认为灯泡温度越高电阻越小	阻碍作用	让学生通过实验现象的比较，以及实验数据的分析和归纳，从而否定已有的前概念，建立完善的科学概念	
52	知道变阻器	变阻器	大部分学生认为电流小时可保护电路	促进作用	利用好这个有利条件，但是可在实验中从用电器保护角度分析或者分析电流表为什么不能直接连在电源两端	

续表

序号	课标要求	教学内容	存在的前概念及成因	促进作用/阻碍作用	解决策略和措施	备注
53	了解滑动变阻器	变阻器的应用	对滑动变阻器最大电阻和接入电路的电阻、允许通过的最大电流和通过它的电流等认识不清	阻碍作用	让学生探究滑动变阻器的几种正确接法并分析每一次电流路径从而破除错误前概念	
54	通过实验探究电流与电压、电阻的关系	探究电流与电压、电阻的关系	其他条件不变，电阻越大，电流越小；电阻越小，电流越大	促进作用	分析时，可以利用好这一点，把着重点放在因果关系的探讨上	
55	理解欧姆定律	欧姆定律	学生已经有了电流、电压、电阻及电流表、电压表、滑动变阻器等知识，并在此基础上通过探究得出电流、电压、电阻之间的关系	促进作用	从上一节实验得出的关系中总结欧姆定律。并对欧姆定律的计算公式，公式中各个字母的含义及单位、变形式、使用条件等方面展开讨论，帮助学生深入、全面地理解欧姆定律	
56	会使用电压表和电流表	伏安法测定值电阻	由于前面的学习，学生对电压表和电流表的使用都不陌生，仅有少数同学由于粗心导致两个表的量程或连接有错误	促进作用	引导学生回忆电压表和电流表的使用注意事项，若学生还出错就让学生把两个表接在电路中观察电路，发现电路有故障，从而得出两个表的正确连接方法	
57	理解欧姆定律	欧姆定律在串并联电路中的应用	导体的电阻跟它两端的电压成正比，跟通过它的电流成反比，用数学公式代替物理意义	阻碍作用	归谬法：如果按照学生的思路，那么加在导体两端的电压为零，则通过它的电流为零，此时导体的电阻为零了	

续表

序号	课标要求	教学内容	存在的前概念及成因	促进作用/阻碍作用	解决策略和措施	备注
58	欧姆定律	电学计算思路	知道电学计算题的解题思路，对电学计算方法讲解有促进作用	促进作用	通过例题创设，让学生分析讨论，参考老师的分析方法，全面掌握解题思路和方法	
59	欧姆定律的应用	电路图的画法	根据实物图画电路图，学生认为只要正确就行，没有必要一一对应	阻碍作用	通过例题分析，让学生指导这类题型的特点，明确一一对应的重要性。改变做题观念	
60	结合实例理解电功	电能	对家电工作过程中能量的转化不清楚	阻碍作用	引导学生分析生活中用电器工作过程，消耗电能以后，用电器怎样工作，得到的是哪一种能量	
61	学读家用电能表，通过电能表计算电费	电能的计量	对电能表不熟悉，不知道怎样正确使用	阻碍作用	引导学生正确理解电能表的铭牌，理解各种数据表达的含义	
62	结合实例理解电功率	电功率	把消耗电能的快慢和消耗电能的多少相混淆	阻碍作用	通过消耗相同的电能所用时间不同，通过比值建立电功率概念，并得出计算公式。把消耗电能多少与消耗电能快慢区别开来，并得出电功率公式	

续表

序号	课标要求	教学内容	存在的前概念及成因	促进作用/阻碍作用	解决策略和措施	备注
63	理解 $1\ kW \cdot h = 3.6 \times 10^6\ J$	千瓦时的来历	前节内容讲到，但不理解	促进作用	利用公式变形带入计算	
64	会测算小灯泡的实际功率和额定功率	测量小灯泡的电功率	学生已经使用过电流表、电压表和滑动变阻器，并且学习电功率的计算公式，知道当实际电压等于额定电压时，实际功率就等于额定功率	促进作用	让学生根据实验电路图自己连接实物图，教师巡视，如发现有连接错误的或电流表、电压表量程选择错误的及时提醒改正	
65	体验小灯泡的电功率随两端电压变化而变化的规律	测量小灯泡的电功率	在生活中，学生会认为灯泡的额定功率越大灯泡就越亮。而且测电功率多次测量，同样可以取平均值，且结果更精确	阻碍作用	让学生通过实验现象的比较，以及实验数据的分析和归纳，得出小灯泡的亮度由实际功率决定，而小灯泡的实际功率又会随电压的改变而改变	
66	培养科学使用用电器的意识	测量小灯泡的电功率	在生活中，学生会认为灯泡越亮越好。灯泡的使用寿命跟灯泡是否正常发光无关	阻碍作用	通过实验现象的观察和比较，得出用电器只有在等于或小于额定电压下工作才是安全状态	
67	培养科学使用用电器的意识	测量小灯泡的电功率	额定电功率可以随实际电压的改变而改变，额定电功率大的灯泡一定比额定电功率小的灯泡电功率大	阻碍作用	首先讨论"能否让一个小灯泡发出很亮的光?"并演示：增大小灯泡两端电压，灯泡变得非常亮乃至烧坏。发现：用电器的电功率会随着实际电压改变而发生变化，但不能无限增大，有一个限度。这时告诉学生电器厂在用电器上标额定功率是告之用电器的实际功率不能超过此值：这个值是能使用电器充分发挥用途，又不至于损坏电器极限值，即额定功率	

243

续表

序号	课标要求	教学内容	存在的前概念及成因	促进作用/阻碍作用	解决策略和措施	备注
68	通过实验探究并了解焦耳定律	电流的热效应	学生主观认为电阻大，电路中电流小，所以认为产生热量与导体电阻无关	阻碍作用	学生自己动手通过实验得出结论，知道电流通过导体产生热量与电阻关系	
69	用焦耳定律说明生产、生活中的一些现象	电功和电热	学生认为电流做功时把电能全部转换成内能，让学生分析电吹风机工作时能量转换，意识到只有纯电阻电路才把电能全部转换成内能。学会正确使用公式	阻碍作用	利用生活中的常见物品进行分析，打破学生的错误认识	

四、人教版初中物理学生前概念一览表（九年级下册）

研究者：黄剑　　审核：黄剑

表 4 - 4

序号	课标要求	教学内容	存在的前概念及成因	促进作用/阻碍作用	解决策略和措施	备注
1	了解家庭电路	家庭电路的组成	生活中每位学生家里都在使用电，所以学生对电不陌生，通过使用、观察，都或多或少地知道家庭电路的组成	促进作用	用提问的方式引导学生回忆起家庭电路的相应组成部分，然后观察家庭电路演示器与学生回答的进行对比，达到查漏补缺的效果	
2	了解家庭电路	保险丝材料的选择	部分学生通过前面的学习知道铁、铜都是导体，依然可以接通电路，认为可以用它们代替保险丝	阻碍作用	引导学生回忆焦耳定律，给学生分析保险丝的特点，再让学生根据老师的分析，自主分析是否可以用铁、铜代替保险丝	
3	了解家庭电路	火线和零线	学生通过预习、自主学习，能够大致地知道开关应该和灯串联，但是由于家里接线不规范，有学生认为开关应接在灯和零线之间	阻碍作用	用假设法，先让学生将开关接在灯和零线之间，然后引导学生分析此时可能会导致触电，造成危险，从而排除这种接法	

续表

序号	课标要求	教学内容	存在的前概念及成因	促进作用/阻碍作用	解决策略和措施	备注
4	了解家庭电路	三线插头与漏电保护器	部分家庭用电不规范，没有接电线，导致学生误认为三脚插头是多余的	阻碍作用	先让学生说说这些大功率用电器的外壳材料是否是导体。然后按照学生的说法不接三脚插头，当用电器漏电时会造成安全问题	
5	有安全用电和节约用电的意识	短路造成家庭电路电流过大	短路大多是线路老化或者连接家庭电路操作不当、零火线接触造成的，一般学生很难看到家庭电路短路的现象，因此容易忽略	阻碍作用	通过课堂演示实验（火线相当于电源正极，零线相当于电源负极），自造两导线出现几根细铜丝连接造成短路的情景，让学生观察电流表的示数变化，然后再迅速断开开关（避免电源损坏）	
6	有安全用电和节约用电的意识	电路负荷过大造成家庭电路过大	生活中经常出现插板上用电器较多时，会出现烧坏插板的现象，学生通过前一章节焦耳定律的学习得知，电路中电流越大电阻产生的热量越多	促进作用	播放视频（在生活用电中，当电路中负荷过大时，电流增大，因此导致线路烧坏），提醒学生安全用电	
7	有安全用电和节约用电的意识	保险装置在电路中起到的作用	保险装置在生活电路中是必不可少的，学生基本都了解家庭电路中保险装置在总开关的后面。当家中出现短路或者电路负载过大时，保险丝便起到保护电路的作用	促进作用	演示实验：用细小的铅锑合金接入电路与滑动变阻器连接，接入电源闭合开关再调节滑动变阻器，观察金属丝的变化情况	
8	有安全用电和节约用电的意识	生活中的用电安全	生活中的经验学生知道一人一不小心碰到生活中的电线就会造成触电现象	促进作用	图片展示生活中容易触电的事例，提醒学生安全用电	

246

序号	课标要求	教学内容	存在的前概念及成因	促进作用/阻碍作用	解决策略和措施	备注
9	有安全用电和节约用电的意识	生活中的用电安全	只知道触碰到导线会导致触电事故，而其余的触电事故，以及人的安全电压就不为人知了	阻碍作用	视频播放生活中不同间断电压的触电事故，提醒学生如何避免触电事故的发生	
10	有安全用电和节约用电的意识	触电事故的救援	知道处理触电事故的常用方法，从长辈身上学到施救的方法	促进作用	利用小视频分析有效的救援措施，引导学生掌握技能	
11	有安全用电和节约用电的意识	防雷	对生活中防雷措施有一定的了解	促进作用	通过观察学校楼房的避雷针装置，引导分析雷击事件，让学生知道防雷的必要性	
12	通过实验认识磁场	磁极命名的依据	学生在生活中已经形成了两个磁铁间能够相互排斥，也能够相互吸引的前概念。只是还没有形成完整的科学概念	促进作用	通过让学生同桌之间进行实验，并总结归纳，讨论得出磁极命名的依据	
13	通过实验认识磁场	磁极命名的依据	条形磁铁摔断成两半截后，每半截都只有一个磁极	阻碍作用	让学生用已知磁极的条形磁铁运用磁极间相互作用规律去探究已摔成半截的磁体的两端，这样学生的心智结构发生革命性的变化，其错误前概念顺利向科学概念转化	
14	知道地磁场	地磁场的认识	在小学，学生就已经得到了指南针指向南方的这一个知识，并且也知道地磁场这一前概念，但很多同学同时还形成了地磁场的南极就是地理南极的前概念	阻碍作用	通过磁极间相互作用的讲解，并且通过指南针本身就是磁铁来进行分析。从而更正学生已有的错误的前概念，建立正确的科学概念	

续表

序号	课标要求	教学内容	存在的前概念及成因	促进作用/阻碍作用	解决策略和措施	备注
15	通过实验认识磁场	磁体的性质	通过问卷调查,学生认为磁体能够吸引所有的金属	阻碍作用	每个小组准备一块磁体和几种不同的金属,学生自己实验总结	
16	通过实验认识磁场	磁感线的画法	通过书本上对磁感线的描绘,学生认为磁感线是真实存在的。辨析:思维的局限性,不了解模型法在物理学中的运用	阻碍作用	模型法:演示实验展示,引出磁感线的由来。在学生自己画出磁感线的过程中消除错误前概念	
17	通过实验了解电流周围存在磁场	电流的磁效应	通过问卷调查,生活之中学生没有见过通电导线的磁现象,因此觉得电与磁之间无联系	阻碍作用	通过实验演示,用小磁针放在导线周围待小磁针静止,然后闭合电源开关使导线周围有电流通过,让学生观察小磁针的运动情况	
18	通过实验了解电流周围存在磁场	磁场的方向跟电流方向有关	磁体有南北极,一般情况下,磁极的方向不会改变。但学生无法联想到电流方向改变,磁场方向也会改变	阻碍作用	演示实验,改变通电导线电流方向后,再观察磁极的变化情况	
19	探究并了解通电螺线管外部磁场的方向	通电螺线管的磁场	通电螺线管的极性与条形磁铁相同,与电流方向有关	阻碍作用	演示实验,闭合电路通过小磁针识别通电螺线管的磁极,在改变通电导线电流方向后,再观察磁极的变化情况	

续表

序号	课标要求	教学内容	存在的前概念及成因	促进作用/阻碍作用	解决策略和措施	备注
20	探究并了解通电螺线管外部磁场的方向	安培定则	安培定则是通过实验联系得到的方法，学生不易理解，在大脑中无法想象到安培定则的由来过程，因此在运用过程中很难掌握	阻碍作用	通过两种电流方向的螺线管，示范右手定则，引导学生学会用右手定则判断通电螺线管的磁极，然后通过练习加以强化训练，使学生熟练掌握右手定则	
21	探究并了解通电螺线管外部磁场的方向	安培定则	认为定则即为定律，不能更改，是判断通电螺线管中电流和周围磁场方向的唯一方式	阻碍作用	演示实验：看清通电螺线管外部磁场的方向与螺线管中电流的关系，让学生自己定规则方便下次不用做实验直接用自己定的规则判断	
22	了解电流磁效应的应用	电磁铁	通过前面的学习学生了解到螺线管相当于磁铁，可以吸引铁块	促进作用	说明插入铁心可以增强螺线管的磁性，介绍这种内部插有铁心的螺线管叫电磁铁。然后总结电磁铁的工作原理：有电流通过时有磁性，没有电流通过时没有磁性	
23	了解电流磁效应的应用	电磁铁的磁性	学生在做实验验证影响磁性大小的因素，加上前面学习会有"控制变量法"这样的前概念	促进作用	侧重"猜想""分析归纳"等要素的训练，同时注意对学生科学研究方法运用的训练	
24	了解电磁继电器	电磁铁的磁性	这里学生会涉及"电路"、磁铁吸引衔铁等前概念	促进作用	通过讲解结构和应用加上学生自我阅读了解	
25	了解直流电动机工作原理	电动机结构	知道生活中的电动机，但是不会分析其中的能量转化，对电动机结构不了解	有促进作用阻碍作用	列举生活中常见的电动机，分析其中的能量转换过程。展示电动机模型	

续表

序号	课标要求	教学内容	存在的前概念及成因	促进作用/阻碍作用	解决策略和措施	备注
26	了解直流电动机工作原理	换向器	对生活中的换向器工作过程不了解	阻碍作用	展示换向器模型	
27	了解直流电动机工作原理	电动机的工作原理	学生没有接触过,对此完全不懂	阻碍作用	图片结合模型分析电动机各结构的作用及工作循环	
28	通过实验探究并了解导体在磁场中运动时产生感应电流的条件	什么情况下磁能生电	我们学校的学生大多数来自农村,有收割稻谷的经历,在割稻谷时,镰刀可以在水平方向运动,也可以在倾斜方向运动,都能把稻谷割倒,而在竖直方向是不行的。联系到本节知识,学生在接触导体做"切割"磁感线的运动之前就已经有了"切割"的前概念,这将有助于本节知识的学习	促进作用	引导学生回忆收割稻谷的经历,在割稻谷时,镰刀可以在水平方向运动,也可以在倾斜方向运动,都能把稻谷割倒,而在竖直方向是不行的。这就是镰刀切割稻谷的"切割"运动	
29	了解电磁感应在生产生活中的应用	发电机	学生未接触和未了解发电的过程	阻碍作用	用手摇发电机展示电产生的过程	
30	了解电话	电话交换机的作用	"占线是对方在使用电话"由于学生的生活经验形成	阻碍作用和促进作用都有	理论分析	
31	了解电话	模拟通信和数字通信的信号特点	"通话的信号都是模拟信号"由于学生的生活经验和主观想象形成	促进作用和阻碍作用都有	理论分析	

续表

序号	课标要求	教学内容	存在的前概念及成因	促进作用/阻碍作用	解决策略和措施	备注
32	知道电磁波	电磁波的产生	学生认为电磁波与电和磁肯定有关，电磁波看不见摸不着，很抽象，学生虽然熟悉电磁波这个名词，但并不清楚电磁波是如何产生的，之前学习了电与磁，大致能够确定电磁波与电磁场有关	促进作用	打开收音机的开关，将调谐旋钮旋至没有电台的位置，将音量开大，取一节干电池和一截导线，拿到收音机附近，先将导线的一端与电池的负极相连，再将导线的另一端与电池的正极相摩擦，使它们时断时续地接触，会听到嚓嚓的杂音，分析是因为有变化的电流从而产生了电磁波	
33	知道电磁波的传播速度	电磁波的传播不需要介质	学习了声音之后，学生认为电磁波也像声波一样需要介质才能传播，但也有学生根据太空通信等经验判断，在真空中电磁波也可以传播	促进作用	演示分别将手机放进水和盒子里，拨打能接收到信号，又将手机放进真空罩中，同样能拨通，接收到电磁波信号，证明电磁波在真空中也能传播	
34	知道电磁波的传播速度	电磁波的传播速度	几秒钟就可以拨通手机进行通话，速度非常快，学生能够认识到电磁波传播速度之快，但不认为电磁波的速度能与光速相比，与光毫无关系	阻碍作用	介绍科学家对电磁波的实验研究，最终由赫兹电磁波的传播速度与光速一样，又跟光的传播也不需要介质做一个关联，让学生明白光实际上也属于电磁波	
35	了解电磁波的应用	无线电广播信号的发射和接收	学生认为电磁波是通过电线传输的	阻碍作用	通过学习让学生了解电磁波的发射过程和无线电的接收过程，从而纠正前概念	

续表

序号	课标要求	教学内容	存在的前概念及成因	促进作用/阻碍作用	解决策略和措施	备注
36	了解电磁波的应用	微波通信	通过对前面知识的学习，对电磁波以及通信技术有了一定的了解，这对学习微波通信起到很好的促进作用，但对于微波通信还是存有一些错误的认识，需要教师加以介绍，让学生正确了解到微波通信的过程	既有促进又有阻碍作用	通过讲解与观察图片让学生正确认识科普知识	
37	了解电磁波的应用	光纤通信	在八年级学习了光现象，对普通光有一定的认识，以及在生活中听到过激光，但对于激光仅仅是停留在听说过的层面，或许还有一些错误的认识，并不了解激光的特点，这些错误的前概念都给学习光纤通信造成了阻碍作用，当然，已有的知识也有一定的促进作用，所以需要纠正错误的认识，正确理解科光纤通信的特点	既有促进又有阻碍作用	采用直观实验演示，吸引学生注意力，让他们注意观察，积极动脑思考，进一步激发他们学习物理的兴趣。纠正学生由于对科学技术的肤浅认识带来的错误观点	
38	了解电磁波的应用	网络通信	信息时代的发展促使学生对网络通信已有一定的认识，对于电子邮件、因特网已经很熟悉了，这为他们了解网络通信的发展打下了很好的基础，起到很大的促进作用	促进作用	在学生理解的旧知基础上，加以强调说明，让学生正确认识现代信息技术的发展，提升自己的知识面	

续表

序号	课标要求	教学内容	存在的前概念及成因	促进作用/阻碍作用	解决策略和措施	备注
39	列举常见的不可再生能源和可再生能源	能源的分类	生活中已经知道一些能源	促进作用	阅读、列举	
40	结合实例，说出能源与人类生存和社会发展的关系	能源的利用	认为能源比较丰富，没有保护和节约意识	阻碍作用	讨论、综合分析	
41	知道核能等新能源的特点和可能带来的问题	核能	学生由已往知识知道核能，这对理解核能是怎样产生的有利	促进作用	复习以往知识，再讲解新知识	
42	知道核能等新能源的特点和可能带来的问题	裂变和聚变	对裂变和聚变学生知道很少，部分喜欢课外阅读的学生知道。对生活中的利用知道也比较浅。只知有利用核能发电，有原子弹、氢弹，但不知具体是利用裂变还是聚变	有促进也有阻碍作用	学生阅读书上内容，教师补充讲解	
43	知道太阳能的由来及其特点	太阳——巨大的"核能火炉"	之前，学生已经知道了电能、机械能、化学能、光能、核能、内能，但是对于太阳能却很陌生，认为太阳就是一团火球，太阳的光和热就是简单的燃烧	阻碍作用	播放关于太阳形成和介绍太阳的特点，强化学生对太阳及太阳能的了解	

253

续表

序号	课标要求	教学内容	存在的前概念及成因	促进作用/阻碍作用	解决策略和措施	备注
44	大致了解利用太阳能的方式及其新发展	太阳是人类能源的宝库	随着科技的发展,生活中对太阳能的运用还是比较多的,在学生身边都能列举出两三个例子,因此学生对此并不是很陌生	促进作用	学生举例说明身边太阳能应用的例子,再通过图片展示生活中各式各样事物对太阳能的利用	
45	知道能量的转移和转化都是有方向性的	能量的转移和转化都是有方向性的	知道能量的转移和转化,并不知道能量的转移和转化都是有方向性的	阻碍作用	通过讲生活的现象、事例,然后分析,突破理解	
46	知道能量的转移和转化都是有方向性的	能量的转移和转化都是有方向性的	能量在转化过程中是消耗掉并且消失了。如逐渐冷却的热水等,能量消耗掉且消失了,而对转化为其他能量形式缺乏感性认识	阻碍作用	帮助学生寻找消耗掉的能量去哪儿了,然后总体分析得出总能量守恒	
47	学生能认识到过量使用能源会对环境造成严重的破坏	能源消耗对环境的影响	学生能认识到利用化石能源等能源的同时对环境造成严重的破坏。从而有要保护环境的意识	促进作用	通过各种渠道让学生收集信息、处理信息、讨论,大家举出能源消耗会对环境造成的影响,从而初步认识社会发展给环境带来的负面效应,提高节能意识、环保意识	
48	学生能从理论上解决当今有关能源的问题	未来的理想能源满足的几个条件	化石能源的大量使用,使得留给子孙后代的能源越来越少,而且造成严重的环境问题。知道未来的理想能源的重要性	促进作用	从长期使用、价格、能不能大规模使用、安全、清洁等方面考虑	

参考文献

［1］奥苏贝尔．教育心理学：认知观点［M］．北京：人民教育出版社，1994.

［2］方明．陶行知教育名篇［M］．北京：教育科学出版社，2005.

［3］中华人民共和国教育部．义务教育《物理课程标准》［M］．北京：北京师范大学出版社，2011.

［4］帕迪利亚．科学探索者：声与光［M］．刘明，范保群，李均利，译．杭州：浙江教育出版社，2010.

［5］刘京原．漫画物理——轻松干掉33个物理问题［M］．金振杰，南垠映，崔英兰，译．北京：现代出版社，2012.

［6］帕迪利亚．科学探索者：运动、力与能量［M］．胡跃明，曹增节，译．杭州：浙江教育出版社，2010.

［7］列夫·谢苗诺维奇·维果斯基．思维与语言［M］．李维，译．杭州：浙江教育出版社，1997.

［8］J. 皮亚杰．发生认识论原理［M］．王宪钿，等，译．北京：商务印书馆，1981.

［9］于永建．巧用归谬法纠正前概念［J］．太原教育学院学报，2003，21（2）．

［10］施良方．学习论［M］．北京：人民教育出版社，2001.

［11］廖伯琴．初中物理教学策略［M］．北京：北京师范大学出版社，2010.

［12］李新乡，宋树杰．课程标准案例式导读与学习内容要点（初中物理）［M］．长春：东北师范大学出版社，2012.

［13］帕迪利亚．科学探索者：电与磁［M］．刘明，范保群，李均利，译．杭州：浙江教育出版社，2010.

［14］李春密，鲍建中．初中物理快乐探究［M］．北京：北京师范大学出版社，2010.

［15］荆希堃，中小学教育科研100问［M］．贵阳：贵州教育出版社，2014.

［16］张军朋，许桂清．中学物理科学探究学习评价与案例［M］．北京：北京大学出版社，2010.

［17］季倬，玩转物理（科学玩具的物理原理与创新设计）［M］．南京：江苏教育出版社，2013.

［18］淮安市教育技术装备中心．初中物理实验教学指导［M］．南京：东南大学出版社，2013.

［19］刘永玉．教育的痛点［M］．北京：中国发展出版社，2015.

［20］王金战，钟朝光．物理是怎样学好的［M］．北京：外语教学与研究出版社，2013.

［21］廖伯琴，义务教育物理课程标准（2011年版）解读［M］．北京：高等教育出版社，2012.

［22］苏明义．新版课程标准解析与教学指导（初中物理）［M］．北京：北京师范大学出版社，2012.

［23］鲁道夫·阿恩海姆．视觉思维［M］．成都：四川人民出版社，1998.

［24］廖伯琴．初中物理教学策略［M］．北京：北京师范大学出版社，2010.

［25］加涅·韦杰，戈勒斯·凯勒．教学设计原理［M］．上海：华东师范大学出版社，2007.

［26］张世成．初中物理新型课堂构建的实践研究［M］．北京：世界

图书出版公司，2013.

　　［27］崔秀梅．初中物理新课程教学法［M］．北京：首都师范大学出版社，2004.

　　［28］北京教育科学研究院基础教育教学研究中心．初中物理学科主题教学案例研究［M］．北京：首都师范大学出版社，2009.

　　［29］张建奋．适应性与适切性物理教学行动的结构分析［M］．广州：暨南大学出版社，2012.

　　［30］秦伟，母小勇，仲扣庄．初中物理教科书经典教学实验介评［M］．广州：广东科技出版社，2013.

　　［31］汤勇．做一个卓越而幸福的教育者［M］．北京：教育科学出版社，2012.

　　［32］李稀贵．36 天，我的美国教育之旅［M］．上海：华东师范大学出版社，2006.

　　［33］龙永清，孙建生．新课程典型课案例与点评（初中物理）［M］．南京：东南师范大学出版社，2003.

　　［34］陈维贤，蔡心田．物理教改的思想与实践［M］．北京：光明日报出版社，1991.

　　［36］帕迪利亚．科学探索者：科学探究［M］．崔波，吴云琴，华曦，译．杭州：浙江教育出版社，2013.

　　［37］彭前程．初中物理探究教学的理论与实践［M］．北京：人民教育出版社，2010.

　　［38］戴金平．初中物理不可不知的 50 问［M］．上海：上海教育出版社，2014.

　　［39］汪瑜．新修订后的课程标准初中物理高效教学［M］．南京：南京大学出版社，2014.

　　［40］陈明远，黄波．初中物理课堂教学问题诊断与教学技能应用［M］．北京：世界图书出版公司，2009.

　　［41］朱文军．新课程初中物理教学实践研究［M］．北京：中国财富

出版社，2012.

［42］张主方．现代教学启示录［M］．上海：上海教育出版社，2007.

［43］张丽洁．初中物理优秀教师说课经典［M］．长春：吉林大学出版社，2009.

［44］邢红军．初中物理高端备课［M］．北京：中国科学技术出版社，2014.

［45］斯腾伯格．认知心理学［M］．邵志芳，译．北京：中国轻工业出版社，2006.

［46］赵凯华．新概念高中物理读本［M］．北京：人民教育出版社，2008.

［47］2014年在教育部印发的《关于全面深化课程改革落实立德树人根本任务的意见》

［48］2016年《中国学生发展核心素养（征求意见稿)》

［49］温．哈伦．科学教育的原则和大概念［M］．韦钰，译．北京：科学普及出版社，2011.

［50］施坚．品味物理学史感悟大师思想［J］．教育科学论坛，2016（1）：17－20.

［51］潘程超．曾毓斌眼见为实出奇招，谈低成本自制教具与物理教学［J］．物理教师，2016（4）：9596.

［52］王理想．浅谈中学物理自制教具的开发［J］．物理教师，2015（10）：43－46.

［53］施坚．"自制教具结合单反相机"分析运动的两个案例［J］．物理教师，2016（1）：53－56.

［54］中华人民共和国教育部．普通高中物理课程标准［M］．北京：北师大出版社，2003.

［55］冯忠良，伍新春，等．教育心理学［M］．北京：人民教育出版社，2000.

［56］苏霍姆林斯基．帕夫雷什中学［M］．北京：教育科学出版社，1983.

［57］许国樑．中学物理教学法 第二版，1993.

［58］《青少年素质教育必读》编委会．青少年素质教育必读D卷［M］．北京：朝华出版社，2005.

［59］杨宝山．课程标准与教学大纲对比分析．高中物理［M］．长春：东北师范大学出版社，2004.

［60］赫尔巴特．普通教育学［M］．北京：人民教育出版社，1989.

［61］乔治·波利亚．怎样解题［M］．北京：科学出版社，1971.

［62］国家高级教育行政学院．素质教育［M］．北京：学苑出版社，2000.

［63］汪家缪．物理教改的思想与实践［M］．北京：光明日报出版社，1991.

［64］张璞扬，中学物理教学法［M］．上海：华东师范大学出版社，1990.

［65］吴立民，也谈思维定势对物理教学的影响［J］．中学物理教学与研究，1986（8）.

［66］田心，要注意发展初中学生的逻辑思维［J］．物理教师，1988（8）.

［67］杨萍，何彪，题解教学中培养学生的创造思维能力［J］．物理教学探讨，1996（4）.

［68］张璞扬．中学物理教学法［M］．上海：华东师范大学出版社，1990.

［69］物理教学［M］．上海：华东师范大学出版社，2006.

［70］物理教学探讨［J］．物理教学探讨，2006（9）.

［71］苏霍姆林斯基［M］．给教师的建议，教育科学出版社1984年.

［72］中华人民共和国教育部．普通高中物理课程标准［M］．北京：人民教育出版社.2017.